테크노 문화풍경과 호모 센수스

테크노 문화풍경과 호모 센수스

2018년 10월 25일 초판 인쇄
2018년 10월 30일 초판 발행

지은이 | 이수안
펴낸이 | 이찬규
펴낸곳 | 북코리아
등록번호 | 제03-01240호
주소 | 13209 경기도 성남시 중원구 사기막골로 45번길 14
우림2차 A동 1007호
전화 | 02-704-7840
팩스 | 02-704-7848
이메일 | sunhaksa@korea.com
홈페이지 | www.북코리아.kr

ISBN | 978-89-6324-630-7(93300)
값 19,000원

테크노 문화풍경과 호모 센수스

Techno-Culturescape and Homo Sensus

이수안 지음

북코리아

목차

여는 글

디지털 미디어의 발달과 이로 인해 이루어지는 문화 변동은 사회와 인간을 근본적인 변화의 과정에 위치시키고 있다. 스마트폰, 웨어러블 컴퓨터(wearable computer), 텐저블 미디어(tangible media) 등 나날이 진보하는 새로운 디지털 미디어는 구글 글라스, 애플 워치, 갤럭시 기어 등 인간의 몸과 감각을 즉각적으로 총동원하는 방식으로 구현되어 이미 인간과 사회를 매개하는 기기를 넘어 인간의 한 부분이 됨으로써 마셜 매클루언(Marshall McLuhan)의 '미디어로서 인간'을 실감하게 한다. 더욱이 SNS, 즉 카카오톡, 트위터, 페이스북 등 개인과 사회를 매개하는 다양한 애플리케이션이나 프로그램을 활용하는 과정에서 인간의 감각은 총체적 활용의 수준을 넘어서 도시 공간을 향유하는 디지털 문화풍경에서 감각적 융합과 증폭작용을 일으키면서 이미지를 창출하는 과정으로까지도 발전해 나가고 있다.

디지털 문화 시대에 인간의 감각은 그 어느 시대와 문화환경에서보다도 더욱 첨예하게 활용되고 마치 디지털 기기와의 공감각(synaesthesia)의 경지에 도달한 것처럼 인식하게 될 정도에 이르렀다고 말할 수 있을 정도다. 이러한 디지털 미디어가 지배하는 환경에서 지금의 인간은 디지털 미디어의 융합적 인공지능과 교유하면서 이전의 인간 개념과 의미로부터 차별화하여 정의될 정도로 광범위한 차원에서 감각의 융합을 이루고 있다. 따라서 디지털 미디어 문화환경 속의 인간은 그 어느 때보다도 집중적으로 이루어지는 혼종적/융합적 감각화의 결정체로서 존재한다고 가정해 볼 수 있는데 이때의 인간을 '감각하는 인간', '감각 중심 인간', '감각 인간', 즉 '호모 센수스(homo sensus)'로 개념 규정할 수 있을 것이다.

여기서 호모 센수스라는 개념을 설정하는 이유는, 인간이 언제나 감각하면서, 즉 오감을 기본으로 감각을 통해 삶을 유지하고 행동하면서 살아왔지만 특히 디지털 시대의 문화적 조건이 인간의 감각세계와 감각에 대한 집중도와 세정도(high definition), 확산도에 있어 이전의 인간이 경험하던 차원과 획기적으로 달라지고 있기 때문이다. 이러한 개념 규정은 디지털 미디어 환경 속에서 인간이 지금까지의 인간(human)의 범주로부터 포스트휴먼(posthuman)의 차원으로 넘어가고 있음을 시사한다.

인류의 오랜 역사 동안 거의 변화하지 않고 몸의 기본적인 구조와 기능을 그대로 보존해 온 인간은 어떻게 포스트휴먼으로 가는 문턱을 넘고 있는가. 바로 이러한 질문에 대한 답을 찾는 과정에서 호모 센수스가 출현하고 있다는 가설적 전제가 부상한다. 포스트휴먼의 존재조건 중에서도 테크놀로지와 컴퓨터 등의 첨단 기술환경 속에서 다양한 감각의 차원을 수용하고 행위함으로써 문화적으로 혼종과 융합을 이루는 호모 센수스의 출현에 대한 징후적 독해는 포스트휴먼의 존재조건과 양태를 가늠해 보는 하나의 가설적 기준을 노정하는 작업이다.

호모 센수스는 지금의 디지털 문화현상 속에서 서서히 그 모습을 징후적으로 드러냄으로써 가히 새로운 문화적 종(species)이라고 칭할 수 있는 포스트휴먼의 가장 특징적인 면모를 보여 주는 '융합감각의 총체'로, 또한 '감각의 무한확장 가능성을 지닌 존재'로 정의될 수 있다. 호모 센수스 출현의 징후를 포착하는 과정에서 확인되는 것은 지금의 사회의 특징을 '감각적 전회(sensorial turn)'로 규정할 수 있다는 점과 이로써 포스트휴먼 시대가 감각 중심 사회라고 말할 수 있다는 점이다.

그렇다면 지금까지 '인간'의 존재조건은 무엇이었는가를 묻지 않을 수 없다. 전통적인 인간주의, 인본주의(humanism)에서 규정되는 인간과 포스트휴먼을 구분하는 담론은 이제 막 형성 중이며 주요 논제가 제기 중이다. 캐서린 헤일즈(Katherine Hayles)는 자신의 저서 제목에 『우리는 어떻게 포스트휴먼이 되었는가』라고 과거형 동사를 씀으로써 우리가 이미 포스트휴먼이 되었다고 단언하고 있다. 몸이라는 개념으로만 본다고 해도 자연으로서의 인간의 몸과, 기계와 결합된 인간의 몸으로 구분하는 것을 넘어서 인간의 몸이 코드화되어 가상의 몸(virtual body)이 되기도 한다(Hayles, 2013)는 점을 상기해 본다면 지금 우리는 조금씩 포스트휴먼이 되어 가는 과정에 있다는 사실을 부인하기 어렵다.

현대는 영상 매체의 시대이다. 시대를 지배하는 매체가 기술적으로 또 기계적으로 편리하고 탁월하게 작동한다고 해도, 감각 주체의 감각이 작동하지 않으면, 주체는 감동으로 연결되는 정동성(情動性)을 확보할 수 없다. 현대 미디어의 시대에는 청각뿐만 아니라 매우 우수한 시각이 작동되어야 하며, 이 우수한 시각과 청각은 촉지적 감각(haptic)과의 연계로 인해 더 큰 감동으로 전이된다. 이런 관점에서 본다면 지금의 디지털 미디어 스케이프 속에서 주목해야 할 가장 핵심에 위치하고 있는 것은 감각집중(sense-concentrated)의 인간, 즉 호모 센수스에 대한 해명이며 지금까지의 인간과 다른 차원의 포스트휴먼으로 이행하는 단계의 주요 계기가 몸과 감각이라는 사실에 대한 확인이다.

포스트휴머니즘 논의 속의 새로운 인간 조건과, 구체적으로는 호모 센수스로서 감각의 융합 차원에 대해 천착해 보려면 지금까지의 포스트휴머니즘 논의가 어떻게 디지털 미디어 문화의 실천적 현장에서 포착되어 이론화가 가능한지 살펴보는 과정이 필요하다. 사회학이 '날것'으로서의 현실을 직시하면서 현상을 분석하여 이로부터 이론을 이끌어 내는 '현장의 학문'임을 상기한다면 그동안 주로 철학을 비롯한 인문학적 관점에서 이론화되어 온 포스트휴머니즘의 추상적인 이론은 사회학적 관점에서 인간이 살아가고 있는 현장의 문화현상과 연결됨으로써 이론적 깊이를 보완하고 다양한 시각을 더해 갈 수 있을 것이다.

이상과 같은 논의를 배경으로 이 책에서는 감각의 문화사회학을 위한 이론적 토대와 호모 센수스의 몸과 감각, 그리고 감각 활용을 극대화한 사회적 행위자로서 호모 센수스가 도시 공간 속에서 이미지를 포집하고 문화 취향을 소비하고 생산하는 과정에서의 행위성으로 시각을 넓혀 살펴보는 데 주안점을 둔다. 즉 테크노 문화풍경을 배경으로 한 호모 센수스의 감각 활용의 경험적 차원과 실천적 현장을 묘사하고자 한다.

I부 '디지털 테크노 문화풍경 속 감각과 취향'에서는 이 책의 전반적인 이론적 방향을 제시하고 있다. 1장에서는 감각사회학의 전반적인 흐름을 짚으면서 테크노 문화풍경에서 호모 센수스 출현의 징후와 배경을 감각, 취향, 그리고 스타일이 문화자본과 연결되는 이론적 토대를 주목한다. 취향과 문화자본이 논쟁적으로 다루어지는 대중문화와 고급문화의 대비가 테크노 문화풍경에서 얼마나 설득력을 갖는지를 가늠해 보는 작업 또한 호모 센수스를 이론화하는 데 있어서 중요한 지점이 된다. 2장에서 보듯이 호모 센수스로 명명할 수 있는 새로운 감각 인간이 디지털 기기를 장착하고 도시 공간에 등장하여 다양한 SNS를 통해 존재증명을 하는 지금의 테크노 문화풍경 속에서 이러한 테크노 유목민을 '테크노 산책자(techno-flâneur)'로 개념 규정할 수 있을 것이다.

3장에서 특히 주목하는 이론가는 발터 벤야민(Walter Benjamin)이다. 벤야민이 근대 도시의 환등상의 한 주역이자 거리를 소요하며 향유하는 신사(dandy)로 개념화한 산책자는 게오르크 짐멜(Georg Simmel)의 감각사회학과 접목되면서 도시 공간을 유영하는 취향의 발굴자로서 매력적인 도시 유목민이다. 고전적인 의미의 산책자는 지금의 테크노 문화풍경 속에서 다양한 디지털 기기로 무장하여 감각 활용의 통합회로를 장착한 것처럼 간주되는 테크노 산책자로 부활하고 있다. 그런데 이러한 산책자 개념이 근대 도시에서부터 젠더적 관점에서는 남성에 초점이 맞추어져 정립되어 왔는데 이는 도시 경관 연구에서 최근 들어 신랄하게 비판되고 있다. 특히 엘리자베스 윌슨(Elizabeth Wilson) 같은 페미니스트 지리학자들은 벤야민이 관찰한 보들레르 작품에서도 보듯이 도시 풍광을 보는 산책자의 자유가 남성적 응시를 구현하고 있다는 점을 지적한다. 이와 병행하여 도시의 특성을 소프트시티와 하드시티로 구분하여 성별적 표상을 보여 주고 있는 도시 이미지를 분석하는 경향도 보여 준다.

4장에서는 지금의 테크노 문화풍경 속에서 디지털 유목민으로 등장하는 테크노 산책자에 대해서 본격적으로 이론화하고 있다. 특히 카페 같은 경계 공간(liminal space)이자 혼종공간이 집단과 개인을 모호하게 함유하면서 취향과 감각을 극대화하는 방식의 공간 향유를 이끌어 내고 있는 상황에서 디지털 기기는 이들을 공적 공간과 사적 공간의 중간 단계로서 경계 공간 속으로 디지털 유목민을 이끌고 들어간다. 이 과정에서 이른바 테크노 산책자가 탄생하며 이들이 행위성을 가지면서 공간 향유를 하는 방식을 4장에서는 행위자 네트워크 이론으로 해석하고 있다.

장소(place)와 위치(location), 특히 인스타그램에 태그되는 위치와 공간(space) 등은 정보 네트워크가 촘촘하게 구축된 테크놀로지화한 첨단도시 안에서 젊은 세대들이 인터넷을 통해 검색하거나, 인스타그램, 페이스북 등 SNS를 통해 자신의 존재 증명을 하는 가장 손쉬운 방법이면서 동시에 즐겁게 활용하는 자기 표현의 물리적 좌표이다. 이 좌표는 SNS 활동을 통해 빅데이터로 포착이 가능하다. 빅데이터 분석을 통해 도심 공간 향유의 궤적을 가시화된(visualized) 상태로 파악하는 문화지형도 작성의 '사회적 행위 과정'은 행위자 네트워크 이론을 통해 포착 가능하다. 여기서 가시화된 상태가 매우 중요한데 왜냐하면 정보를 코드화하여 지도 위에 가시적으로 형상화하는 분석과정이 고도의 데이터 분석과 시각화(data visualization) 스킬을 필요로 하기 때문이다.

바로 이 과정에 대한 인간 행위자와 비인간 행위자, 특히 정보와 기호, 컴퓨터 프로그램의 행위자 네트워크를 정밀하게 들여다보는 작업 역시 점차 사회학적 관심을 끌고 있다. 즉 호모 센수스의 행위자와 행위성이 비인간 행위자와 어떻게 연결되는지 '번역의 사회학'적 분석을 시도하고 있는 것이다. 이는 빅데이터 분석을 거쳐 문화적 활동의 궤적에 대한 지도를 그리는 전 과정에서 인간 행위자와 비인간 행위자가 지형도 위에서 어떠한 번역(translation) 과정과 기입(inscription), 그리고 기술(description)의 모습을 보여 주는지 그 과정에 대한 내밀한 관찰을 토대로 '과정에 대한 기록과 그 기록에 대한 분석'을 통해 행위자의 행위성의 궤적을 파악하는 작업이다.

II부에서는 이 책에서 처음으로 개념화하고 있는 호모 센수스의 구체적 면모를 다룬다. 이를 위해 '감각으로의 전회'에 대한 문화사회학적 논의를 면밀히 추적하고 포스트휴먼 내지 테크노휴먼으로서 호모 센수스의 출현에 주목한다. 다소 논쟁적인 개념인 '호모 센수스' 개념을 통해 지금의 인간을 고전적 의미의 인간을 넘어 호모 센수스로 명명할 수 있으려면 그동안 인간이 감각에 대해 이해한 다양한 방법론적 시도들을 이론적으로 검토할 필요가 있다. 또한 지금의 디지털 테크놀로지가 인간을 포스트휴먼화 과정에 놓이도록 하는 조건을 조성해 왔다면 이는 감각의 측면에서 보았을 때 어떻게 이론화할 수 있을지 성찰해 보아야 할 것이다.

이러한 감각사회학의 이론적 논의를 위해 시각, 청각, 촉각의 사회적 연결망이 인간에게 얽히는 과정을 면밀히 추적한다. 이성적 판단의 인간이 '정신'에 주요 존재근거를 두었다고 한다면 감각과 신체와의 관계는 인간 이후, 즉 포스트휴먼의 존재조건을 유추해 보는 데 있어 주요 논거를 제공해 줄 것이다. 호모 센수스를 관통하는 것이 혼종의 감각, 그리고 개인의 신체를 통해 느끼는 개별 감각의 범주를 넘어서 공감각(synesthesia), 감성(sensibility)과 정동(affect), 그리고 공감(sympathy)이라는 정서적 차원까지 포함한다고 한다면, 보다 확장된 사회적 차원의 감각과 감성이 융합되는 양상을 들여다볼 필요가 있다.

인간에 대해 탐구하고 인간을 이해하는 것이 인문학의 근원적인 목표이자 탐구내용이라고 한다면 지금의 인간을 이해하는 데 있어서 과연 이전과는 다른 범주와 차원의 논의가 필요한가? 테크노 인문학의 성립과 포스트휴머니즘의 등장으로 새롭게 정의되는 인간관은 그 이전의 인간중심주의와 대조해서 살펴볼 때 좀 더 극명하게 이해된다. II부의 3장에서는 합리적 인간관을 전제로 하는 이해사회학에서 상정하는 인간과 사회의 표상이 포스트휴먼의 존재 양식에서 사회적 행위자로서 어떠한 상호 연관성을 보이는지, 그 과정에서 인간은 어떠한 형태로 변화하는지 살펴봄으로써 문화과학의 새로운 인간 이해의 계기로 삼고 있다.

이러한 맥락에서 인간중심주의적 문화과학의 문제의식을 기반으로 하고 있는 인간 개념과 브루노 라투르(Bruno Latour)를 중심으로 하는 행위자 네트워크 이론에서의 포괄적 행위자 개념을 비교하여 디지털 문화 시대의 포스트휴머니즘적 인간 개념이 어떻게 변화하고 있는지 살펴보는 것이 중요하다. 디지털 문화사회를 규정하는 사회문화적 특징들이 이전의 합리적 인간 지배의 시대와는 현격하게 다른 사회적 현상들에 작용한다고 가정할 때 이를 이해하기 위해서는 새롭게 수용되는 문화과학적 해석이 유효하다. 디지털 사회의 문화적 현상의 양상은 기존 사회학에서 상정하는 사회학적 상상력의 범위를 넘어서는 사회문화적 특성으로 발현되고 있기 때문에 더욱 그러하다.

디지털 문화 시대에 있어서 '사회적 행위'의 의미는 이성 중심의 근대 인간관에서 비롯한 '사회적'인 것과는 매우 다른 차원에서 이해되어야 한다. 인간이 기술에 의해 매개(mediate)되면서 의사소통 또한 포스트휴먼적 조건 속에서 이루어지고 이와 연동된 연쇄적 결과로서 주체의 성격도 달라지고 있다. 또한 그 어느 때보다도 감각의 다양한 융합과 활용이 주목되는 상황에서 막스 베버(Max Weber)의 문화과학적 해석 속의 인간의 의미를 천착해 보면서 라투르의 행위자 네트워크 이론의 포스트휴먼적 '비인간'까지도 포함하는 새로운 행위자를 대비시켜 보는 것은 인간 이해의 새로운 지평을 여는 작업이 될 것이다.

이 책의 Ⅲ부에서는 바로 앞의 II부에서 천착한 인간 이해의 새로운 이론적 지평 위에서 호모 센수스의 포스트휴먼적인 면모를 가장 극명하게 보여 주는 테크노휴먼의 몸과 감각에 대해 살펴본다. 인간의 몸과 기계의 결합에 대한 논의의 시발점은 도나 해러웨이(Donna Haraway)가 유기체와 기계의 혼종으로서 사이보그의 은유를 제안한 『사이보그 선언문』(Haraway, 2000)으로부터 찾아볼 수 있을 것이다. 사이보그는 본래적 개념 정의로부터 더욱 확장되어 이제 디지털 시대의 기술 매개로 변형되고 가상적으로 구성되는 다양한 신체 유형을 일컫는 상징적 형상이 되었다.

Ⅲ부 1장에서는 테크놀로지의 발달, 특히 디지털 기술의 발달로 인해 인간의 존재방식이 급변하고 이에 따라 인간의 현존을 규정하는 데 있어서 이전과는 달리 다양한 요소들이 함께 작용한다는 점에서 몸, 특히 테크노바디에 주목한다. 이는 인간을 이해하는 방식에도 새로운 관점이 요구된다는 것을 의미하기도 한다. 특히 테크놀로지가 인간과 맺는 관계에서 인간이 더 이상 자연적 존재가 아닌, 과학기술의 주체이자 대상으로 상정되고 있다. 지금의 인간을 성찰하는 데 있어서 테크노 인문학(이진우, 2013)이 긴요한 이유가 바로 여기에 있다.

테크노휴먼의 현실적인 출현은 IT 강국인 한국사회의 디지털 문화 풍경 속에서 매우 자연스러운 양상으로 간주되고 있다. 그러므로 테크노휴먼의 물질적인 존재로 형상화되는 테크노바디를 특성에 따라 분류하고, 넓은 스펙트럼 속 테크노바디의 다양한 양상을 짚어 보는 작업은 일차적으로 이들이 구성하는 몸 유형의 스펙트럼을 파악하는 작업이 된다. 나아가 이들 테크노바디가 신체성(corporeality)을 끊임없이 환기시키면서 그 근저에 복합적으로 작동함으로써 작용하는 감각의 융합과 증강이 일종의 통합회로로서 존재 양식을 규정하고 있다고 보면 이 존재 양식을 신체성과 감각적 현존을 따라 파악하는 작업은 테크노휴먼을 이해하는 인문학적 관점, 즉 테크노 인문학적 관점에서 가능하다.

이러한 문제의식에 따라 다음과 같은 가설적 전제 내지는 연구문제를 설정할 필요성이 제기되고 있다. 첫째, 테크놀로지가 지대한 영향을 미치는 현대사회에서의 인간 이해에는 새로운 인문학적 문제의식이 긴급히 요구된다. 둘째, 지금의 테크놀로지 환경 속의 인간을 테크노휴먼이라 칭하고 이 테크노휴먼의 몸을 테크노바디라고 정의할 수 있으며 그 유형은 현실적 여건에 따라 유동적으로 분류될 수 있다. 셋째, 테크노휴먼의 존재 양식은 테크노바디의 체현(embodiment) 양상을 통해 후기 근대의 인간의 몸이 주체성의 주요 근거로 삼았던 신체성의 말소가 부분적으로 일어남으로써 새로운 주체성이 형성될 가능성을 가진다. 넷째, 테크노휴먼이 지금의 현실 상황 속에서 사회문화적 현상 속에 출현하는 인간 존재라면 포스트휴먼은 보다 미래적인 관점에서 상정할 수 있는 추상적 범주까지 포괄한다. 따라서 테크노휴먼은 포스트휴먼으로 이행하는 과정에 놓여 있는 인간 유형이지만 그 명확한 경계를 확정할 수 없다. 즉 테크노휴먼의 사이버바디는 포스트휴먼의 몸으로 이행하는 과정 속의 몸으로 이해할 수 있다.

이렇게 볼 때 과학기술이 인간의 신체에 작용하는 방식에 따라, 그

것이 이식(implant)이든, 접합(articulate)이든, 변형(modification)이든 그 결과로 생성되는 새로운 유형의 인간의 몸은 다양한 유형의 테크노바디로 분류된다. 이러한 테크노바디를 유형적으로 파악하고 그 의미를 따져 보는 과정에서 디지털 문화가 인간의 감각적 현존에 어떻게 상호작용하는지에 대한 이해가 우선되어야 할 것이고, 또한 디지털 미디어의 활용을 중심으로 어떻게 감각 활용이 집중화되고 중첩되는가를 분석함으로써 테크노휴먼의 존재 양식에서 감각과 몸의 물질성(corporeality)이 어떻게 조합되면서 드러나는지 살펴볼 필요가 있다. 이를 통해 궁극적으로는 인간의 존재 증명인 몸이 테크노휴먼의 몸으로 변환되는 과정이 함의하고 있는 인간에 대한 이해를 테크노 인문학과 포스트휴먼 인문학의 관점에서 새롭게 시도해 보는 것이 테크노 인문학의 당면한 과제이다.

디지털 미디어 테크놀로지와 연계하는 테크노바디의 존재 양식에 대해 이해한다는 것은 테크노바디로 구현되는(embodied) 테크노휴먼의 존재조건이 구체적으로 어떻게 구성되는지에 관심을 기울이는 것이다. 특히 디지털미디어 방식, 그리고 디지털 기기의 발달과 연계하여 모바일성, 몸 감각의 총체적 동원을 매개로 형성되는 문화적 감수성은 테크노바디를 호모 센수스로 이해하는 데 있어서 중요한 매개 변수이다. 멀티미디어를 통한 손의 감각, 시각, 청각 등의 다감각적인 경험을 통해 새롭게 진화하는 문화적 감수성과 이의 사회적 특성에 주목한다는 것은 디지털 문화와 환경이 디지털 테크노바디의 출현에 어떻게 작용하는지 파악하는 것과 같은 맥락이다.

테크노바디는 예술작품으로 재현되는 다양한 테크노바디와 가상현실 속의 디지털 테크노바디, 그리고 우리의 주변에서 일상적으로 발생하는 성형수술을 통한 바이오 테크노바디로 유형화할 수 있을 것이다. 이 책의 Ⅲ부 2장에서는 바로 이러한 테크노 페미니즘을 이론적 배경으로 삼아 예술적으로 테크노바디를 구현한 오를랑(ORLAN)의 사례에 주목한다. 자신의 몸을 주요 작품 소재로 삼아 성형수술과 다양한 실험을 해오고 있는 프랑스의 여성 미술가 오를랑은 육체 페미니즘에 근거하여 테크노 페미니즘을 실행하면서 시각적 체험뿐 아니라 몸의 물질성에 대한 성찰을 끈질기게 요구하고 있다. 여기에서는 50년 동안 '몸'을 주제로 실천적 예술을 해온 오를랑의 테크노바디가 바이오 테크노바디와 디지털 테크노바디로 점차적으로 진화되어 온 과정을 분석하면서 그 진화과정에서 탈신체화와 디지털화를 통해 몸의 물질성이 천착되고 감각의 확장이 이루어져 온 궤적을 살펴본다.

오를랑의 예술적 실천 매개인 테크노바디는 테크노사이언스 시대의 몸의 물질성과 감각의 확장을 사유하는 데 있어 매우 상징적인 방향을 노정해 주고 있다고 평가할 수 있으며 이에 대한 논의는 테크노사이언스 시대의 몸과 감각에 대한 다양한 층위의 여성학적 논점을 제공하는 계기가 될 것이다. 이와 같은 논의는 Ⅲ부의 3장에서 예시적으로 분석한 영화 〈그녀(Her)〉에서 보다 설득력 있게 전개된다. 몸의 물질성을 끊임없이 환기시키면서 역설적이게도 물질적 몸은 전혀 없는 존재로서 가상현실의 테크노바디를 재현 속에서 만나 볼 수 있다. 즉 영화와 게임을 통해서 보게 되는 테크노바디가 그것인데 이를 통해 오히려 인간 존재방식의 근본적인 물질적 토대에 대해 성찰해 볼 수 있을 것이다.

오를랑의 사례가 인위적으로 아름다운 몸을 만들어 나가도록 추동하는 사회의식에 대한 저항으로서 성형수술을 방법론으로 선택한 것과는 대조적으로 자본주의적 소비문화와 대중문화가 극단적인 방식으로 여성을 테크노휴먼으로 만들어 가는 과정은 많은 것을 생각하게 한다. 한국의 대중매체가 갖는 문화권력이 의료산업과의 공조체계를 구축하면서 여성의 몸에 미치는 영향력을 이미지 주체의 모순적 맥락 속에서 바라본다면 그 과정에서 타의적으로 이루어지는 테크노바디의 등장을 목격하게 된다.

이 책의 IV부에서는 현실적 문화풍경의 공간 속에서 호모 센수스가 디지털 기기를 매개로 한 공감각 활용의 행위자로서 도시 공간을 향유하는 양식을 '산책자(flâneur)' 이론에 비추어 살펴본다. 디지털 미디어 풍경 속에서 감각의 혼종을 통해 소통하고 문화 생산과 소비를 하는 새로운 형태의 산책자를 테크노 산책자라고 명명하고 테크노 문화의 감각으로 자신의 문화 향유를 SNS나 블로그 등을 통해 팔로워들과 공유하는 산책자로서 정보의 즉각적인 확산과 공유, 공감을 이루어 내는 방식의 호모 센수스로서의 산책자 등장에 주목하고 있다.

IV부 전체에서는 고도의 디지털 테크놀로지가 구현되고 있으면서도 역사적 전통의 공간을 품고 있는 서울을 미시적으로 들여다본다. 특히 1장에서는 산책자의 새로운 이론적 시도로서 고도의 테크놀로지를 적용하여 일상생활 공간을 재구성하는 하이테크 대도시의 공간 향유자를 테크노 산책자로 유형화함으로써 산책자의 계보학 속에서 그 위치를 추적한다. 요약적으로 말하자면 서울이라는 대도시의 삶의 풍경을 포집하고 향유하는 도시민의 공간 문화 향유 양식을 벤야민으로부터 짐멜을 거치는 감각사회학적 궤적을 따라 해석하는 작업이다. 이로써 테크노 산책자의 산책하기는 개인의 고독한 걷기를 넘어 공유와 소통으로 새로운 감각의 공동체를 만드는 단계로 접어들어 이전의 산책자 개념을 점차 수정해 나가고 있다는 사실을 발견할 수 있다.

2장에서 살펴보고 있듯이 도시문화와 표상 공간의 유형을 여성성과 남성성의 재현에 따라 소프트시티와 하드시티로 나누는 데이비드 하비(David Harvey)에 기대어 본다면 근대 이후 서울은 역사적인 시간 흐름 속에서 뚜렷하게 하드시티로부터 소프트시티로 그 면모가 변화하고 있는 과정에 있다고 하겠다. 이는 '검경(speculum)으로 보며 산책하기'의 젠더 문화이론적 도시인상학에서 뚜렷하게 드러난다. 뤼스 이리가라이(Luce Irigaray)의 검경 이론을 적용하여 도시의 문화텍스트를 독해하는 방식을 통해 서울의 공간표상을 젠더 프리즘으로 들여다보는 것이다. 근대의 신사로 표상화된 산책자의 몰성적(gender-blind) 개념 규정에 대해 '검경'이라는 은유를 선택함으로써 일종의 전복의 의미를 가진 이 작업을 통해 기존의 도시 연구에서는 드러나지 않았던 미세한 성별 이분법적 도시 구조를 가시적인 그림으로 떠올릴 수 있다.

3장에서는 하이테크 대도시 안의 신경줄처럼 관통하는 통신 네트워크를 둘러싼 IT산업의 적용이 가능하게 하는 테크노 산책자의 유목적 이미지 포집 행위를 카페라는 경계공간에 초점을 맞추어 내시경적으로 관찰하고 있다. 대도시 카페가 충족시키는 감각적 차원을 시각문화, 시각적 상호작용, 청각적 차원, 촉각적 차원, 그리고 공감각적 차원으로 나누어 실제 공간에서의 경험적 차원에 대입시켜 살펴본다. 특히 카페 안에서 인터넷이나 스마트폰을 통해 제3의 공간으로 침잠해 들어가는 주체가 만들어 내는 유목적 자아 풍경은 도시문화 풍경 속에 중첩되어 나타나는 하이테크 대도시에서 등장할 수 있는 호모 센수스의 문화풍경이라고 할 수 있다.

지금의 젊은 세대들의 초감각적(hypersensual) 문화 향유는 특히 대중문화를 중심으로 한 문화 취향과 스타일 형성에 연결된다. 이는 문화자본 이론을 바탕으로 단순한 문화 향수에만 그치는 것이 아니라 감각 활용을 극대화한 문화 생산의 차원에서 취향의 사회적 감수성으로 발전하고 있으며 대중문화의 무대에서뿐 아니라 도시 공간의 다양한 문화 생산적 풍경으로 가시화하고 있다. 따라서 맺는 글에서는 대중문화가 고급문화와 이루는 문화적 경계에서 다양한 감각의 활용이 더욱 활발하게 이루어진다는 점에 주목하면서 문화자본 이론을 적용하여 문화 생산의 측면에서 감각에 대해 숙고해 본다. 문화 생산에 주목하는 또 하나의 차원으로서 도시 공간의 테크노휴먼의 문화 취향이 현현하는 방식에 대해 문화 향유의 주체로서 테크노 산책자와 도시의 소위 핫한 장소로 등장하고 있는 문화거리의 소상공인들이 어떻게 문화 취향의 풍경을 만들어 내고 있는지, 그 과정에서 디지털 미디어와 인간의 혼융이 어떻게 감각을 중심으로 이루어지는지 살펴본다.

이 책의 전체적인 논리적 흐름은 호모 센수스의 몸 중심의 개인적 차원으로부터 점차 이들이 공간과 문화풍경 속으로 들어가면서 미디어를 매개로 하여 외부와 연결망을 구축해 나가는 가운데 문화 취향을 형성하고 연결망 속에서 감각의 공동체를 구성하는 과정에 초점이 맞추어져 있다. 그동안 문화풍경과 그 안의 감각 중심 인간에 대해 연구하면서 끊임없이 천착해 온 호모 센수스라고 칭할 수 있는 새로운 문화적 종의 출현에 주목할 것을 제안하는 방식으로 이 책을 구성하였다. 결국 그 중심에 떠오르는 질문은 '인간이란 과연 무엇인가?'이다. 그러므로 이 책은 인간을 정의하는 다양한 방식 중에서 왜 감각에 초점을 맞추는가에 대한 답을 찾는 감각의 문화사회학적 논의 과정에서 나온 결과물이며, 앞으로의 연구에서 더욱 정치한 작업을 스스로에게 요구하는 다짐의 의미로 이 책을 세상에 내놓는다. 2012년에 출판한 저서 『이미지 문화사회학』 이후 이룬 연구성과와 현재 진행하고 있는 연구주제를 둘러싼 학문적 관심은 연구공동체 안에서 함께 고민하고, 치열하게 논쟁하는 과정을 거침으로써 이 책의 근간을 이루게 되었다. 이 같은 학문적 여정에서 문화 취향과 문화자본, 문화풍경의 이론적 논의를 통해 학문적 자극을 준 문화사회학회 선생님들과, 포스트휴먼 연구를 하면서 함께 고민하고 토론해 온 이화인문과학원의 동료 연구자들, 그리고 언제나 그 자리에서 따뜻한 지지를 보내 주는 가족들에게 고마움을 표한다.

2018년 9월의 어느 청명한 날, 북한산 기슭에서

저자 이수안

I. 디지털 테크노 문화풍경 속 감각과 취향

1 디지털 문화와 문화자본으로서 감각과 취향

개인적 차원에서 감각은 스타일과 취향을 구성하는 기본 요소이다. 감각의 조합으로 제시되는 이미지가 형태적 감각이라면 이를 선택하는 취향과 이로 인해 구축되는 스타일은 한편으로는 과정이면서 다른 한편으로는 결과다. 즉 감각 인간을 형성하는 외피이자 골격이 스타일과 취향이라고 할 수 있다. 디지털 문화의 발달과 함께 일상생활을 영위하는 모든 기준은 상당 부분 모바일 기기와 인터넷이 제시하거나 스스로 검색하여 조합한 감수성에 의해 매겨진다.

디지털 문화의 구체적인 경험 단위인 모바일 기기와 인간이 만나는 접촉면, 즉 아이패드나 스마트폰의 터치스크린과 인터페이스, 그리고 이 접촉면과 닿아 있는 인간의 감각, 즉 손가락의 촉각, 시각, 청각 등이 지금의 새로운 문화의 가장 첨단에서 인간의 감수성을 새롭게 구축하고 있다는 가설을 세울 수 있다. 디지털 문화와 디지털 미디어를 단순히 매개체로서가 아니라 이러한 감각하는 인간의 탐구에 중심적 요소로 삼는 이유는 디지털 미디어가 이 과정을 증폭시키고 '감각의 폭발적 과잉'을 불러일으키기도 하기 때문이다. 이를 초감각적(hypersensual) 상태라고 한다면 지금의 디지털 문화 세대는 초감각의 몸을 획득해 나가고 있다고 해도 과언이 아닐 것이다.

감각의 전이로 인한 취향과 스타일의 생산은 대중매체를 통해 포착될 수 있으며 이는 광고의 사진이미지나 CF, 기타 동영상들의 형태로 나타나며 유행에 있어서는 소비자들의 뇌리에 심어지는, 스타일과 감각의 보다 추상화된 심상 이미지로 만들어지게 된다. 이러한 맥락에서 '감각인간', 즉 호모 센수스가 개인의 단위로 각자 디지털 기기를 사용하면서 커뮤니케이션하는 과정에서 개별적으로 존재하는 양태를 넘어서 유튜브나 SNS, 페이스북 등의 전자회로를 통하여 공유하여 감수성을 형성하는 방식으로 진화하고 있다고 가정하고자 한다.

감각은 두 가지 의미의 작동원리로 기능한다. 첫째는 인간의 몸을 통한 감각, 둘째는 이성적 판단보다 앞서서 '마음'을 이끌어 내고 취향을 만들어 내는 감수성이 그것이다. 이때 감각은 문화 재현물을 소비하는 소비자 쪽에서만 경험하는 것뿐 아니라 재현되는 이미지 속의 인간들의 몸짓, 표정 등에 의해서도 간접적으로 경험된다. 어빙 고프먼(Erving Goffman, 1979)과 카라 월리스(Cara Wallis, 2011)의 젠더 디스플레이 분석을 원용해 설명하자면 문화적 재현물 중에서 광고 등 영상물과 뮤직비디오에서 모델이나 가수의 행위, 춤동작이나 표정, 머리카락이나 자신의 몸을 쓰다듬는 손짓 등이 만들어 내는 스타일은 보는 감각, 즉 시각을 통해 그 뮤직비디오를 보는 사람들에게로 미디어를 매개로 하여 이전되어 취향이 되기도 하고 이를 모방하는 스타일로 전이되기도 한다.

이러한 맥락에서 보자면 디지털 문화 변동의 중심에서 인간의 행위성을 주도하는 것은 이성이나 합리성이 아닌 감각이 되고 있음은 자명해 보인다. 이때 논의되는 감각은 감성, 정동으로 명명되기도 하는데 이는 행동을 추동하는 작동성을 함의하는 새로운 혼종(hybrid)의 감각이다. 혼종의 감각은 기존의 단일 감각이 내포한 즉각적이고 휘발적인 인상이라기보다는 우리 시대의 혼종적 문화환경과 디지털 미디어스케이프 속에서 새롭게 발견하게 되는 감각이다. 이때 감각은 즉각적이지만, 행동으로 연계되는 실천성을 담지하며 개별적이고 산발적이면서도 집단적이며 동시다발적으로 생성된다. 한편으로는 이러한 문화의 즉각성과 깊이 없음(Oberflächlichkeit)이 지적되기도 하는데 이러한 논쟁적 지점이 디지털 미디어 문화의 진화 방향에 대한 성찰성을 요구하는 지점이기도 하다.

디지털 기술의 발달로 인한 디지털 기기의 세례를 받으면서 자라난 지금의 젊은 세대는 일상생활은 물론 문화활동의 생산과 소비에 있어서 감각과 취향, 그리고 스타일을 형성하는 풍부한 문화자본을 이미 획득하고 있다고 할 수 있다. 이를 대별해 보자면 대중문화 담당자, 특히 아이돌 스타 중심의 문화 생산에 있어서 몸을 통한 감각의 고도로 집중된 형태, 즉 초감각적(hypersensual) 제스처, 리듬을 안무로 표현한 춤 감각과 비언어 행동의 집합체로 표현되는 스타일 등이 일종의 획득자본으로서 취향을 만들어 내고 선도한다. 문화자본 이론에서 고급문화와 대중문화의 문화적 경계로 인해 고급문화가 문화를 선도하는 것으로 전제하는 것과는 근본적으로 다른 방향에서 문화 생산이 이루어지는 것이다. 또한 도심의 문화풍경에서 이미지를 통한 감각의 확장은 SNS 등 테크노 산책자의 이미지 포집으로 이루어지고 있다. 여기에서도 여러 방향의 문화 취향이 생성되고 있는 중이다. 예를 들어 강남 지역의 매끄러운 현대적 스타일의 카페 선호와 대조적으로 북촌이나 서촌의 복고풍 카페 또는 연남동과 망원동 일대의 70년대 스타일이 선호되는 취향의 다양화가 그것이다.

디지털 문화 세대가 형성하고 있는 감각과 스타일을 문화 취향과 연결해서 생각해 볼 때 이들을 설명하는 가장 적절한 이론은 문화자본 이론이다. 여기에서는 문화자본 이론의 다양한 접점에서 취향의 새로운 형태, 그리고 이를 체화하는 호모 센수스의 감각 활용을 들여다본다.

취향과 일상적 실천을 구조화하는 아비투스

존 스토리에 의하면(Storey, 2006: 4) '대중문화(popular culture)'에 대한 가장 일반적인 정의는, '많은 사람들에 의해서 널리, 그리고 선호되는 문화'이다. 이와 더불어 스토리는 좀 더 논쟁적인 방식으로 두 번째 개념 정의 방법을 언급한다. 즉 '우리가 고급문화(high culture)라고 말하는 것을 결정하고 난 후 남는 문화'로서 이때 대중문화는 잔여 범주로 간주되며 고급문화로서 평가하기 위해 요구되는 기준에 도달하지 못하는 텍스트나 현실에 적용되는 것으로서 이에 따르면 대중문화는 열등한 문화라고 개념 정의된다(Storey, 2006: 5). 이 정의에 의하면 고급문화와 대중문화에 대한 개념 정의에는 분명히 가치 판단이 포함되어 있다. 이러한 가치 판단이 일반적으로 고급문화와 대중문화를 이분법적으로 인식하게 하는 데 작용하며 이러한 인식은 대중문화에 부르디외의 문화자본론을 대입하는 데 있어서 개념적인 문제들이 발생할 수밖에 없는 필연적 이유가 되고 있다.

대중문화에서 가장 논쟁적인 부분은 '하위문화(subculture)'로서의 대중문화이다. 하위문화의 핵심적인 특성을 기존 문화에 대한 저항성으로 본다면 일반적인 방식대로 대중의 인기를 겨냥하여 상업성과 선정성을 내세운 자극적 내용을 중심으로 구성되는 대중문화는 진정한 의미의 하위문화를 포괄할 수 없다. 물론 하위문화의 상업성도 흔히 발견되는 일이지만 예를 들면 힙합이나 랩, 비보잉 등 미국사회에서 오랜 세월 기성세대와 기존 문화에 대한 저항에 기원을 둔 하위문화는 일반적인 상업적 대중문화와 거리를 두면서 오히려 인디밴드 등 활동의 범위를 스스로 한정하고 있는 상황이다.

최근 들어 한류를 중심으로 한 대중문화 콘텐츠가 동아시아 및 동남아시아에서 선풍적인 인기를 누림으로써 한국에서 문화산업은 새로운 핵심산업의 하나로 등장하고 있음은 주지의 사실이다. 문화적 생산과 소비활동의 활성화가 진행되는 가운데 문화적 경계(cultural boundary) 및 문화적 위계(cultural hierarchy)가 등장하며 이 중 문화적 위계는 한 사회 내의 고급문화와 대중문화 간의 간격을 구체적으로 보여 준다. 문화적 위계는 "사회 속에서 혹은 사회 간에 특정한 문화적 형태가 가치 기준에 따라서 높은 가치를 부여받는가 혹은 낮은 가치를 부여받는가의 구분에 따른 순서와 배치를 의미한다."(한준 외, 2007: 30)

이 연구(한준 외, 2007)에서도 지적되고 있듯이 오랫동안 귀족 중심의 고급문화가 안정적으로 형성되어 온 유럽사회의 문화적 위계의 전통과는 달리 한국에서는 역사적으로 양반문화와 평민문화의 이분법적 구도에서 벗어나서 19세기를 거치면서 비로소 문화적 위계의 맹아가 등장했다. 식민 지배를 거치면서 대중문화가 도입되고 해방 이후 서구사회와의 본격적인 교류가 이루어지면서 고급문화와 대중문화 전반에 걸쳐 서구의 모델은 전통적인 문화를 제치고 지배적인 위치를 차지하여 왔다.

위의 연구를 진행한 연구자들은 한국에서의 문화적 위계가 서구사회와는 달리 고학력의 대중들도 대중문화에 대한 선호도를 높이 나타내는 점을 비교되는 현상으로 파악하여 분석 결과로 내놓았다. 즉 문화적 위계에서 '고급/저급의 축보다 대중/비대중의 축이 지배적'이라는 위 연구 결과는, 결국 한국의 대중문화에서는 문화자본 이론이 주장하는 배제에 의한 지위 구분보다는 옴니보어(omnivore: 포괄적 감상자) 이론이 주장하는 포섭에 의한 폭이 중요하게 작용했을 가능성이 있음을 보여주고 있다.

한국에서 고급문화와 대중문화의 뚜렷한 경계를 짓기 어려울 뿐 아니라 대중문화의 향유에 대한 설명에 있어서도 문화자본 이론보다는 옴니보어 이론이 보다 설득력 있는 상황에서 문화의 향유의 측면보다도 생산의 측면에서 본다면 전통적인 문화자본 이론에서 나아가 좀 더 현실적인 스펙트럼이 수용될 수 있는 새로운 개념 정의와 이론이 필요하다.

피에르 부르디외(Pierre Bourdieu)는 기존 경제이론의 획일적인 자본 개념을 비판하면서, 계급 재생산의 진정한 메커니즘은 세 가지 형태의 자본, 즉 계급 구조의 기본이 되는 '경제자본'과 이를 바탕으로 생성되고 또 일정한 조건하에서 경제자본으로 전환될 수 있는 '문화자본' 그리고 '사회자본'에 근거하고 있다고 주장하였다(Bourdieu, 1986: 242). 부르디외의 이론에서 문화자본이나 사회자본을 형성하는 데 있어서 아비투스는 근원적인 바탕을 제공하는 기제로 작동한다. 아비투스는 일정 방식의 행동과 인지, 감지와 판단의 성향체계로서 개인의 역사 속에서 개인들에 의해서 내면화(구조화)되고 체화되며(embodied) 또한 일상적 실천들을 구조화하는 양면적 메커니즘이라고 할 수 있다(부르디외, 1995: 11).

부르디외가 『구별 짓기』(1995)와 "자본의 형태"(1986)에서 규정한 개념 정의에 의하면 문화자본은 우선 획득 경로에 따라 부모로부터 물려받은 상속자본과 자신이 성취한 획득자본으로 나뉠 수 있다. '상속자본'이 가족의 계급적 배경과 밀접한 관계가 있는 사회화의 과정에서 습득되어 오랫동안 지속되어 온 성향과 아비투스를 의미하는 것이라면, '획득자본'은 공식적인 교육과 훈련을 통해서 얻어진 자질 혹은 자격을 일컫는데 좀 더 원용하여 사용하자면 '획득된 자원'이 될 것이다.

사회자본은 "상호적인 친분, 안면 등 어느 정도 제도화된 관계들의 지속성 있는 연계망 속에 내재되어 있는 실제로 사용되고 있거나 사용 가능성이 있는 자원들(경제, 문화자본)의 총체(Bourdieu, 1986: 248)"로, 이는 근본적으로 특정한 행위자들이 상호 연계를 맺을 수 있는 기회를 제공하는 객관적 동질성(objective homogeneity)에 근거한다. 이를 좀 더 확장하여 린(Lin, 2001)은 사회자본을 '개인이 사회적 관계를 통해 다른 사람의 관심이나 도움을 얻을 수 있는 자원을 동원하는 능력'으로 규정하고 있다. 또한 미국의 사회학자인 제임스 콜먼(James Coleman)은 "사회자본은 주어진 구조에 속하는 개인이나 집단으로 하여금 특정한 행위를 하도록 유도하고 촉진한다. 사회자본은 다른 형태의 자본과 마찬가지로 생산적이다. 사회자본은 그것이 없으면 이룩하기 어려운 목적을 성취할 수 있도록 해준다(Coleman, 1990: 302)"고 설명함으로써 사회자본을 '특정집단이 그 집단에 속한 개인을 지원하는 과정에서 동원되는 자원'으로 규정한다.

대중문화 속 호모 센수스의 문화자본

대중문화에서 문화소비자가 아닌 문화 생산자의 관점에서 형성되는 문화상품을 문화자본론에 대입할 때 획득자본과 사회자본을 주요 개념으로 원용해 볼 수 있다. 예를 들어 한국 대중문화의 중심에 서있는 아이돌 그룹 구성원들이 특정하게 체화한 능력과 재질을 획득자본의 맥락에서, 그리고 특정 기획사의 대표나 기획을 총괄하는 프로듀서 등이 연예계와 방송계와 맺는 연결망에 동원되는 자원을 사회자본의 맥락에서 파악할 수 있다.

고급문화와 저급문화의 구별이 뚜렷하여 부르디외의 이론이 적절하게 적용되는 유럽사회에서와는 달리 한국처럼 압축적 근대화를 통해 전통문화가 단절되고 서구 문화가 급속히 유입된 사회에서는 문화자본의 작용에 대해 아직도 일정하게 이론적 합의가 이루어지지 않고 있다. 따라서 부르디외의 문화자본론을 대중문화에 적용하는 데 있어서 핵심적으로 천착해 보아야 할 점은 다음의 네 가지 문제로 요약된다. 우선, 기존의 유럽 이외의 사회에서와 마찬가지로 국내 연구에서 지적되어 온 문화와 계급의 상응성 문제, 다음으로는 앞의 문제와 연동되어 있는 고급문화와 저급문화 내지 대중문화의 구분과 가치 부여의 문제, 대중문화에 대한 이해, 마지막으로 문화향유자에게뿐 아니라 문화 생산자에게 체화되는 형태를 통하여 문화자본론을 이해할 수 있는가 하는 문제 등이다.

이 중 앞의 두 가지 문제는 부르디외의 문화자본론의 전제와 모호함으로 인하여 그대로 적용하기 어려운 측면이 있다는 점이 기존 연구들에서 지적되어 왔다(Peterson and Simkus, 1992; Halle, 1992). 한국사회에서는 특히 서구사회와는 다르게 진행된 근대사회의 구조적 특성들로 인하여 문화자본이나 학력 등이 당대에 형성되는 경우가 많아 본인 자신에 의해 획득된 문화자본 자체가 중요한 독립변수가 된다고 할 수 있다.

먼저 문화와 계급의 상응성의 문제는 『구별 짓기』(1995)의 내용을 단순화시킬 때 고급문화가 그 사회의 지배집단을 구분 짓는 상징으로 작용하고 이를 통해 보다 비가시적으로 사회의 계급을 재생산한다는 명제로부터 출발한다. 고급문화가 상류층의 취향인가를 검증하는 연구에서는 고급문화를 향유하는 것이 장시간의 훈련과정을 통해 획득된 것이고 이를 통해 사회적 경계를 형성한다는 문화자본론의 주장에 의문을 제기한다(Halle, 1992; 최샛별, 2006: 138).

피터슨과 심커스는 보다 정교화된 범주의 직업적 지위와 음악적 취향을 가지고 미국사회의 지식인들이 고급예술을 더 많이 소비할 뿐만 아니라 평범한 사람들의 활동에도 광범위하게 참여하고 있다는 결과를 내놓았다. 이 연구의 결과는 지식인들이 고상하지 않은 문화를 즐기지 않는다는 기존의 연구들은 물론 지배계급이 다른 계급 문화에 대해서 배타적이고 비관용적이라는 부르디외의 논의와도 전적으로 상치되는 것이었다. 피터슨과 심커스(Peterson and Simkus, 1992)는 이를 하이브로우 스놉(highbrow shob: 고상한 배척자)으로부터 옴니보어(omnivore: 포괄적 감상자)로의 역사적 전환으로 설명하였다(최샛별, 2006: 139).

다음으로 고급문화와 저급문화의 구별 짓기와 관련된 문제이다. 이는 곧 고급 취향과 저급취향으로 연결된다. 미국의 문화사회학 논의에서 본격적으로 제기되기 시작한 고급문화와 대중문화의 이분법적 구분에 대해서 라몬트와 라루가 문화 소비에 있어서 고급문화 취향과 대중문화 취향 사이의 이항적 대립이 과연 어느 사회에서나 정당한가라는 질문을 던지고 있는 것과 같은 맥락이다(Lamont and Lareau, 1988). 예를 들어 피터슨 등은 미국에서는 특정한 문화 취향의 편협성형(cultural univores)과 다양한 문화적 장르를 두루 섭렵하는 문화 취향의 다양성형(cultural omnivores)이 오히려 서로 대비되는 문화소비의 형태라고 본다(Peterson, 1992; Peterson and Simkus, 1992; Peterson and Kern, 1996; 이호영·장미혜, 2008). 이들에 따르면 현대 미국에서는 문화자본이 풍부한 사람일수록 특정한 장르의 문화를 편식하기보다는 오히려 폭넓은 장르에 대한 취향을 갖는다. 상류계층은 특정한 자신들만의 문화를 고집하면서 다른 집단의 취향을 싸구려로 취급하는 속물(snob)이 아니라 취향의 '다양성'과 다른 계층의 문화에 대한 '관용성'을 가진 사람들이며 이에 대응하는 집단은 편협한 취향을 지닌 계층이라는 주장이다.

디마지오와 무크타르(DiMaggio and Mukhtar, 2004) 역시 이 주장을 일부 수용하면서 미국에서 문화자본의 축적과정이자 문화 재생산의 중요한 매개였던 예술 참여가 쇠퇴하고 있다는 가설을 경험적으로 입증한 바 있다(이호영·장미혜, 2008: 67). 미국에서 이러한 연구가 진행된 배경에는 미디어의 발달과 포스트모더니즘의 팽배로 대중문화가 폭넓게 확산되면서 더 이상 고급예술이 배타적인 독보적 지위 상징으로 존재하기 어려운 상황이 되었다는 점도 작용하고 있다. 예를 들면 미술에 있어서 60년대 앤디 워홀에 의하여 독보적인 순수미술 작품의 고유성이나 복제 불가능성에 문제 제기가 이루어지면서 대중문화 스타가 작품의 소재로 떠오른 경우라든가, 애초에는 거리와 지하철의 낙서로 시작된 것이 대중의 정서를 표출한 점이 부각되면서 예술작품으로 인정되었던 장 미셸 바스키아(Jean-Michel Basquiat)의 경우 등이 예술의 고급과 저급의 기준이 극히 모호하게 희석되는 상황을 보여 주고 있다. 전통적인 고급예술 자체가 예술가들에 의하여 전복적으로 재해석되고 있는 상황에서 지속적인 고급문화 대 대중문화의 이분법은 무의미해지고 이로써 다양한 감수성이 전면에 드러나고 있는 것이다.

문화상품의 감각과 스타일

대중문화가 문화상품으로 구체화될 때 이 문화상품을 구성하는 요소들을 문화자본으로 간주할 수 있는지 살펴보아야 할 것이다. 한국에서는 급속한 산업화로 부모로부터의 상속자본이나 이의 연장선상에 있는 학력자본보다도 당대의 계층상승이 급속하게 이루어지는 과정에서 획득된 문화자본이 중요한 의미를 가지고 있어서 고전적 의미의 '지적 자격'으로서의 학력이라는 문화자본보다도 이를 획득할 수 있는 기회를 갖느냐, 즉 학력 취득의 기회를 갖느냐, 문화자본을 획득할 기회를 갖느냐 하는 점이 매우 중요하다. 아이돌 문화에서는 특히 엄청난 경쟁률을 뚫고 오디션에 합격하느냐의 여부가 아이돌 스타 지망생들에게 있어서 획득 가능한 자본으로 접근하는 통로로의 진입과 관련되어 중대한 의미를 갖는다.

대중문화, 좀 더 정밀하게 말하자면 아이돌 그룹 열풍 현상에서의 문화자본의 형태와 형성과정, 그리고 전반적인 문화현상에 있어서의 지배력을 설명하기 위해서는 객체화된 상태의 문화자본과 제도화된 문화자본을 보다 확장하여 정의할 필요가 있다. 부르디외에 따르면 '객체화된 상태의 문화자본'은 그림, 책, 음반 등 문화적 재화 형태의 자본을 의미한다. 객체화된 문화자본은 문화적 재화 형태가 화폐자본에 의해 계량화될 수 있다는 것일 뿐, 그것의 가치와 평가는 동시대의 문화환경과 문화적 자원을 유통하는 방식에 의해 주관적으로 결정된다. 즉 객체화된 문화자본의 재화의 가치는 문화적 진정성의 가치와 반드시 일치하지 않으며, 그 격차가 클수록 객체화된 문화자본은 표상의 힘을 지배하는 권력을 통해 강력한 독점력을 행사한다(이동연, 2009: 96).

아이돌 그룹의 연예인이 되기를 열망하는 청소년이나 그보다 더 어린 학생들에게 있어 아이돌 선망의 이유는 이들이 사회적으로 성공하고 사회적 지위를 누리는 '상류계층'이어서가 아니라 대중의 인기를 모으면서도 짧은 시간 내에 경제적 성취를 이룬 범주의 사람들, 즉 '스타'이기 때문이다. 직업적으로 일반 직장인들과 차별화되고 겉으로 드러나는 삶의 스타일의 측면에서도 확연하게 차이가 나기 때문에 계층으로 '구별 짓기'가 아닌, 스타일과 외면적 삶에 있어서 '구별 짓기'가 이루어지는 것이다.

그동안 많은 연구자들에 의하여 지적된 바와 같이 부르디외는 문화자본에 대해 비교적 명료하게 개념 정의(Bourdieu, 1986)를 했음에도 불구하고 실질적인 연구에서는 문화자본 개념을 일관성 있게 사용하지 않음으로써 문화자본 개념의 명료성에 대한 비판과 계급 재생산에서의 문화자본의 역할에 대한 논쟁을 야기하였다. 라몬트와 라루(Lamont and Lareau, 1988)는 이러한 일관성 없는 개념 정의들이 후속 연구에 있어 일관된 조작적 정의의 발전을 저해하고 있다고 비판하면서 이에 대한 해결책으로 문화자본을 "제도화되고 광범위하게 공유된 태도, 선호, 공적 지식, 행동, 상품, 그리고 자격증과 같이 사회적 그리고 문화적 배제에 사용되는 고급문화로 정해진 신호"라고 규정함으로써 기존에 부르디외가 사용했던 모든 개념들을 포괄하는 확장된 정의를 제시하였다. 그런데 고급문화로 한정하는 이러한 정의로는 대중문화를 분석하는 개념으로 도입하기에는 여전히 보충되어야 할 점들이 있다.

최샛별은 그동안의 연구를 바탕으로 하여 각각의 연구에서 문화자본의 실체는 달라질 수 있다고 보고 있다. 또한 문화자본은 이러한 숨겨진 경로를 구성하고 있는 총체로 경제자본과는 구분되며 다음과 같은 문화자본과 사회자본의 공통적 특성들을 만족시키려면 그 어떤 것도 포함 가능한 좀 더 포괄적이고 적응성 있는 개념으로 정의되어야 한다고 주장하고 있다. 즉 공통적 특성은 첫째, 어느 정도는 경제자본의 축적을 전제로 하고 특정한 상황에서는 경제자본으로 전환될 수 있고, 둘째, 전반적인 사회 구성원들에 의해 매우 가치 있다고 정당성을 인정받으며, 마지막으로 궁극적인 사회 재생산에 있어 더 낮은 계층의 구성원들이 상류계층으로 들어가는 것을 차단하는 숨겨진 전략의 역할을 수행한다는 것이다(최샛별, 2006).

대중문화풍경에서 전개되는 이미지 소비

대중문화의 생산자나 소비자를 계층적 구분에 의하여 판단하기 어려워진 현재의 사회 변화를 고려해 볼 때 여기서 상류계층으로의 진입 차단의 측면은 대중문화 분석에서 문화자본론을 도입하는 경우에는 다른 방식으로 해석되어야 할 것이다. 이를 원용하여 본다면 아이돌 그룹의 경우 전통적 의미의 상류계층이라기보다는 그들의 지원 세력인 기획사 등이 구축한, '선별된 연예인 집단'으로의 진입을 이룩한 이후 다른 후보들의 이 집단으로의 진입을 차단하는 숨겨진 전략의 역할을 이들이 구축한 문화자본을 바탕으로 수행한다. 이들이 구축한 '선별된 연예인 집단', 즉, '아이돌 스타 그룹'이 새로운 형태의 계급이라 할 수 있으며 다른 상징적 경계들과는 달리 이들이 형성한 문화자본이 경제자본의 축적을 가능하게 하는데 반해, 역으로 다른 사람들의 경제자본이 바로 이들의 스타일과 감각 등 문화자본으로 전환될 수 없다. 왜냐하면 이들의 문화자본은 이들의 오랜 기간 연마된 댄스 실력과 노래, 그리고 맹목적으로 이들을 추종하는 팬덤 현상까지 포함하여 이들이 배제적으로 다듬어 온 문화상품과 직결된 새로운 형태이기 때문이다.

아이돌 그룹의 경우 문화자본뿐 아니라 대중매체를 통해 각인되는, 육체자본의 차원에서 몸 이미지를 통한 문화적 소비를 생각해 볼 수 있다. 디지털 기술이 발전하면서 상시로 영상 이미지에 노출되어 있는 오늘날의 대중들에게 거의 대부분의 소통은 텔레비전을 비롯한 인터넷, 스마트폰 등 대중매체를 통해 엄청난 고화질의 이미지를 매개로 하여 임의로 시각화되고 편집된 영상 문화 세계의 관념을 전달하는 것으로 이루어진다. 대중매체의 영상은 실제로는 존재하지 않는 세계의 메타언어 활동으로서 '이미지 소비'의 배후에서는 독해체계의 제국주의를 엿보게 한다는 것이다. 현대사회에서 각종 미디어는 보다 추상적이면서 보다 일관성 있는 자신의 논리를 강요하며, 매클루언의 표현에 따르면 미디어 자신을 메시지로 인정하게 한다.

이렇게 전달되는 메시지는 주로 이미지를 통해 우리에게 제공되는데 이 과정에서 우리가 소비하는 것은 미디어에 의해서 조직된 기의이다. 이로써 미디어가 주는 메시지는 이미지로 변하고 이 이미지는 소비자인 우리의 무의식에서 재생산되어 현실에 반영된다. 현대사회에서 대중매체를 매개로 하여 확산되는 이미지는 인간이 스스로를 파악하게 하는 하나의 전형으로 제시되며 이는 우리의 주체성 구성에 깊숙이 관계된다. 왜냐하면 이미지에는 항상 주체가 자신을 바라보는 방식이 투영되어 있기 때문이다(이수안, 2013).

대중문화의 생산품, 즉 이미지 재현은 그것 자체로 의미를 실어 나르기 때문에 상징적이다. 이 의미는 언어적이고 시각적인 재현을 통해 생산된다. 즉 대중매체를 통해 이미지가 생산되고 재현되며 소비되는 과정에서 이미지가 담론으로서 지식과 이론 형성에 직접 연결되는 핵심적 과정은 바로 재현이다. 더욱이 재현은 의미를 창조하는 역동적인 과정이면서 동시에 재현된 이미지가 소비를 통해 담론을 형성하고 지식을 만들어 가기 때문에 중요하다(Milestone & Meyer, 2012: 7). 새로운 미디어의 시대에 있어서 일방적인 차원에서 관객이 수동적이기만 했던 것과 다르게 의미와 이미지의 생산자와 소비자의 경계가 희미해지면서 더 이상 소비자이면서 수동적인 관객이 아닌 '사용자(user)', 더 나아가 이미지를 만들어 내는 주체이자 행위자가 등장했다.

대중문화를 통한 여성의 이미지 형성은 결국 대중문화에서 여성의 주체적 역할을 살펴보는 것과 맥을 같이한다. 그런 점에서 라나 레코우(Lana Rakow)의 다음과 같은 논의가 의미 있다. 래코우는 페미니스트 문화이론가들이 대중문화에 대해 접근하는 데 두 가지 가정에서 출발한다고 지적하고 있다(Rakow, 1986). 첫째, 여성은 대중문화에 대하여 남성과는 다른 특수한 관계에 놓여 있는데, 그것은 특정 대중문화의 산물에 대해서 여성이 주된 소비자의 역할을 수행한다는 것과 여성이 남성/여성 모두를 위한 대중문화의 중심적인 주제라는 것, 그리고 특정 시기에는 여성이 대중문화의 탁월한 창조자였으며 그 생산자였다는 사실이다. 둘째, 여성들이 자신의 정체성에 대한 통제력을 갖고 사회관계를 변화시키고자 한다면 대중문화가 어떻게 기능해야 하는가를 이해해야 한다는 점이다.

영화, 광고, TV 프로그램 등을 중심으로 대중문화의 다양한 부문에서 성별화된 섹시한 몸 이미지는 시대의 감각을 반영하면서 새로운 자극과 유혹으로 상품화되고 유통되고 있다. 이러한 유통과정에서 세속적 성공을 지향하는 청소년 세대의 욕망은 끊임없이 새롭고 자극적인 섹시함과 외설적 몸짓을 만들고 기획해 냄으로써 거대한 자본주의적 문화산업의 내용을 구성하고 있으며(이수안, 2011: 203) 이는 끊임없는 문화소비를 유도해 내는 중요한 축으로 작용하고 있다. 특히 한국처럼 아이돌 중심의 대중문화가 한류를 중심으로 하여 문화산업으로 세력을 떨치는 상황에서는 아이돌 그룹의 멤버가 되기 위해 수년간의 연습생 시절을 지내면서 최적화된 몸과 이미지를 만드는 데 성형수술도 한몫을 하고 있다. 더욱이 초등학생들 중에서 장래희망으로 주저 없이 '연예인'을 꼽는 비율이 월등히 높아지는 가운데 가장 기본적인 조건으로서 몸매와 외모를 향한 관심은 그 어느 때보다도 높다고 할 수 있다.

안젤라 맥로비(Angela McRobbie)의 청소년 문화와 하위문화의 사회학적 분석(McRobbie, 1982) 같은 예에서 래코우는, 소년과 소녀들의 하위문화가 저항과 반란 등에만 기초한 것으로 보는 기존의 하위문화에 대한 관점이 수정될 필요가 있다는 연구 결과를 찾아내고 있다. 또한 래코우는 '어떻게 여성들이 사회의 커뮤니케이션 작업으로부터 배제되어 왔는가'에 대해 논의한 대표적인 예로 도로시 스미스(Dorothy E. Smith, 1978)의 연구를 인용하여 여성의 표현 주체로서의 위치 설정의 중요성을 다음과 같이 제시하고 있다. "여성들은 …… 이미지와 상징을 생산하는 작업으로부터 배제되어 왔다. 거기에는 순환적인 효과(circle effect)가 있다. …… 남성들은 서로서로 말했던 것을 들었고 듣는다."(Smith, 1978: 282; Rakow, 1986: 38에서 재인용)

스미스는 이 연구를 통해 어떤 주제를 다루는 데 있어서 문화적 표현과 생산 수단에 접근하는 젠더적 제한에 관련해서 그동안 불균형이 있었다는 점과 그 불균형 중에는 이미지 생산과 소비 모두에 참여하는 이들의 젠더적 편향이 큰 몫을 차지하여 왔음을 지적하고 있다. 이러한 종류의 연구들은 최근의 문화이론의 전개에 있어서 중요한 단초를 제공하고 있다는 평가를 받고 있다.

대중문화 속의 여성 이미지는 상업영화가 시작된 이래, 할리우드 클래식으로부터 TV의 라이프스타일 프로그램까지 외모 개조의 서사(the makeover narrative)는 끝없이 되풀이되고, 맹렬히 소비되는 대중문화의 상품이다. 사라 길리건(Sarah Gilligan)에 의하면(Gilligan, 2011: 167), 대중매체에서 여성의 이미지를 통해 표현하는 이미지 전형은 다음과 같은 세 가지 방식, 즉 외모의 개선(makeover), 촌티 나는 외모로 만드는 것(make-under), 그리고 촌티 나는 역할 이전의 원래 모습(make-up)으로 이루어진다.

이 중에서 외모 개조의 서사는 소비와 여성화(feminization)의 과정을 통해 여성 주인공이 사회적/계급적 이동, 유행, 그리고 이성애적 로맨스의 '상(prize)'을 획득할 것이라는 점을 암시한다. 맥로비는 최근의 외모 개선 프로그램들을 분석하면서(McRobbie, 2009: 128), 외모에 대해 콤플렉스를 느끼는 출연자들과 잠재적인 외모 변형 희망자들에게 창피 주기와 협박의 전략을 통해 공격적으로 강화된 취향과 외양의 계급에 기초한 이상(ideals)을 영속화하는 제작 의도를 여성에 대한 '상징적 폭력'의 한 형태로 해석하고 있다.

새로운 커뮤니케이션 상황에서 이미지는 더 이상 어느 일방이 만들어내고 다른 일방이 소비하기만 하지 않게 되면서 재현의 문제는 매우 복잡해졌으며 예술과는 대조적으로 대중매체는 그들이 실제로 시청자들에게 보여 주고 말함으로써 현실을 재현한다(Webb, 2009). 이러한 맥락에서 젠더는 대중매체에서 생산되는 의미에 있어서 핵심적인 주제이면서 동시에 이미지 생산의 중요한 요소로 등장하고 있음에 주목하게 된다.

2 테크노 유목민의 존재 양식과 문화풍경

벤야민은 『아케이드 프로젝트』에서 산책자라는 개념을 유포한 보들레르(Charles Pierre Baudelaire)의 작품을 자세히 들여다봄으로써 이후의 도시문화 연구에 중요한 개념으로 등장한 '산책자(flâneur)' 개념을 발굴하였다. 원래 19세기 전반에 등장한 거리 산책자는 사회적으로 무용한 사람으로 폄하되거나 혹은 그와는 정반대로 상상력, 직관 등의 능력을 가진 예술가만이 될 수 있는 특별한 사람으로 평가되었다. 거리의 산책자는 보들레르에 의해 예술적 의미를 획득하면서 사회적 유형으로 완성되었다. 이후 20세기 초에 초현실주의자들에 의해 부활한 산책자 유형에 큰 관심을 보인 벤야민에 의해 비로소 대도시 산책자의 전형으로 등장한다.

'산책자'는, 벤야민의 개념 정의에 의하면 도시의 거리를 소요하는 신사로 19세기 프랑스의 시인이자 작가인 보들레르의 표현대로 도시의 볼거리를 즐기면서 아스팔트 위에서 채집/조사하는, 즉 '산책하기(flânerie)'를 행하는 사람이다(Benjamin, 2005: 128). 보들레르는 도시에 거주하는 사람들의 모습을 한발 떨어져 쳐다보면서 관음증적인 즐거움을 취하는 이런 사람에 주목했다. "그는 도시의 모습을 관찰하면서 온종일 도시를 소요하며 지내는 '신사'다. 유행하는 옷이나 장신구, 건물, 가게, 서적, 새로운 것이나 주목을 끄는 것을 구경하며 끝없는 호기심으로 도시의 일상적인 모습을 엿보는 사람이다. …… 주변적 인물로 자신이 관찰하는 사람들로부터 소외된 모습을 보인다. 그는 군중 속의 고독한 인물이다."(Wilson, 1992: 94-95; Baldwin 외, 1996: 301에서 요약 재인용)

산책자 앞에 펼쳐지는 근대 도시의 환등상

벤야민은, 산책자가 군중 속에서 피신처를 찾는데 군중은 베일이며 이를 통해 보면 친숙한 도시는 산책자에게 환등상(die Phantasmagorie)으로 변형된다고 보았다. 이러한 환등상이 백화점 장식의 영감을 제공해 주고 있으며, 백화점은 이러한 산책조차도 매출에 이용한다고 비판하는 벤야민은, 그럼에도 백화점을 박람회 등과 마찬가지로 산책에 마지막으로 남겨진 장소이면서 근대의 이미지를 주조한 틀이라는 점을 들어(Benjamin, 2005: 127) 도시 근대성의 보고로 간주하고 있다. 이로써 산책자를 '시장의 척후(斥候) 같은 사람'이며 동시에 '군중의 탐사자'(Benjamin, 2005: 128)로 정의하고 있다(이수안, 2009).

근대 도시의 풍경을 시각적으로 채집하는 '산책자'가 지닌 중요성은 이런 인물이 취하는 관찰 태도에 있다고 하겠다. 이들은 모더니티라는 새로운 상황에 말을 거는 지적인 인물이다. 자유롭게 거니는 것, 특히 도시의 풍경을 응시한다는 의미를 지닌 '산책하기(flânerie)'는 산업화되어 가는 유럽에서 생긴 대도시라는 사회적 상황에서 가능한 일이다. 그러므로 산책자는 모더니티의 공공장소에서 겪는 경험을 전형적으로 보여 주는 인물이라 할 수 있다. 도시를 소요하면서 군중 속에서 자신의 익명성을 유지하는 산책자는 안전하게 멀리 떨어져 다양한 상황을 바라본다.

그가 취하는 태도의 핵심은 세상 돌아가는 모습을 보면서 단순히 관찰만 하지, 이에 대한 처방이나 치유책을 내놓지는 않는다는 것이다. 이때 시각이 가장 중요한 역할을 한다. 즉, “그는 공간과 사람들 사이에서 그에게 허가된 특권적인 시선을 떼지 않고 소요한다”(Jenks, 1995, 146; Baldwin 외, 1996: 303에서 재인용). 벤야민은 이렇게 채집/조사된 도시의 이미지들을 제시하면서 역사의 문화적 기억을 전달하는 역할(Buck-Morss, 2004: 10-11)을 하고 있다.

벤야민은 전근대의 문화와 근대성의 문화를 구분할 것을 강조한 짐멜과는 달리 무의식과 꿈의 과정에 우선순위를 두고 도시환경과 그것들과의 관련성을 묘사했다. 즉 이런 객관적 의미들은 지적인 분석과정을 통해 개념적으로 포착될 수 없으며 상상적인 꿈의 과정을 통해서만 포착된다는 것이다(Frisby, 1985: 192; Savage & Warde, 1996: 172에서 재인용). 즉, 벤야민은 도시 형태가 관찰자들에 의해 경험되고 보여진다는 점에서 출발한다. 그에게 핵심적인 문제는 도시 경관이 어떻게 해석되며 그 의미가 어떻게 개인의 일상적인 경험 속에 각인되는가 하는 것이다.

도시에의 개인적 경험에 관한 벤야민의 개념화는 어느 한 입장에 쏠리지 않고 경험과 문화적 상징 사이의 관계를 확립하려는 의도로부터 출발하였으며 이로써 벤야민은 도시를 사람들의 기억과 과거의 창고이며 문화적 전통과 가치들의 저장소로 보았다. 그러므로 벤야민에게 있어서 도시 텍스트를 읽는 것은 도시 경관을 지적으로 면밀하게 검토하는 것이 아니라 우리의 도시에 대한 인식 속에 담겨 있는 환상, 희망의 과정(wish-process), 꿈들을 탐구하는 일(Savage & Warde, 1996: 171)이라고 할 수 있다(이수안, 2009).

벤야민이 보기에 사람들의 기억은 건축 형태의 경험 속에 밀착되어 있기 때문에 다양한 의미를 가질 수 있다. 이에 대한 이해는 기존의 설명들을 흩어 버리고 새로운 조합으로 신선한 이미지와 조각들을 맞추어 숨겨지고 모호한 의미를 드러내는 작업이다. 결과적으로 나타나는 알레고리들은 모호하게 숨어 있는 객관적인 의미들을 포착하는 데 통찰력을 부여한다(Savage & Warde, 1996: 172). 벤야민의 '산책하기'가 근대적 대도시의 표상 공간 읽기에 적절한 이유가 바로 여기서 발견된다. 따라서 벤야민의 문화적 의미 읽기는 근대 도시 형성의 물질적 조건들을 구체적으로 따지고 파악하는 방법을 넘어서서 그러한 조건들이 문화텍스트로 상징화되어 나타나는 표상을 포착하고 해석하는 방식이다.

대도시는 짐멜(Simmel, 1903: 200)에게 있어서 구조화된 가시적 공간이나 외부의 움직임과 순간적 인상이 교차하는 만화경 같은 세계이기보다는 개인들 간의 상호작용이 일어나는 장소로서 추상적 기능에 따라서 이해되는 세계다. 화폐경제에 의해 촉진된 합리성과 객관성의 실천이야말로 삶의 모든 내용이 점점 객관화되고 비인격화될수록 그중에서 사물화될 수 없는 나머지 부분이 그만큼 더 개인화되어(Simmel, 1989: 651) 개인의 내면세계의 주관성이 확대된다고 보는 것이다. 이와 동시에 대도시는 근대 도시문화에서 지배적인 위치를 차지하는 것이 시각적인 것이라는 유미주의적 논의를 견지하게 하는 세계이기도 하다. 이런 의미에서 도시의 경계는 "사회학적 작용들을 내포한 공간적 현실이 아니라 공간적으로 형성되는 사회학적 현실"(Simmel, 1983: 229)이 된다.

짐멜의 도시문화 이론에 따르면 화폐경제를 토대로 비로소 가능한 개인주의는 특정 사회계층, 즉 사교와 문화를 향유할 능력을 갖춘 부르주아 계층에게만 해당된다. 즉 대도시의 개인주의는 대량생산의 시대에 맞서 자신의 고유한 삶의 양식을 지키고 가장 순수한 사회화 형식인 사교(Geselligkeit)를 향유할 수 있는 능력을 지닌 부르주아 개인에게만 실현 가능하다(윤미애, 2003: 395). 대도시 심리에 대한 짐멜의 이론은 궁극적으로 삶의 미학화 프로그램으로 발전하여 현대적 모티브인 일시성, 순간성의 영역을 벗어나는 것이 가능한가라는 질문에서 출발하는 이러한 프로그램을 통해 짐멜은 대도시 문화에 대한 사회학적 분석의 테두리를 떠나 유미주의적 예술관에 도달하게 되며 이 논지는 벤야민과 버먼(Marshal Berman)으로 이어지면서 도시를 텍스트로 읽는 것이 가능함을 시사하고 있다(Baldwin 외, 2008: 342). 즉 짐멜에게 있어서 대도시는 일시적이고 덧없으며 우연적인 인식과 관계의 저장소로, 패션, 스펙터클, 진기함의 장소로, 그리고 개인적 열망, 불확실성, 익명성과 혼란이 등장하는 장소로 간주(Savage & Warde, 1996: 239)되었으며 결국 이러한 특성들이 짐멜의 도시문화 연구에 있어 근대성의 특징으로 각인되었다.

짐멜(Simmel, 1983b)은 또한 '모험(das Aventeuer)'에는 모든 것을 자신의 힘과 정신 집중에 의존하는 정복욕과, 우리를 행복하게 만들기도, 파괴할 수도 있는 외부세계의 힘과 기회에 전적으로 의탁하는 태도가 공존한다고 보면서 수많은 상호관계의 망으로 만들어지는 대도시야말로 모험을 낳는 우연적 기회를 무궁하게 함축하고 있는 공간으로 규정한다. 또한 모험은 삶의 연속성이 원칙적으로 거부되면서 낯섦과 이탈이 일어나는 경험으로서 과거도 미래도 없이 현재에 몰입하면서 순간에 도취되는 집중적 감정을 가능하게 한다는 점을 들어 벤야민의 거리 산책자 이론에 간접적으로 적용될 수 있다는 견해(윤미애, 2003)에 타당성을 부여한다.

벤야민이 보들레르를 통해 파악한 거리 산책자의 체험은 주변에 대해 이중적 태도를 보이는 것으로서 산책자 보들레르는 마치 전기에너지의 거대한 저장소라도 되는 듯이 군중의 흐름 속으로 뛰어 들어간다는 점에서 모험과 유사하다고 할 수 있다. 이때 모험과의 유사성을 보인다는 점에서 거리 산책자의 체험 방식은 외부 풍경을 단지 넋을 잃고 쳐다보는 구경꾼이나 자신의 이해관계에 갇혀 있는 행인의 체험 방식과 구분된다. 거리 산책자는 한편에서는 자신을 군중과는 다른 존재로 과시하는 신사로 나타나기도 하지만, 다른 한편에서는 모험을 찾아 마치 자장 속으로 끌려 들어가듯이 군중 속으로 끌려 들어간다는 것이다. 동시에 그는 다채로운 도시적 삶을 반사하는 거울 혹은 만화경에 그치는 것이 아니라 자신의 고독을 타자에 대한 관심으로 채우려는 의지를 통해 감정과 지각을 고양시키는 집중력을 보여 준다(윤미애, 2003).

테크노 산책자: 테크노 문화풍경 속 호모 센수스

근대적 의미의 산책이 이루어지는 배경으로 문화사회학의 문화풍경(cultural landscape)과 경관지리학의 문화경관이 함축하고 있는 개념적 의미를 살펴볼 필요가 있다. 경관지리학에서 개념화하는 문화경관과 문화사회학에서 논의하는 문화풍경이 개념적으로는 큰 차이가 없지만 문화경관이 지역을 비롯한 실제 공간적인 측면을 상정하는 반면 문화풍경은 좀 더 포괄적인 측면에서 인간이 중심이 되는 사회의 여러 면모를 포함한다는 점에서 접점과 차이를 보여 준다.

지구화가 이룩한 새로운 '사회적인 것'이 인간의 실존적 상황에 보다 주의를 기울이는 문화사회학을 강력히 요청하는 가운데 문화풍경에 대한 연구의 필요성이 대두되었다. 풍경이란 자연 그 자체가 아니라 그것의 재현적 구성이며, 인간의 인식론적 기능이 자연이라는 다양하고 혼돈스러운 감각 대상을 '포섭(subsumtion)'함으로써 성립하는 자연과 인간의 상징적 종합(김홍중, 2005: 138)이다. 따라서 김홍중은 "체험의 원초적 직접성을 보장하는 '장소'로서 이해되는 풍경은(Tuan, 1977: 23-38; Bachelard, 1990) 사유와 상상력의 기원적 영상으로 기능한다"(김홍중, 2005: 149)고 역설함으로써 장소를 감각과 감정의 원초적 활력을 환기시키는 질적 공간으로 개념화한다.

현대의 사회적인 것을 '풍경(scape)' 개념으로 포착한 아르준 아파두라이(Arjun Appaduraii, 1996)의 논의는 문화풍경 연구에 중요한 개념적 범주를 제공하고 있다. 풍경이란 복합적 연계성 속에서 수많은 다차원적인 행위자들이 개입하여 만들어 가는 '유동적이며 불규칙적인' 흐름을 지칭한다. 에스노 풍경(ethnoscapes), 테크노 풍경(technoscapes), 금융 풍경(financescapes), 미디어 풍경(mediascapes), 이데오 풍경(ideoscapes)들이 서로 뒤섞여 복합적이고 중복적이며 이접적인(disjunctive) 질서를 만들어 가고 있는 세계에 우리가 살고 있다.

이렇게 복합연계성으로 이루어진 유동적인 세계에서는 개별 행위자의 행위가 중요해지는데, 왜냐하면 이때 인간은 복합연계성 속에서 행위를 할 때 수많은 문화적 틀(framework)을 동원해서 행위해야 하는 존재이기 때문이다. 그런 점에서 특히 사회적 관계망 안의 인간은 복합적 연계성 속에서 수도 없이 연결된 개인이다. '모나드적 세계관'은 "하나의 모나드(monad)에 세계가 들어 있다"는 통찰적 선언으로서 이 연구에서 일종의 행위소로 분류될 수 있는 포스팅된 정보의 코드와 이를 코딩하여 포착하는 문화지형도에 절묘한 비유로서 적용될 수 있다.

'복합된 것 안에 있는 단순한 실체' 즉 "자신의 부분을 갖고 있지 않은 세계의 최소 요소"(라이프니츠, 2010: 282; 김홍중, 2012: 16)를 가리키는 모나드로부터 사회학적 모나돌로지(monadology)가 제안되고 있으며 이는 테크노 산책자가 산책의 부수적 결과로 얻는 정보를 인스타그램에 포스팅하고 이 데이터들을 히트맵으로 작성한다면 그 포스트가 하나의 점으로 지도 위에 구현되면서 동시에 그 점이 무한한 정보를 함유하고 있다는 점을 상기할 때 극적인 상징성을 드러낸다. 즉 공간을 구성하는 일종의 네트워크가 형성되는 것이다. 물론 도시민의 공간 향유에 있어서, 특히 산책이라는 인간 몸의 구체적인 활동을 통한 향유에 있어서는 다양한 행위소가 유동적으로 작동하면서 네트워크를 형성한다는 점에서 결과만 놓고 볼 수 없는 '과정의 정치학'에 대한 성찰이 필요하다. 이 점이 바로 행위자 네트워크 이론의 적용으로 포착 가능하다고 보는 비가시적 행위성의 발현이다.

포스트휴머니즘 논의에서 등장한 우리 시대의 가장 획기적인 변화는 인간 자체에 대한 조작이 기술적으로 가능하다는 관념이다(Hayles, 2010). 우리 시대의 기술은 인체의 내적 구성요소가 되었거나, 인간과 세계의 관계를 재설정하여 '인간-기계의 혼합체(사이보그)'를 촉구한다(조윤경, 2011). '포스트휴먼(posthuman)', 또는 '트랜스휴먼(transhuman)'은 이런 노력의 명칭이다. 요약하면, "내·외부에서 조작 가능한 데이터화된 신체는 고정된 자아가 아니라 끊임없이 재구축 상태로 자아의 개념을 전환한다. 또한 단일한 육체의 유기체적인 성장이나 진화를 논하는 것이 아니라, 서로 이질적인 것들과의 하이브리드화를 논하고 있다."(조윤경, 2011: 311) 우리 시대의 인간은 자연과 기술의 혼종적 합일, 그 자체이다. 그런데 사이보그와 같은 인간 기계의 물질적 결합이 아니라 디지털 미디어 기기를 활용하는 산책자의 경우 이 과정을 인간의 감각이 매개함으로써 산책자가 테크노바디를 가진 감각 인간, 즉 호모 센수스로 규정될 수 있다.

테크노 산책자에게 있어서 문화풍경은 소비자본주의적 풍경으로 전면에 나타난다. 이는 벤야민이 아케이드 프로젝트에서 묘사했던 근대의 소비자본주의적 풍경과 매우 유사한데 이를테면 환등상 같은 아케이드 진열장을 아무런 의식 없이 황홀하게 바라보도록 하는 근대 대도시 풍경은 지금의 디지털 미디어에 진열되는 다양한 앱과, 이의 지시가 인도하는 바에 따라 오프라인 상점들에 현혹되는 테크노 산책자가 만들어 내는 장면, 그리고 이들이 또다시 디지털 기기로 만들어 내고 업로드하는 자료들이 환등상의 의미에서 크게 벗어나지 않는다는 점에서 그러하다. 그러나 가장 큰 차이점은 인간이 오감을 기본으로 감각을 통해 도시의 근대적 환등상으로 산책하면서 도시의 환등상을 감각했던 때와 비교하면 특히 디지털 시대의 문화적 조건이 인간의 감각세계와 감각에 대한 집중도와 세정도(high definition), 확산도에 있어 이전의 인간이 경험하던 차원과 획기적으로 달라지고 있다는 점이다.

객관적 실재로서의 공간과 주관적이고 내재적 실재로서의 인간이 서로 만나서 자기적 관계(=정서)가 만들어질 수 있는 이유는, 공간의 물질성에 대한 감응을 바탕으로 한 정서가 일어나는 인간의 몸(body)이 있기에 가능하다는 것이며, 따라서 몸이 중요한데, 보다 정확히 말하자면 '몸적인 감응을 바탕으로 한 정서(bodily affection)'가 중요하다는 것이다(송원섭, 2015: 315).

한편 미셸 푸코(Michel Foucault)는 공간에 대해서 다음과 같이 네트워크로 파악함으로써 매우 의미심장한 논의의 실마리를 제공하고 있다.

> 오늘날은 공간의 시대이다. 우리는 동시성의 시대, 병렬의 시대, 가까운 것과 먼 것의 공존의 시대, 횡렬의 시대, 분산의 시대에 살고 있다. 오늘날 세계는 시간의 흐름에 따라 발전한다기보다는 여러 지점들이 뒤엉킨 실타래와 같이 네트워크를 형성하고 있고, 우리는 바로 그 순간 속에 존재한다(Foucault, 1998: 175).

여기에서 푸코가 언급한 네트워크는 공간을 구성하는 여러 가지 요소들, 즉 자본, 기술, 문화, 소비, 지식 등이 관계적 맥락에서 서로 상호작용하면서 형성되는 것이다. 이에 따르면 특정한 장소가 하나의 고유한 장소성을 보여 준다기보다는 언제나 생성 중인 과정에 있어서 '행위자들의 관계적 실천의 산물'로 형성된다고 할 수 있다. 도린 메시(Doreen Massey)는 이러한 통찰을 공간이 역사적 서사들의 동시성으로 그리고 장소는 관계들이 구성하는 '사건(event)'으로 인식해야 한다고 주장한다.

그리고 결과적으로 모든 사건은 '시·공간적인 사건'이며, 장소는 궁극적으로 그 장소를 구성하는 여러 인간 및 비인간 행위자들이 형성한 '상이한 궤적들의 묶음(constellation)'이라는 관점에서 파악되어야 한다고 주장한다(Massey, 2005; 박경환, 2014: 58에서 재인용).

관계적 효과로서 '사회적인 것'에 대한 이해는 인간/사물의 존재론적 구분을 포함해서 기존 사회이론에서 논의되었던 이원론을 극복할 수 있는 준거를 제시한다(최병두, 2015: 128). 여기서 행위자는 전통적 의미에서 의도를 가지고 행동하는 인간 행위자에 한정되는 것이 아니라 인간과 비인간적인 사물과 제도 등을 포괄하며, 타자와의 상호관계, 즉 네트워크를 통해 행위성을 가지게 되는 모든 것을 지칭한다. 그런 의미에서 1980년대에 등장한 행위자 네트워크 이론은 과학기술 사회학으로 출발하여 라투르, 미셸 칼롱(Michel Callon), 존 로(John Law) 등에 의해 과학과 기술에 관한 사회학적 이해를 위한 새로운 이론으로 제시되면서 이제 사회과학뿐 아니라 인문학 분야에서도 관계성 또는 관계적 사유를 정교화하는 인식론적 틀을 제공하고 있다. 행위자 네트워크 이론의 기본 핵심은 인간과 함께 인간이 아닌 사물도 사회를 구성하는 행위자로 규정하고, 과학기술을 포함한 다양한 사회적 현상들을 이들 간 관계, 즉 행위자 네트워크의 효과로 이해한다는 점이다. 이로써 행위자 네트워크 이론이 테크노 산책자의 도시 공간 향유 양식 파악에서 새로운 통찰력을 제공할 여지가 있다는 점을 알 수 있다.

3 도시 공간과 젠더 문화이론

특정 도시가 지니는 특별한 의미를 찾아내고 그 의미들이 어떻게 구성되고 해석되며 또한 재생산되는지를 분석하는 방식으로 문화 분석이 유용하다. 이때 문화 분석은 도시를 하나의 문화텍스트로 상정하고 그 텍스트가 지시하는 의미망과 상징을 찾아내는 방법론으로 기능한다. 즉 도시가 갖는 의미와 상징을 찾아내고 의미를 해석하는 과정에서 어떤 관점에서 해석하고 이를 구성하느냐에 따라 그 도시는 다양한 의미를 가진 이미지로 구성된다. 도시를 텍스트로 보는 접근은 1930년대 멈퍼드(Lewis Mumford)로부터 찾아볼 수 있다. '도시는 통합된 사회적 관계의 상징이며 형태이고 또한 예술작품이다'(Mumford, 1938: 3, 5; Savage & Warde, 1996: 160에서 재인용)라는 관점을 가지면서 주로 건축 형태에 부여된 의미에 관심을 가진 멈퍼드는, 건축 형태를 창작자들의 문화적 가치를 검증할 수 있는 자료로 보았으며 건축된 그 당시의 상황을 해석하기보다 그 건축에 부여된 의미를 텍스트, 즉 시각이미지를 포함한 문화텍스트로 이해함으로써 새로운 해석의 기초를 놓았다.

도시를 문화텍스트로 상정했을 때 텍스트 분석의 방법론으로서 벤야민의 '산책하기'를 선택하는 이유는 위에서 언급한 뛰어난 통찰력 때문이지만 그것만으로는 그동안 끊임없이 젠더 관점의 결여가 제기되어 왔던 점을 모두 덮어 버릴 수 있을 만큼 충분하지는 않다. 가장 대표적인 비판은, 산책자가 기본적으로 남성으로 상정되어 왔다는 점이다. 즉 근대 도시를 소요할 수 있는 자유를 가진 '신사(dandy)'가 산책하면서 일정한 거리를 두고 당시의 도시의 대로에 활보하는 것이 허용된 여성들, 즉 성매매 여성이나 정숙하지 못한 여성들을 관음적으로 쳐다보는 시선의 주체로서의 남성이었으며 동시에 여성은 다만 대상이었다는 점이 비판의 핵심이다(Berger, 1996).

벤야민의 '산책하기'가 원래적 의미에서 몰성적 행위라는 비판은 그동안 여러 지리학자들로부터 제기된 바 있다. 여성 산책자의 역할이 없다는 것은 공공장소에서 여성의 참여가 제한적임을 상징적으로 보여 주는 것이라는 울프의 주장(Wolff, 1985; Baldwin 외, 2004: 303에서 재인용)은 더 나아가 여성 산책자가 보이지 않는다는 점이 산책의 자유가 얼마나 남성적 자유인가를 보여 주는 증거이며, 따라서 도시 풍광을 보는 산책자의 자유가 남성적 응시(male gaze)를 구현하고 있는 점을 강조하는 것이다. 그렇다고 페미니스트 지리학자들이 이러한 견해에 모두 동의하는 것은 아니다.

물론 산책자가 남성적이라는 커다란 틀에서는 인식을 같이하지만 19세기 대도시에서 산책자가 독점적인 남성의 역할이었다는 울프를 비롯한 페미니스트 학자들의 비판에 대해 윌슨은 조금 다른 인식을 하고 있다. 즉, 윌슨은 19세기 영국의 공공장소에서 여성이 전적으로 배제되었다고 보는 것은 잘못이라고 지적하면서 백화점과 다방, 기차역과 간이식당, 여성 전용식당, 여성을 돌보아 주는 공공 편의시설 등이 확충되면서 중하층 여성들도 공공장소를 경험할 수 있었으며, 최소한 일부 여성들은 스스로 산책자의 기회를 가질 수 있었다고 주장하고 있다(Wilson, 1992; Baldwin 외, 2004: 304).

윌슨의 논의는 어디까지나 여성 산책자가 전적으로 배제되었다는 비판에 대한 반박이지 산책자가 남성 중심적이라는 점을 부정하는 것은 아니다. 윌슨(1997: 277-284)은, 벤야민의 도시에 대한 의식이 결국은 19세기 파리의 신사들과 '산책자'들에 의해 발전되어 온 것이라는 점을 인식해야 한다고 주장하면서 이들의 도시 인식이 어떻게 남성 중심적으로 평가될 수 있는지 지적하고 있다. 즉 윌슨에 의하면, 파리의 신사인 산책자의 의식은 1930년대에 상파울루 도시 경관에 대해 차세대 산책자 인식과 태도를 갖게 되는 레비스트로스로 이어졌고 이는 남성 중심적 산책자의 계보를 보여 주고 있다는 것이다.

윌슨은, 레비스트로스가 상파울루의 도시 경관을 과장되고 초현실적인 대비에 기인한 '거침(wildness)'으로 인식하면서도 결코 보기 흉하다고는 생각하지 않는 것으로부터 부와 빈곤의, 그리고 즐기는 것과 비참의 극단들이 도시에 대한 이런 인식에 본질적으로 기여했다고 보고, 이로써 산책자의 도시 인식이 우리의 가치를 전도시킨다는 점을 지적한다. 또한 윌슨은 이와 같은 궤변적 도시 의식이 근본적인 남성 의식이라는 점을 강조하면서 그 근거로, 성적인 거북함(sexual unease)과 가족적 제약을 받지 않는 바깥에서 추구하는 섹슈얼리티가 그 의식의 주요 선취점이었다는 점을 지적한다. 이런 근대 도시에서 여성은 요부, 창녀, 타락한 여성 등으로, 또는 위험에 처한 정숙한 여성으로, 나아가 유혹과 고난을 이겨 낸 영웅적 여성으로 존재하게 된다는 것이다. 윌슨의 지적대로 벤야민 같은 작가들은 도시 속에서의 그들 자신만의 낯섦, 갈망, 그리고 욕망에 집중했었지만 많은 작가들은 여성의 실재를 명확하게 질서의 문제로 위치 지었다고 하겠다.

여성성/남성성과 소프트시티/하드시티의 표상

윌슨은 산업사회의 도시가 여성에게는 자유를 제공한다는 점을 들면서 도시의 남성-여성 이분법적 이미지가 등장하고 있음을 제시한다 (Wilson, 1997: 281). 윌슨이 제시한 도시의 남성-여성 이분법 이미지는 다음과 같다. 도시는 위용을 뽐내는 스케일, 타워들, 조망대, 그리고 무미건조한 산업지역으로 남성적 면모를 보이는 반면, 둘러싸는 포용, 불확정성, 그리고 미로정원 같은 탈중심성에서 여성적 면모를 보인다. 윌슨의 이분법적 도시 이미지는 본 연구에서 성별적 표상을 구분하는 데 있어 중요한 기준을 제공하고 있다. 이와 유사하게 레이번(Jonathan Raban)은 대도시를 근대적 도시(hard city)의 면모와 포스트모던 도시(soft city)의 면모가 공존하는 공간으로 규정한다(Raban, 1974: 9-10; Harvey, 1994: 22에서 재인용).

레이번은 물질적 재화의 대량생산과 대량소비라는 산업사회의 지배적인 합리적 계획에 대항하여 기호와 이미지의 생산에 초점이 맞추어진 도시를 상상하면서 이를 소프트시티로 규정하였다. 즉 "지도나 통계수치 속에, 도시사회학이나 인구학, 건축학 연구논문 속에 자리 잡은 딱딱한 도시(hard city)보다 우리가 상상하고 있는 도시, 즉 환상과 신화, 열망과 악몽이 교차하는 부드러운 도시(soft city)야말로 더욱 실제적인 것이다"라고 정의함으로써 하드시티와 소프트시티가 근대성과 포스트모더니티를 대변함을 암시하고 있다.

펠스키(Rita Felski)는 근대성을 남성적 합리성과 동일시하면서 여성성은 결국 근대를 넘어선 문화의 다변화된 감성의 세계에 속한다(Felski, 1998: 99)는 점을 들어 포스트모던한 특성이 있음을 지적하고 있다. 펠스키의 이와 같은 근대성과 젠더 정체성에 대한 분류는 그동안 있어온 페미니즘과 포스트모더니즘과의 관계에 대한 이론적 논의에서 대체로 합의되고 있는 상황이다. 이 논의에 따라 남성성과 여성성을 레이번이 제시한 바대로 근대적 도시 = 하드시티(hard city), 포스트모던 도시 = 소프트시티(soft city) 등식에 대입하자면, 근대적 도시는 하드시티로서 남성성이 전면에 드러나는 도시이며, 포스트모던 도시는 소프트시티로서 여성성이 표현되는 도시라고 유추할 수 있다. 이는 이리가라이나 식수(Hélène Cixous) 등 프랑스의 포스트모던 페미니스트들이 제안한 여성적 글쓰기에서 부드럽게 흐르는 유체의 상징들, — 가령 달빛, 우유 등으로 상징되는 여성성의 표현 — 그리고 본질주의적 맥락에서 부정적으로 정의한 여성다움의 새로운 해석(Cixous & Clément, 1986)과도 맞닿아 있다.

여성성과 남성성을 소프트시티와 하드시티, 나아가 포스트모던 도시와 근대 도시에 대입시키면서 분석하기 위해서 성별 정체성을 간략히 살펴볼 필요가 있다. 우선 젠더란 두 성 사이에, 해부학적 토대를 둔 차이에 문화를 덧씌운 것으로 간주되곤 한다. 성(sex)은 남녀 사이의 생물학적 차이를 나타내는 반면에 젠더는 문화적으로 구체적인 사고, 행동, 느낌을 나타낸다. 따라서 여성성과 남성성은 젠더의 용어이며 여성 또는 남성에게 사회에서 적합한 것으로 여겨지는 방식으로 사고하고 행동하며 느끼는 방식을 지시한다. 성차는 문화적 정의와 상호작용적 관습과 밀접하게 연결되어 있다(Connell, 1987).

코넬(Connell, 1987: 183)은 일반적으로 선호되는 남성성과 여성성의 특징을 '지배적인 남성성'과 '강조된 여성성'이라는 개념으로 포착했다. 이 개념은 문화적으로 지배적인 젠더 코드, 즉 영화나 광고 등이 의존하는 동시에 구성하는 젠더 코드를 잘 표현해 주고 있다. 또한 지배 담론에 제시된 여성성/남성성과 실제 구체적인 경험 사이를 구별하는 것이 중요하다. 실제 경험과 지배적 젠더 코드 사이에는 주목할 만한 차이가 있다. 동시대 서구 문화에서 여성성, 또는 적어도 강조된 여성성은 남성성보다는 훨씬 더 재현적이며 자기 재현적 문제다(Baldwin 외,

2008: 168). 즉 남성이 자신의 '존재'로 거래하는 데 반해 여성은 자신의 '외모'로 거래한다. 이는 존 버거의 유명한 문장으로 요약된다. "남성은 행동하지만 여성은 (외모를) 보인다"(Berger, 1996).

필처와 윌러한의 정의에 따르면 "남성성은 남성으로서의 존재와 연관된 사회적 현실들과 문화적 재현들의 세트"(Pilcher & Whelehan, 2004: 82)이다. 그들에 따르면 복수로서의 '남성성들(masculinities)'이라는 개념도, 또한 남성으로서 존재하는 방식과 남성의 문화적 재현들이 사회들 간의, 그리고 남성들의 서로 다른 집단들 사이에서, 역사적으로 그리고 문화적으로 서로 다르다는 인식 안에서 사용된다. 본질주의의 관점에서 남성성은 남성들이 살고 있는 사회적 맥락으로부터, 예를 들어 사회의 다양한 제도들과 조직들 안에서의 그들의 위치로부터, 그리고 젠더에 대해 사회적으로 적용 가능한 담론의 맥락 안에서 생겨나는 것으로 주장되고 있다(Pilcher & Whelehan, 2004: 83).

공간이 정체성과 여성성 사이에서 어떻게 연관되는가 하는 이슈에 대해 사례 연구를 통하여 페미니스트 관점에서 연구한 레슬리(D. A. Leslie)는, 여성성이 크게는 문화적 장의 재현들을 통하여 구성된다는 점을 전제로 하여 이러한 정체성 구성과 이미지의 유통에 있어서 공간은 기본적인 요소임을 밝히고 있다(Leslie, 1997: 300-301). 공간적 의미에서 소비는 가정(home)과 가장 근접하게 동일시되어 왔고 가정 그 자체는 흔히 여성의 몸과 연결되어 있다(Leslie, 1997: 305). 레슬리는, 역사적으로 가정의 사적 공간은 도시의 여성들에게 접근할 수 있는 이상적인 공간을 제공해 왔는데 포디즘의 대량소비 가구의 쇠퇴와 함께 여성들의 시장과 전통적 역할이 점차 분절화되고 경쟁적이 되었다는 점을 지적한다. 그녀는 또한 피터 잭슨의 연구를 인용함으로써 개인은 자신을 다른 공간적 세팅 속에서 각기 다르게 재현한다는 점을 주지시키면서 정체성에 대한 도시 경관의 균열적인 효과를 강조한다.

근대성이 도시 공간과 연결될 때 이는 특정한 경험양식을 의미하는 개념이라고 할 수 있다. 버먼은 서구의 도시생활에 대한 미학적 성찰에 대한 연구에서 '근대성의 경험'을 핵심적 원리로 삼고 있다. 버먼은 오늘날 전 세계의 모든 사람들이 함께하는 생생한 경험 — 공간과 시간의 경험, 자아와 타자의 경험, 가능성과 위험의 경험 — 방식을 '근대성'이라고 명명하면서, 근대성의 양면적 경험은 덜 개방적이고 통제 가능한, 그리고 그렇기 때문에 더욱 사회적으로 안정되고 예측 가능한 전통적 생활방식과 대비되며 또한 도시생활에 영향을 미치는 자본주의 경제구조와 긴장관계에 놓여 있다(Berman, 1983: 1)고 보고 있다.

근대 도시를 생활양식의 측면에서 '읽는' 작업은 외양(surface)이나 외관(appearance)을 관찰하는 방법론과 맞닿아 있다. 생활양식을 규정하는 특정한 방식 중에서, 묘사하고 보는 방식은 새로운 형태의 사회적 결합에 대한 도상학이 되는데 그 이유는(Chaney, 2004: 135-148 참조) 근대성이 실현되는 지금의 사회는 기 드보르(Guy Debord)의 표현대로 스펙터클의 사회로서 생활양식 실천의 차별화를 사용하고 이해하고자 하는 사람들에게 사물과 사람, 행위의 외관은 관심의 주요한 측면이 되기 때문이다.

4 테크노 산책자와 행위자 네트워크 이론

후기 근대로 들어서고 지구화가 진행되면서 한국 사람들도 '정착된 삶'에서 '비정착된 삶'으로, 그리고 그 안에서도 끊임없이 이동하는 '탈영토화된 실천'(Tomlinson, 1999)을 감행하는 행위자가 되고 있다. 이렇듯 한국인의 삶이 끊임없이 이동하게 된 것은 물론 지구화가 낳은 '사회적인 것(the social)'의 변화 때문이다. 사회적인 것은 이제 더 이상 국민국가 안에 고정된 사물화된 구조가 아니라, 복합적 연계성 속에서 수많은 다차원적인 행위자들이 개입하여 만들어 가는 지구적인 유동적·비규칙적 흐름, 즉 풍경(scape)이다. 이러한 풍경 속에 놓인 행위자는 복합연계성을 통해 수도 없이 제공된 문화자원을 동원해서 행위를 구성해야 하는 존재로 변해 버렸다(Appadurai, 1996: 33; 최종렬, 2009b: 111). '비정착된 삶'은 이주를 통하여 극대화되지만 이주하지 않는다고 해도 '정착된 삶'으로 고정되기는 힘든 것이 지구화 시대의 일반적인 삶의 모습이다. 보다 적극적인 의미에서 지금의 삶은 유동적 정체성을 담보하는 유목적 주체(Braidotti, 1994)가 만들어 내는 풍경으로 의미화되기도 한다.

지구화는 시공간을 압축하면서 지역성에 고착된 문화들이 공간적 제약을 벗어나 수많은 혼종성을 만들어 내고 있다. 물론 시간과 공간의 개념이 이전의 사회와 비교했을 때 현저히 다른 차원에서 이해되어야 함은 기본적으로 전제되어야 한다. 혼종성이란 고정된 정체성이 아닌 언제든 변형 가능한 유동적 정체성을 내포하며 따라서 지구화 시대의 문화정체성은 다양한 해석이 가능한 문화의 교집합의 모양을 하고 있다. 최종렬(2009a: 15-16)은, 지금의 사회가 끊임없이 유동하는 파도와 같은 것으로 변하고 있는 상태를 '풍경' 개념을 통해 파악하고자 한 아파두라이(Appadurai, 1996) 논의를 문화풍경 연구에 적극 도입하고 있다. 이에 따르면 복합적 연계성 속에서 수많은 다차원적인 행위자들이 개입하여 만들어 가는 '유동적이며 불규칙적인' 흐름의 세계를 다양한 풍경들이 서로 뒤섞여 복합적이고 중복적이며 이접적인 질서를 만들어 가고 있다는 것이다.

김홍중은 풍경에 대한 사회학적 사유의 가능성을 가늠하면서 20세기 중후반의 예술사, 문학사, 문화 분석, 신문화지리학 등의 다양한 분과에서 중요한 테마로 부각한 대상이 바로 풍경(Mitchell, 1994; Wamke, 1997; Barrel, 1980; 김홍중, 2009b: 141에서 재인용)이라는 점을 강조하고 있다. 즉, 시지각적 재현체제 혹은 근대적 시각체제(scopic regime)의 구조적 변동이 광범위하게 진행되었던 점에서 풍경이란, 풍경의 향수자가 세계를 해석하고 이해하고 구성하는 일종의 '제도적 세계상'으로 파악된다는 것이다.

제도인 한에서 풍경은 지각과 경험을 조직하는 객관적이고 사회적인 원리이며 또한 세계상인 한에서 풍경은 언어로 구성된 세계관과 상이한 영상적 구축물이다(김홍중, 2009b: 142). 이로부터 들뢰즈의 '사유의 이미지' 개념이 도출되며 이는 후기 근대의 문화적 징후를 읽어 내는데 있어서 매우 중요한 개념틀을 제공해준다. 앞글에서 김홍중은 "'사유의 이미지' 개념을 통해 하나의 풍경을 발견하며 이는 사유를 촉발하고 형성하는 '존재'의 차원을 심화시키는 작업인 동시에 의식과 변증법적 침투관계를 맺는 풍경이라는 '존재'에 대한 새로운 사고의 가능성을 시사한다"고 전제하면서 풍경(존재)과 그 풍경이 발생시킨 사유(의식)가 맺는 연관의 본질을 찾아 정의하는 이론적 과제를 제시하고 있다.

공간에 대한 신문화지리학 연구에서 좀 더 구체적인 시각적 풍경을 문화와 연결시켜 논의하는 '문화경관(cultural landscape)' 개념은 인간과 자연환경을 매개하는 범주이자 인간 정신의 산물로서 문화가 정의되고 이를 바탕으로 인간이 만들어 낸 모든 경관은 자연경관과 대비되는 문화경관으로 간주된다(이무용, 2005: 69). 가시적인 경관 이면에 있는 경관 형성의 '시각적 전유방식'을 통해 현대 도시의 일상 경관과 복잡한 현대 도시문화를 연구할 수 있는 문화 개념, 즉 '문화=공유된 의미체계'라는 기호학적 개념을 도입하여 경관에 담겨 있는 의미의 다양성과 상징적·담론적 구성을 분석한다. 이에 더하여 최근에는 경관이 소비되고 재현되는 방식까지 확장되어 문화풍경과 문화경관의 이미지가 제시하는 의미를 심도 있게 분석하는 연구로 발전할 토대를 제공하고 있다.

최근 한국에서 흔히 보는 복합 공간인 카페를 예로 들어 보자. 복합문화공간으로서의 카페, 특히 인터넷 사용으로 인한 감각체계적 공간 이해, 르페브르로부터 촉발된 공간생성론적 성찰, 경계 공간 내지 혼성적 도시 경관(hybrid urbanscapes)에 대한 통찰, 공간에 대한 리좀적 사고 등을 성찰하게 하는 이론적 관점은 매우 유용하다. 그 이유는 앙리 르페브르의 공간사회학적 도식의 변용으로서 이 연구에서 채택하는 해석의 모델인 공간의 생산, 공간의 재현, 공간의 체험이 각기 다른 사회적 배경을 가지고 진행되며 이러한 진행과정의 한가운데에 각기 다른 문화적 배경을 가진 공간적 주체가 존재하기 때문이다. 카페가 더 이상 단순히 '차 마시는 장소'로 이용되지 않고 카페 이용, 또는 카페 방문이 일종의 '문화'로서 이용자 자신의 문화적 정체성을 반영하는 소비라고 규정한다면 카페 방문은 소비, 또는 소비재가 갖는 문화적인 의미를 살펴보는 것으로 이해 가능할 것이다.

일반적으로 소비재라고 하는 것이 견고한 물건을 가리키지만 서비스 부문에서 소비재라고 할 경우 카페를 예로 든다면 분위기를 포함하여 미각, 청각 등을 충족시키는 서비스가 소비재의 자리를 차지할 것이다. 소비재의 문화적 의미는 세 개의 위치로 이동한다(맥크래켄, 1996: 162). 보통 그것은 문화적으로 구성된 세계에서 소비재로 이동하고 그 다음에는 소비재에서 끌어내서 개개의 소비자에게로 이전된다. 즉 세계에서 사물로, 사물에서 개인으로 이전되는 것이다. 맥크래켄(Grant McCracken)에 의하면, 최초의 위치인 '문화적으로 구성된 세계(culturally constituted world)'는 일상적인 경험의 세계로서, 그곳에서 현상세계는 그 또는 그녀의 문화가 갖는 믿음 및 가정에 의해 완전히 형성되고 구성된 개개인의 감각에 모습을 나타낸다.

이 현상세계는 문화에 의해서 두 가지 방식으로 구성되어 있는데, 우선 문화는 그것을 통해서 모든 현상을 보는 '렌즈'로 문화는 이 현상들이 어떻게 파악되고 융합되는가를 결정한다. 둘째, 문화는 인간활동의 '청사진'으로 그것은 사회적인 행위와 생산적인 활동의 좌표축을 결정하면서 그 둘로부터 파생되는 행동 및 사물을 특정화한다(맥크래켄, 1996). 맥크래켄이 설명하는바 소비의 문화적 의미가 구성되는 첫 번째 위치인 '문화적으로 구성된 세계'는 소비가 이루어지는 사회의 특징적 현상들이 일어나는 시기에 형성되는 유행과 스타일 등이 실현되는 세계라고 할 수 있다. 이를 카페의 부흥기라고 할 수 있는 지금의 한국사회 대도시의 일상적인 경험세계로 환치시켜 본다면 지금처럼 공간과 취미생활에 대한 다양한 취향과 스타일이 생성되는 현상은 소비의 문화적 의미가 생성되는 첫 번째 위치인 '문화적으로 구성된 세계'를 서울의 몇몇 지역에서 독창적인 모습으로 구체화하여 보여 주고 있다는 사실에서 뚜렷이 감지된다.

가상공간과 지리공간의 중첩 궤적

일상생활 속 개인과 사회의 관계를 분석하여 사회 구성원 개개인의 행위의 동기나 그 의미를 해석함으로써 미세한 사회의 면면을 들여다보고 파악하는 방식의 사회학적 연구는 학문의 문화적 전회(cultural turn)와 연동되어 점차 심화되고 있다. 즉 사회학의 고도로 학문적인 이미지가 소소한 일상생활에 밀착되어 구체적인 언어로 해석해 내려는 문화사회학적 연구로 인해 조금씩 변화하고 있는 것이다. 특히 이 시대의 디지털 도시 공간에서의 삶을 파악하고 이것이 그려 내는 공간 향유의 궤적을 파악하는 것이 지금의 도시 공간을 역동적으로 전유하고 있는 젊은 세대를 이해하고 도시를 이해하는 데 필요하다. 공간을 중심으로 한 문화풍경 연구가 활발해지는 것도 일상생활의 구체적인 결을 포착한다는 측면에서 보면 같은 맥락이다.

디지털 테크놀로지는 정보화 사회가 시작된 이후 불과 얼마 되지 않은 지금 이미 사람들의 일상생활에 속속들이 파고들어 행동양식과 삶의 패턴을 혁명적으로 바꾸어 가고 있다. 디지털 기기를 사용하는 목적이 단순히 편리한 생활을 영위하기 위한 것이라든가 남들이 모두 사용하니까 뒤처지지 않기 위해서라는 사회적인 명목에 그치지 않는다. 오히려 디지털 기기의 사용을 통한 사회활동은 가히 존재를 증명하는 절실한 자기 인지이자 자기 표지(標識)로 작동하고 있다. 장소(place)와 위치(location), 특히 인스타그램에 태그되는 위치와 공간(space) 등은 테크놀로지화한 첨단도시 안에서 젊은 세대들이 인터넷을 통해 검색하거나, 인스타그램, 페이스북 등 SNS를 통해 자신의 존재를 증명하는 가장 손쉬운 방법이면서 동시에 즐겁게 활용하는 자기 표현의 물리적 좌표이다. 이 좌표는 SNS 활동을 통해 빅데이터로 포착이 가능하다.

테크놀로지가 기반이 되어 소통하는 인터넷 시대에 특히 대도시에 사는 도시민들이 주로 머물고 향유하는 공간은 공적 공간과 사적 공간의 사이인 '제3의 공간(third space)' 또는 경계적인(liminal) 공간, 예를 들면 카페 등이며 이들 도시 공간의 거주와 향유의 흔적은 SNS를 통해 적극적으로 다른 사람들과 공유된다. 가상공간이 지리적 공간 위에 구체적인 문화적, 심리적 궤적을 만들어 내는 것이다.

이 궤적을 따라가 보면 지금의 디지털 테크놀로지를 자유자재로 활용하고 향유하는 20~30대의 인스타그램 사용자들이 SNS, 특히 인스타그램 포스팅을 통해 자신이 의도하든 그렇지 않든 크게 상관없이 자본주의적 행동양식과 문화적 욕망 충족, 트렌드세터로서의 역할 수행 등을 하나의 문화적 풍경으로 만들어 내고 있음을 추적해 볼 수 있다. 포스팅하는 인스타그램 사용자의 입장에서는 흥미로운 취미생활일 수도 있지만 이는 연구자에게 있어서는 디지털 세대의 취향의 흐름과 소비문화의 경향, 공간 향유의 방식 등을 파악할 수 있게 하는 메타 데이터의 제공 활동이며 이를 통해서 자본주의적 소비 욕망 또한 분석해 볼 수 있다. SNS 활동과 이에 수반하는 관계망이 그려 내는 도시 공간의 향유와 욕망의 조감도는 지금 젊은 세대의 SNS 기반 사회적 활동이 현실적인 물리적 공간을 구성하는 데 있어서도 영향력을 행사한다는 점을 보여준다. 이는 현시대의 사회구성을 전망하는 데 긴요한 작업인데, 왜냐하면 메타데이터를 코딩하여 가시적인 문화적 지형을 파악하는 일은 지금의 인터넷 세대이자 SNS 세대의 '마음의 풍경', '욕망의 풍경'을 읽어 내는 것이기도 하기 때문이다.

최근 들어 사회학적 연구에서 빅데이터를 활용하는 방법론이 다양하게 구사되고 있는데 특히 인스타그램 분석은 SNS 사용자, 즉 테크노 산책자의 적극적인 개입을 포착하는 분석이기 때문에 단순한 양적 조사 방법과 비교해 보았을 때 근본적으로 행위자의 다양한 층위가 적극적으로 개입되는 행위성이 강하게 부각된다. 즉 인스타그램 포스트가 빅데이터로 성립하게 되는 과정을 면밀하게 들여다보려면 그 안의 행위자들이 무엇이며 어떻게 네트워크를 구성하는지 살펴보게 되는데, 결국 이 과정이 인스타그램 빅데이터 분석에서 인간과 비인간의 행위성이 어떻게 연결되는지 파악하는 데 있어 중요한 통찰력을 제공해 줄 것으로 기대된다.

따라서 인스타그램 포스트라는 빅데이터를 분석하여 대도시의 공간 향유와 여기서 파생하는 문화적 지형도 관련 연구를 진행함에 있어서 행위자의 층위와 행위자 네트워크 이론의 적용과정을 세부 단계로 살펴보는, 방법론에 대한 성찰은 점차 다양하게 진행되는 빅데이터 분석에 의한 연구가 단순히 트렌드를 파악하는 연구로서가 아니라 사회구성과 문화풍경을, 인간만이 아닌 다양한 비인간 행위자의 중층적 행위성을 통해 파악하는 데 새로운 차원의 방향을 제공하는 방법론으로서의 의미를 갖는다는 점을 입증할 수 있다.

인스타그램 포스트를 기호(query)화하여 이를 토대로 작성하는 공간 향유 궤적 연구에서는 SNS 사용자가 물리적 장소를 검색하는 과정에서 드나드는 인터넷 공간과 이들이 실제 몸으로 다녀간 물리적 장소, 그리고 이를 인스타그램에 태그하여 만들어 낸 궤적을 지형도로 그려냄으로써 도시민의 장소 인식, 사회적 활동의 패턴(소비 또는 유흥) 등을 파악하여 대도시의 거주민들이 그려 내는 소비와 욕망의 문화풍경을 탐구한다.

도시 공간을 향유하는 도시민의 공간 방문 궤적은 문화지형도로 가시화되는데 SNS로 축적되는 데이터를 수집하고 분석하고 해석하는 과정에서 다양한 행위자의 네트워크 형성에 행위자 네트워크 이론의 '번역', '치환', '기입', '기술' 등이 발생한다. 그렇다면 SNS 활동의 결과로 축적된 빅데이터 분석에 이 이론적 개념들을 대입하여 해석하면 테크노 산책자로 대별되는 인간과, 비인간 행위자들이 형성하는 네트워크가 어떻게 유기적으로 구성되는지 파악할 수 있을 것이다. 이를 통해 빅데이터 분석의 과정을 이론적으로 설명함으로써 SNS 활동과 이로 인한 빅데이터의 기술사회학적 이해의 장을 넓힐 수 있을 것이다.

이러한 분석의 선례적 전범은 칼롱의 "번역 사회학의 몇 가지 요소들: 가리비와 생브리외 만의 어부들 길들이기"라는 유명한 논문에서 찾아볼 수 있다. 칼롱은 프랑스에서 미식가들이 선호하던 가리비가 점차 생산량이 감소하면서 생산량을 증대시킬 가능성을 검토하기 위해 모인 회의에서 이 연구의 계기를 찾았다. 1970년대를 통해 나타난 '과학적 지식'의 구성을 통한 새로운 사회적 관계의 점진적인 발전을 조사함으로써 사회적·자연적 실체들로서 생브리외 만의 어부들과 과학전문가 공동체가 누구이며 무엇을 원하는지를 관리하는 관계의 네트워크가 건설되는 과정과 동시에 지식의 생산이 일어나는 것을 보고자 한 것이다(칼롱, 2010: 66-67).

행위자 네트워크 이론에서는, 예를 들어 문화지형도라고 했을 때 도시 공간이 구성되고 취향의 지형도가 형성되는 과정을 단순히 인간의 주체적 결정의 결과로 보지 않고 인간과 비인간, 기계 등이 함께 작용하는 네트워크의 결과로 보고 있다. 따라서 이 이론을 적용하여 SNS 사용자의 사회적 활동과 그 결과로서 나타나는 인스타그램의 포스트, 이의 코드화와 분석 등을 전부 분석한다면 이 과정에서 형성되는 행위자 네트워크를 파악해 볼 수 있다.

모나돌로지와 행위자 네트워크

아파두라이가 언급했듯이 풍경이란 복합적 연계성 속에서 수많은 다차원적인 행위자들이 개입하여 만들어 가는 '유동적이며 불규칙적인' 흐름을 지칭한다고 할 때 복합연계성으로 이루어진 유동적인 세계에서는 개별 행위자의 행위가 중요해지는데, 왜냐하면 이때 인간은 복합연계성 속에서 행위를 할 때 수많은 문화적 틀(framework)을 동원해서 행위하는 존재이기 때문이다. 그런 점에서 특히 사회적 관계망 안의 인간은 복합적 연계성 속에서 수도 없이 연결된 개인이다. '모나드적 세계관'은 '하나의 모나드에 세계가 들어 있다'는 통찰적 선언으로서 이 연구의 분석 자료인 포스팅된 정보의 코드와 이를 코딩하여 포착하는 문화지형도에 절묘한 비유로서 적용될 수 있다. 라이프니츠(Leibniz)는 더 이상 다른 부분들로 분해될 수 없는 단순 실체를 모나드라고 부르면서 우주를 구성하는 모나드들은 무수히 많으며, 그것들은 어느 것도 서로 똑같지 않다는 점을 들어 다른 모나드와 영향을 주고받지 않는 단일 단위로서 실체의 기본이라고 본다.

프랑스의 사회학자 타르드(Jean Gabriel Tarde)는 '복합된 것 안에 있는 단순한 실체', 즉 "자신의 부분을 갖고 있지 않은 세계의 최소 요소"(라이프니츠, 2010: 282; 김홍중, 2012: 16)를 가리키는 모나드에서 착안하여 사회학적 모나돌로지(monadology)를 제안한 바 있다. 여기서 타르드의 모나돌로지에 주목하는 이유가 바로 모나드를 단지 하나의 단위로서가 아니라 "자신을 위한 하나의 우주이며, 라이프니츠가 의도한 것처럼 소우주일 뿐만 아니라, 단 한 존재에 의해 정복되고 흡수되는 우주 전체다"(Tarde, 2015: 56)라는 모나드에 대한 타르드의 개념 정의에 있다. 행위자 네트워크 이론의 대표적 이론가인 라투르는 '모나드가 퍼져 나가는 길을 행위자와 그 연결망이라고 말하고 싶다'(라투르, 2015: 153)는 그의 표현에서도 알 수 있듯이 열광적으로 타르드의 모나드론을 받아들이고 있다.

모나드를 행위자 네트워크 이론과 연결시킨 라투르의 논의를 감안하면 인스타그램 포스트가 하나의 점으로 지도 위에 구현되면서 동시에 그 점이 무한한 정보를 내포하고 있다는 점을 상기할 때 이 점을 모나드로 치환할 수 있는 해석의 가능성을 발견할 수 있다. 인스타그램 사용자가 사진이나 코멘트를 통해 포스팅한 결과로서 포착되는 하나의 점은 한 개인의 욕망을 반영한다. 그것이 자신의 존재와 궤적을 표현하고자 하는 표시 욕망이든, 선호하는 장소나 물건에 대한 욕망이든, 또는 타인과 소통하고자 하는 욕망의 매개체로 선택한 일종의 대화채널을 열기 위한 욕망이든 하나의 포스트로 욕망을 표현한다.

1980년대에 등장한 행위자 네트워크 이론은 과학기술 사회학으로 출발하여 라투르, 칼롱, 로(Law) 등에 의해 과학과 기술에 관한 사회학적 이해를 위한 새로운 이론으로 제시되었고 이제는 사회과학뿐 아니라 인문학 분야로도 확장되면서 관계성 또는 관계적 사유를 정교화하는 인식론적 틀을 제공하고 있다. 행위자 네트워크 이론의 기본 핵심은 인간과 함께 인간이 아닌 사물도 사회를 구성하는 행위자로 규정하고, 과학기술을 포함한 다양한 사회적 현상들을 이들 간 관계, 즉 행위자 네트워크의 효과로 이해한다는 점이다.

관계적 효과로서 '사회적인 것'에 대한 이해는 인간/사물의 존재론적 구분을 포함해서 기존 사회이론에서 논의되었던 이원론을 극복할 수 있는 준거를 제시한다(최병두, 2015: 128). 여기서 행위자는 전통적 의미에서 의도를 가지고 행동하는 인간 행위자에 한정되는 것이 아니라 인간과 비인간적인 사물과 제도 등을 포괄하며, 타자와의 상호관계, 즉 네트워크를 통해 행위성을 가지게 되는 모든 것을 지칭한다. 이 이론에 따르면 우리가 세상을 제대로 이해하기 위해서는 그래프, 설계도, 표본, 표준, 기관, 병균과 같은 '비인간'에 주목해야 한다(홍성욱, 2010: 7). 바로 이 지점이 빅데이터를 활용한 문화지형도 연구과정에 대해 행위자 네트워크 이론이 시사하는 바를 추적해 보는 데 의미가 있다고 생각하는 주요 지점이다.

그렇다면 행위자란 어떻게 정의될 수 있으며 네트워크의 개념은 어떻게 이해될 수 있을 것인가? 라투르에 의하면(라투르, 2010: 107), 행위자라는 단어는 네트워크라는 단어가 받아 왔던 것과 같은 오해에 노출되어 왔다. 앵글로-색슨 전통에서 행위자는 언제나 의도적인 인간 개인 행위자이고 대개의 경우 단순한 행동을 하는 사람과 대비된다. 따라서 라투르는 행위자에 대한 이런 전통적인 정의를 네트워크의 사회적 정의에 덧붙인다면 이는 가장 심각한 오해를 범하는 것이라고 경고하면서 행위자 네트워크 이론에서의 행위자는 기호학적 정의(행위소)이며, 이는 행동하거나 타존재로부터 행위능력을 인정받은 존재를 의미하며 따라서 개별적인 인간 행위자를 지칭하는 것이 아니며 일반적으로 인간이 지닌 특별한 동기를 가정하지 않는다고 설명하고 있다.

행위소는 문자 그대로 행동의 원천으로 인정받은 것이면 무엇이든 될 수 있다는 점을 들어 이 점이 계속해서 지적되어 왔음에도 불구하고 사회과학에서는 인간중심주의와 사회중심주의가 너무 강해서, 행위자 네트워크 이론의 사례 연구가 마치 소수의 초인들이 권력을 원하며 그들의 무자비한 목표를 달성하기 위해서는 어떠한 일이라도 서슴지 않는다고 말하는 것처럼 해석되어 왔다고 비판하고 있다(라투르, 2010: 108). 라투르는 행위자 네트워크 이론의 의제로서 다음과 같은 몇 가지 관계가 있음을 시사하고 있다. 즉 인간적인, 인간과 다른, 인간이 아닌, 덜 인간적인 것들의 속성과 특징들, 그리고 이러한 존재들 사이에 존재하는 속성의 분배가 있고, 그들 사이에 만들어진 연결이 있으며 이러한 특성, 분배, 연결 그리고 네트워크를 순환하는 요소들과 그 요소들이 이동하는 몇 가지 방법이 들어 있다는 것이다(라투르, 2010: 108).

SNS 활동에서 행위자로 포착될 수 있는 요소들에는 인스타그램에 포스팅하는 장소 방문자는 물론이고 이 포스트에 여러 방식으로 상호 소통하는 팔로워들, 그리고 각종 포스트와 텍스트로 된 반응들, SNS를 매개하는 매체, 즉 스마트폰이나 노트북 등의 미디어 기기들, 컴퓨터 프로그램, 빅데이터를 수집하고 분석하는 연구자가 주로 속하게 된다. 더 주목을 끄는 것은 가시적인 행위의 흔적이나 그 결과뿐 아니라 비가시적인 관계들, 즉 인스타그램의 포스트에 대한 의도적인 접근뿐 아니라 우연한 접근, 예를 들면 링크를 타고 가다 보니 포스트에 도달하게 되어 이루어진 접근과 그로 인한 즉각적인 반응 등은 행위자 네트워크 이론에서 좀 더 유연하게 나아간 '행위적 네트워크(agential network)'를 이루는 제반 구성요소들이라는 점이며 이들 모두가 중요한 행위자 범주에 속한다. '행위자 네트워크'라는 용어가 행위자와 네트워크의 선험적 구분을 전제로 하며 행위자가 네트워크를 구성함을 강조한다면, '행위적 네트워크'는 행위자와 네트워크의 선험적 구분 가능성을 폐기하고 행위자가 네트워크와 함께 구성됨을 더욱 강조하는 표현이다.

인간-비인간으로 구성된 혼종의 세상과 네트워크 효과

행위자 네트워크 이론은 인간과 비인간 사이에 형성되는 네트워크에 주목한다. 네트워크의 형성이 '번역(translation)'이라고 불리는 과정이고 비인간을 잘 동원해서 네트워크에 편입시키는 데에는 여러 가지 이점이 있으며 다양한 전략을 구사할 수 있다. 그렇지만 이 과정은 거의 항상 불분명하고 쉽지 않다. 네트워크의 형성을 특징짓는 여러 단계 중에 비인간을 '길들이는' 것이 가장 어려운 부분이다. 이를 위해 필요한 것이 우리가 과학기술이라고 부르는 것인데 과학기술, 혹은 행위자 네트워크 이론의 용어로 테크노사이언스(technoscience)는 비인간을 우리에게 의미 있는 존재로 바꾸어 주는 인간의 활동이다. 따라서 테크노사이언스의 핵심은 인간-비인간으로 구성된 세상을 움직이기 쉽고 표준화된 지식 요소로 바꾸는 작업이다.

여기서 더 나아가서 행위자 네트워크 이론은 기계 같은 비인간들이 인간처럼 행위성(agency) 또는 행위능력을 갖고 있으며, 이런 의미에서 연구자들이 인간과 비인간을 동등하게, 대칭적으로 다루어야 할 필요가 있다(홍성욱, 2010: 8). 이로써 행위자 네트워크 이론이 묘사하는 세상이 잡종적인 세상이며 끊임없이 경계를 넘나드는 잡종적인 존재들에 힘입어 자연, 사회, 문화는 서로가 서로를 만들면서 동시에 구성된다(홍성욱, 2010: 20)는 점을 보여 주고 있는데 바로 이 점이 행위자 네트워크 이론의 중요한 특성이다.

행위자 네트워크 이론에 따르면, 행위자와 네트워크는 분리되지 않을 뿐만 아니라 네트워크에 의해 행위자의 역할이나 수행이 결정된다. 즉 어떤 행위자의 행위는 그 행위자 단독에 의한 것이 아니라 네트워크를 통해 가능해진 집합적 행위로 간주된다. 달리 말해, 개별 인간 또는 비인간 행위자의 행위능력은 독립된 각 행위자의 힘만으로 만들어지는 것이 아니라, 항상 그 행위자와 연결되어 있는 많은 다른 행위자와의 상호작용의 결과, 즉 '관계적 효과'로 이해된다. 따라서 모든 행위자는 동시에 네트워크이며, 이러한 의미에서 '행위자 네트워크'라는 용어가 사용된다.

칼롱에 의하면, "'행위자'와 '네트워크'를 함께 연결하여 '행위자 네트워크'라는 용어를 사용하는 이유는 행위자만으로도, 연결망(네트워크)만으로도 환원될 수 없기 때문이다. …… 행위자-연결망이란 그 활동이 이질적인 요소들을 연결하는 행위자임과 동시에 자신의 구성요소들을 재규정하고 변형시킬 수 있는 연결망이기도 하다."(Callon, 1987: 93; 김환석, 2011: 14-15에서 재인용) 따라서 네트워크라는 개념은 기존의 연결망 이론이 갖는 고정적 개념으로부터 훨씬 확장된 개념이 된다.

라투르는 네트워크라는 단어 자체의 일상적 용법과 거기에 담긴 함의 때문에 종종 오해가 발생한다고 지적하면서(라투르, 2010: 98) 그러면서도 여전히 네트워크라는 단어를 사용하는 이유를 사회적 구조에 대한 우리의 이해에 인공물들을 다시 도입할 수 있는 유일한 방법은 네트워크와 흡사한 존재론과 사회이론을 통해야만 가능하기 때문이라고 보고 있다. 자연과학과 사회과학에 의해 만들어진 사실들과 엔지니어들에 의해 설계된 인공물들을 사회의 구조 속에 다시 도입하지 않고서는 사회가 어떻게 결합되어 있는지를 전혀 이해할 수 없다는 것이다(라투르, 2010: 100). 라투르는, 네트워크에 관한 생각에는 미시권력에 대한 푸코의 분석에도 스며들어 있지만 행위자 네트워크 이론을 수용하기 위한 덜 직관적인 철학적 기초는 배경과 전경을 뒤집는 것이라고 보면서 다음과 같이 설명하고 있다.

> 행위자 네트워크 이론은 사회적 법칙이나 자연적 법칙과 같은 보편 법칙으로부터 출발하여 국지적 우연성을 제거하거나 보호해야 할 기묘한 특수성으로 파악하는 대신, 환원할 수 없고 비교할 수 없으며 연결되지 않은 국지성에서 출발하는데, 이러한 국지성은 가끔 많은 비용을 치르면서 일시적으로 비교 가능한 결합들로 귀결되기도 한다는 것이다(라투르, 2010: 101).

이는 라투르가 위에서 언급한 네트워크의 일상적 사용법에서 오는 오해 중 하나인 '행위자 네트워크 이론은 사회적 네트워크에 관한 연구와 관련이 있다'는 오해를 가리키는 것으로 사회적 네트워크에 대한 연구가 제도, 조직, 정부, 국가 같은 지나치게 포괄적인 개념에 대한 반작용으로 고안된 점을 감안하면 비록 행위자 네트워크 이론이 모호하고 포괄적인 사회학적 용어들에 대한 불신을 공유한다 할지라도 사회의 본질을 기술한다는 목적도 가지고 있다는 점 또한 상기할 만하다. 이렇게 보면 행위자 네트워크 이론은 사회이론에 사회적 네트워크를 더하고자 하는 것이 아니라, 네트워크를 사용해서 사회이론을 재구축하고자 하는 것이고 따라서 사회학인 동시에 존재론 혹은 형이상학이기도 하다는 것이다(라투르, 2010: 99).

라투르의 설명에 의하면, '네트워크'라는 단어를 디드로가 데카르트적인 물질과 영혼의 구분을 피하기 위해 물체 등을 기술하는데 처음 사용한 것으로 강한 존재론적 구성성분을 갖는 것으로 본다면 행위자 네트워크 이론은 본질을 기술하기 위한 메타포를 바꾼 것으로 결국 "우리는 어떤 면들 대신 필라멘트, 혹은 들뢰즈의 논의에 의하면 리좀(rhyzomes)과 같은 실조각들을 얻은 셈이다"(Deleuze, 1968; Deleuze and Guattari, 1980; 라투르, 2010: 99에서 재인용)라고 할 수 있다. 이에 따르면 2차원의 면이나 3차원의 구 대신, 마디들은 그것들이 가진 연결의 수만큼 많은 차원을 갖는다는 관점에서 사고할 필요가 있다.

번역은 행위자 네트워크를 건설하는 과정으로 원래의 뜻인 번역이 하나의 언어를 다른 언어로 풀이해 내는 것이므로 결국 다른 두 개의 언어를 동등하게 만드는 과정이다. 물론 행위자 네트워크 이론에서 번역은 언어적인 번역이라기보다는 존재론적인 의미로 쓰이지만 이는 언어적 의미를 차용하여 설명 가능하기 때문에 번역이라는 용어를 사용한 것이다. 행위자 네트워크 이론은 초기에 '번역의 사회학'이라는 명칭으로 불리기도 할 만큼 다양한 인간과 비인간의 결합을 통해 기술과학적 혼종들이 출현하고 이들이 세계를 변화시키는 과정을 묘사하는 데 관심을 기울였다(Callon, 1986; Latour, 1987; 김환석, 2011: 18에서 재인용).

칼롱과 그의 동료들은 행위자 네트워크의 형성과 작동을 번역의 세 단계를 통해 설명한다(Callon, et al., 2009: 48-70; 김환석, 2011: 18-19 참조). 첫 번째는 거시세계(the macrocosm)를 실험실의 미시세계(the microcosm)로 축소(또는 환원)시키는 단계다. 두 번째는 제한적인 연구집단을 형성하여 이들이 도구와 능력의 강한 집중을 통해 기술과학 지식 또는 기계를 고안하고 탐색하게 만드는 단계다. 세 번째는 언제나 아주 위험한 거시세계로의 복귀 단계인데 실험실의 미시세계에서 생산된 지식과 기계가 거시세계로 환원되어 새로운 상태로 만들게 된다. 이 중에서 특히 번역 2의 단계, 즉 미시세계인 제한된 실험실 내에서의 지식 생산의 과정은 인간과 비인간이 구체적인 활동을 통해 행위자 네트워크를 형성하는 중요한 단계이다. 실험실에서는 수많은 도구들과 그들이 생산해 내는 기입들(inscriptions)을 볼 수 있다(김환석, 2011: 21).

네트워크를 건설하는 행위자는 다른 행위자들에게 역할을 부여하는데 이런 일의 목록은 문서로 기록될 수도 있고, 기계의 구조 속에 체화될 수도 있고, 네트워크의 배열에 숨겨질 수도 있는데 이러한 일의 목록을 기입(inscription)이라고 한다(홍성욱, 2010: 27). 홍성욱은 ANT가 과학자의 연구를 분석할 때 과학자의 기입하는(inscribing) 행위와 그 결과에 주목하는 것은, 과학자가 무엇을 쓰는 과정이 결국에는 실험실 안팎의 행위자들에게 나름대로의 역할을 부여하는 과정이기 때문이라고 본다.

따라서 중요한 것은 과학자가 이종적인 인간 행위자와 비인간 행위자를 적절하게 네트워킹한 결과가 논문에 기록되는 것이라고 지적하면서 엔지니어나 디자이너가 혁신적인 인공물을 만드는 행위는 그 인공물을 구성하는 여러 요소들을 자신의 목표에 따라서 원하는 방식대로 배열하는 일종의 기입행위로 볼 수 있다는 점을 강조한다. 이런 맥락에서 인스타그램 포스팅을 과학자의 기입행위에 대입해서 볼 때 그 과정에서 이미 일종의 네트워킹이 일어난다는 것을 알 수 있다.

김환석(2011: 22)에 의하면, 세계에 대한 담론은 기입에 의존하는 동시에 기입에 의미를 부여한다. 기입이 어떤 실체와 관련지어짐으로써 그 실체에 이름이 주어지고 정체성이 부여되며 행위 형태가 귀속되도록 하는 것은 담론의 매개를 통해서만 이루어진다. 예컨대 우리는 전자와 그 속성, 유전자와 그 기능, 그리고 노동계급과 그 소외의식에 대해 말한다. 세계가 말로 바뀌는 것이다. 그러나 만일 우리가 관찰에서 바로 이론적 해석으로 건너뛴다면, 다시 말해 우리가 기입들의 연쇄와 그들의 다중적 조합, 그리고 그것들이 여러 텍스트에서 다루어진 일련의 담론을 잊어버린다면, 말은 알아들을 수 없고 설명 불가능한 채 남을 것이다. 따라서 한쪽에 세계가 있고 다른 쪽에 말이 있는 것이 아니다. 세계와 말 사이에는 심연이 아니라 상호 교직된 여러 기입들과 진술들의 연결망이 있는 것이다.

칼롱은 번역이 네 개의 단계로 이루어진다고 본다. 한 행위자가 다른 행위자를 정의하고 이들의 문제를 떠맡으며 기존의 네트워크를 교란시키는 '문제 제기(problematization)', 다른 행위자들을 기존의 네트워크에서 분리하고 이들의 관심을 끌면서 새로운 협상을 진행하는 '관심끌기(interessement)', 다른 행위자들로 하여금 새롭게 주어진 역할을 맡게 하는 '등록하기(enrollment)', 그리고 이들을 대변하면서 자신의 네트워크로 포함시키는 '동원하기(mobilization)' 등의 과정이다. 물론 이러한 단계가 보편적인 것은 아니며 새로운 네트워크를 만드는 번역의 과정은 조금씩 다르게 나타나기도 하지만 그것을 구성하는 다양한 단계, 혹은 계기는 행위자 네트워크 이론 연구자들에 따라서 조금씩 다른 방식으로 정의되는 경우도 있다. 또 번역의 과정에서는 기록을 하고 이런 기록의 결과나 다른 행위자를 여기저기로 이동시키는 과정이 필요한데, 이를 치환(displacement)이라고 한다(홍성욱, 2010: 26).

행위자 네트워크 이론에서 과학자의 연구를 분석할 때 과학자의 쓰는(inscribing) 행위와 그 결과에 주목하는 것은, 과학자가 무엇을 쓰는 과정이 결국에는 실험실 안팎의 행위자들에게 나름대로의 역할을 부여하는 과정이라고 보기 때문이다. 홍성욱에 의하면(2010: 27) 과학자의 논문에는 과학자가 이종적인 인간 행위자와 비인간 행위자를 적절하게 네트워킹한 결과가 기록되어 있다고 할 수 있으며, 비슷한 의미로 엔지니어나 디자이너가 혁신적인 인공물을 만드는 행위는 그 인공물을 구성하는 여러 요소들을 자신의 목표에 따라서 원하는 방식대로 배열(조립)

하는 일종의 기입행위로 볼 수 있다.

행위자 네트워크 이론이 아직도 무수한 논란 속에 휩싸여 있기는 하나 최근의 빅데이터 분석이 활발히 이루어지면서 행위자를 어떻게 정의할 것인가, 데이터 분석과정에 등장하는 모든 비인간 행위소까지 행위자로 볼 수 있는가, 결국 인간이 그 모든 과정을 총괄하는 것이 아닌가 하는 문제 제기는 디지털 세계의 확장과 진화하는 인공지능 등의 등장으로 인해 점차 행위자 네트워크 이론의 적용 폭을 넓히는 과정에서 논란은 해소되기 시작하고 있다.

도시민의 공간 향유와 문화적 활동을 지형도(topography)를 통해 파악함에 있어서 GIS로 포착한 결과를 궤적으로 그림으로써 공간 방문의 분포와 조밀도를 파악하는 방법은 최근 들어 주로 지리학에서 많이 활용되고 있다. 그와 비교하여 볼 때 SNS로 포스팅한 데이터를 활용하여 궤적을 지형도로 그린다는 것은 데이터가 갖는 정보가 단순하게 위치정보에만 그치는 것이 아니라 다양한 행위소가 유동적으로 작동하면서 네트워크를 형성한다는 점에서 결과만 놓고 볼 수 없는 '과정의 정치학'에 대한 성찰이 중요하게 요구된다는 점을 주목할 필요가 있다. 이것이 바로 행위자 네트워크 이론의 적용으로 포착 가능하다고 보는 비가시적 행위성의 발현이다.

테크놀로지화한 도시 공간의 SNS를 통한 사회적 활동이 문화풍경으로 '번역'되고 공간적 구성으로 집적되는 과정에 대하여 행위자 네트워크 이론을 적용하면 이전과 다른 층위의 시각을 확보하게 된다. 즉 빅데이터의 구성과 해석과정에서 작용하는 '행위자들의 관계적 실천의 산물'로서 구성되는 도시 공간의 지형도 구성과정에 대해 행위자 네트워크 이론의 개념을 적용시켜 미시적 분석을 행한 결과로서 이미 문화지형도가 윤곽을 드러낸다고 할 수 있다. 왜냐하면 빅데이터가 축적되는 과정이 바로 인간 행위자의 SNS를 매개로 한 사회적 행위에 비인간 행위자와 행위소들이 상호작용하여 문화적 행위의 지형도라는 가시적 공간 지도를 이루어 내는 과정이기 때문이다. 이 과정에서 행위자로서 인스타그램 포스트의 생산자인 디지털 미디어 사용자들인 젊은 세대들이 독특하게 획득하고 있는 디지털미디어 리터러시에 대한 이해가 좀 더 깊이 있게 다루어질 필요성 또한 제기된다.

이러한 논의를 따라가다 보면 행위자 네트워크 형성의 유동적인 측면을 발견하게 되는데 이는 인스타그램, 즉 SNS 사용을 통해 지금의 인간이 점차 테크노사이언스와 긴밀하게 연동되어 활동하고 있다는 점이다. 즉 디지털 기기의 사용으로 두드러지는 감각 중심의 활동에 주목하면서 사진이나 동영상 등 시각적 이미지가 언어적 이미지를 압도하는 문화적 전회가 자연스럽게 대세로 굳어지는 과정을 발견할 수 있었다. 따라서 칼롱이 제시했던 번역의 3단계인 거시세계를 유추해 보자면 테크놀로지화한 도시 공간에서 인스타그램 사용자인 유목민들이 유영하는 도시 공간의 다양한 장소들로 귀결되는 것으로 유추할 수 있다.

II. 포스트휴먼으로서 호모 센수스

1 디지털 테크노 문화 시대, 호모 센수스 출현의 징후

포스트휴먼 논의가 시작된 지 10여 년이 되었으나 포스트휴머니즘이 휴머니즘과 어떤 변별성을 갖는지(Herbrechter, 2013; Sorgner, 2014), 또한 트랜스휴머니즘과 공통점과 차이점이 얼마나 뚜렷하게 구분되는지(Hughes, 2014)에 대해서는 이제 막 논의가 본격화되고 있는 상황이다. 그렇기 때문에 이들 논의의 결과에 따라 어떤 인간형이 포스트휴먼이라 불릴 수 있는지에 대한 정의도 매우 유동적인 상황이다.

헤일즈(2013)는 포스트휴먼의 구성이 다양하지만 공통된 주제는 인간과 지능을 가진 기계의 결합이라고 강조하고 있다. 이런 관점에서 헤일즈는 포스트휴먼을 네 가지 가정들을 특징으로 하는 일종의 관점이라고 규정하면서 이를 포스트휴먼을 상정하는 일종의 제안으로 제시한다. 그 가정들은 다음과 같다. 첫째, 물질적인 예화(instantiation)보다 정보 패턴을 특권화한다고 본다. 둘째, 서구 전통은, 데카르트가 인간을 사유하는 존재라고 생각하기 훨씬 전부터 인간의 정체성이 의식에 있다고 생각했지만 포스트휴먼 관점은 의식이 부수적인 현상이며 별로 중요하지 않은 지엽적인 문제에 불과한데 갑자기 세력을 얻어서 스스로를 유일하게 중요한 문제로 내세우려 한다고 간주한다. 셋째, 포스트휴먼 관점은 '신체란 우리 모두가 조작법을 배우는 최초의 인공기관이며, 따라서 신체를 다른 인공기관으로 확장, 대체하는 것은 우리가 태어나기 전부터 시작된 과정의 연속일 뿐'이라고 여긴다. 넷째로, 포스트휴먼 관점은 위에서 언급된 것을 포함한 여러 가지 방법들을 통해서 인간의 지능을 가진 기계와 매끄럽게 접합될 수 있는 형태로 만든다는 것이다(Hayles, 2013: 24).

이 네 가지 가정들 중에서 셋째와 넷째 가정들, 즉 신체를 다른 인공기관으로 확장, 대체하는 것과 여러 가지 방법들을 통해서 인간을 지능 가진 기계, 즉 디지털 미디어와 다른 디지털 기기들과 매끄럽게 접합될 수 있는 형태로 만든다는 관점을 받아들인다면 호모 센수스가 포스트휴먼이라는 명제가 성립될 수 있다. 즉 신체를 다른 인공기관으로 확장하고 대체하는 것은 보철같이 직접적인 방법 외에도 촉각적 지각과 손의 움직임, 눈의 깜빡임 등으로 기기와 접합되는 감각적 접합으로 해석할 수 있기 때문이다.

'인간'을 강조하는 자유주의적 휴머니즘 주체의 중심이 신체가 아닌 정신에 있다는 명제에 반하여 포스트휴먼은 자유주의적 휴머니즘 주체를 해체하지만 포스트휴머니즘에서 신체화보다 인지를 강조한다는 점은 아이러니한 일이기도 하다. 그것이 인간의 인지라기보다 인공지능의 인지라고 할지라도 역설이기는 마찬가지이다. 그렇기 때문에 헤일즈나 헤어브레히터(Wolfgang Herbrechter) 등 포스트휴머니즘 학자들은 여전히 신체라는 명제를 놓지 못하면서 휴먼에서 포스트휴먼으로 가는 것이 완전한 전환이나 갑작스러운 단절이 아니었음을 반복적으로 증명하는(Hayles, 2013: 29) 것이다.

헤일즈는 오히려 '인간'과 '포스트휴먼'은 역사의 특정한 맥락에서 상대적 배치를 바꾸어 가며 공존한다는 관점을 견지하면서 이렇게 복잡한 상황에서 자신의 저서 『우리는 어떻게 포스트휴먼이 되었는가』의 제목에서 '되었는가'라는 과거 시제를 쓴 이유가 바로 독자들에게 즐거운 충격을 주어 다시 한 번 생각하게 만들기 위해서이며 한스 모라벡(Hans

Moravec)의 '포스트 생물학적' 미래라는 묵시론적인 전망을 반어적으로 언급하기 위해서라고 밝히고 있다. 나아가 헤일즈는 책 제목의 '우리'가 지시하는 바와 같이 인간보다 포스트휴먼과 공통점이 더 많은 방식으로 자신의 행동에 대해서 생각하기 시작하는 주체성의 새로운 모델들을 포스트휴먼의 집합체로 볼 수 있으며 이로써 사람들이 포스트휴먼이 되는 것은 스스로 포스트휴먼이라고 생각하기 때문이라고 해석하고 있다.

헤일즈의 해석은 호모 센수스가 새롭게 등장하고 있다는 이 글의 명제를 명쾌하게 뒷받침해 주고 있다. 지금의 디지털 테크놀로지 시대에 감각을 그 어느 때보다도 집중적이면서도 확장적으로 활용하고 있는 인간의 모습은 확실히 이전의 정신 중심의 '인간'으로부터 더 나아간 다른 '인간'이라고 할 수 있으며 이를 포스트휴먼으로 상정한다면 '호모 센수스는 포스트휴먼인가'라는 질문에 대한 답이 될 수 있을 것이다.

20세기의 보편적 인간 존재조건을 행동하는 삶에서 찾았다면 그것은 본질적으로 현실 속의 진짜(the real), 즉 이성적 인식 세계 속의 인간이다. 디지털 문화의 전개는 현실 속의 '행동하는 삶'이라는 인간의 존재 양태로부터 더 세부적으로 증폭된 경험으로 구성되는 인간 형(型)의 출현을 가정할 수 있도록 유도해 왔는데 이를 호모 센수스의 전면적 부상으로 규정할 수 있을 것이다.

감각 중심의 사회가 도래하고 있다

디지털 테크노 문화가 지배적인 지금의 사회는 논리적 설명을 이미 훨씬 뛰어넘는 속도로 감각의 세계(Lingis, 2005)로 치달아 이제는 사회의 '감각적 전회(sensual turn)'(김문조, 2011)가 전면화되는 시대를 맞이하게 되었다. 이를 포스트휴먼적 존재 양식으로서 호모 센수스의 출현에 대한 징후적 배경으로 상정해 본다면, 사회를 보는 관점에 있어서 체계와 구조로부터 문화로의 전회(cultural turn)가 이루어지고 있음을 선언했던 것과 유사한 맥락에서, 문화로부터 또다시 감각으로 사회의 중심이 세분화되고 있음을 보여 준다. 이러한 학문적 경향은 '감각 연구(sensory studies)'로 집약되고 있는데 패터슨과 도지(2012)는 이를 다음과 같이 요약하고 있다. "지난 몇십 년간 사회이론에서 이루어진 '몸으로의 전회(turn to the body)'와 인문지리와 인류학에서 이루어진 소위 '문화로의 전회'와 더불어, 어떤 학자들은 역사적, 이론적, 그리고 경험적 연구를 엮은 학문적 영역들과 방법론적 접근들을 가로지르는 어떤 풍성하고 중요하고 잠재적으로 의미심장한 발전을 연결하는 '감각들로의 회귀(return to the senses)'(cf. Paterson, 2008)가 이루어졌다고 주장하고 있다(Paterson & Dodge, 2012: 4).

사회학의 문화이론적 관점에 집중해서 본다면 사회의 경험적 차원에서 다루었던 감성과 감각을 보다 세밀한 차원에서 주목하면 글로벌 미디어 환경이 새로운 감성과 감각을 어떻게 형성하는지를 살펴보는 것은 매우 흥미로운 주제다. 이렇게 볼 때 새로운 문화적 종으로서의 호모 센수스를 관통하는 것은 혼종의 감각, 그리고 개인의 신체를 통해 느끼는 감각의 범주를 넘어서 감성과 공감이라는 정서적 차원까지 포함하여 보다 확장된 개념의 감각과 감성이 융합되는 양식이다.

호모 센수스의 출현과 이의 포스트휴먼적 존재 양태는 포스트휴먼의 조건 중에서도 디지털 미디어스케이프 속에서 테크놀로지와 컴퓨터 등의 첨단 기술환경 속에서 다양한 감각의 차원을 수용하고 행위함으로써 문화적으로 혼종과 융합을 이루는 방식으로 드러나고 있음을 알 수 있다. 포스트휴머니즘 논의 중에서 특히 감각과 신체와의 관계에 대한 이론적 논의가 이의 논거로 제시되고 있는데 예를 들면 마셜 매클루언, 알폰소 링기스 논의가 이러한 논거의 중심을 이룬다. 또한 헤일즈의 저서『우리는 어떻게 포스트휴먼이 되었는가』는 휴먼을 넘어서는 포스트휴먼 존재에 대한 일종의 이론적 전제를 제공하고 있다. 그렇다면 휴먼에서 포스트휴먼으로 넘어가는 기점으로 설정한 디지털 시대의 감각 융합은 어떠한 인식구조에서 이해될 수 있는가?

그동안 이루어진 감각사회학(sociology of sense) 논의는 짐멜로부터 시작되었다고 해도 과언이 아니다. 물론 짐멜의 논의는 지금의 감각사회학으로 직접 연결된다기보다는 일종의 연구 단초를 제공했다고 할 수 있으며 이로부터 시작된 논의는 매클루언의 감각 비율과 다중감각에 관한 논의와 시각성(visibility)에 대한 사회학적 논의, 예를 들면 마틴 제이 등의 시각체제 논의와 벤야민의 이미지 사유 방식에서 시각의 독특한 방법론을 구성한다. 이를 한국의 사회학계에서 이어 온 계보를 살펴보면, '감각의 아나키'를 이론화하고 있는 김홍중의 논의(2009a), 그리고 디지털 시대의 사회적 현상으로 시각과 촉각의 융합을 꼽으면서 감각에 대한 최근의 학문적 관심과 부흥을 '감각적 전회(sensual turn)'로 선언적으로 명명함으로써 감각사회학의 새로운 지평과 필요성을 강조한 김문조(2011)의 논의를 눈여겨볼 필요가 있다.

감각사회학의 계보와 '감각적 전회'의 의미

감각에 대한 최근의 사회학적 연구에서 의미 있는 선행 연구로 김문조의 "감각과 사회: 시각 및 촉각을 중심으로"를 꼽을 수 있다. 이성중심적 근대의 코기토적 주체에 비해 주변적인 위치를 차지하고 있던 감각이 디지털 시대를 맞아 전면적인 부상을 하는 현상에 주목하면서 특히 시각과 촉각에 집중한 이 연구는 감각에 대한 사회학적 연구의 새로운 이정표를 제공해 준 논문이라고 할 수 있다. 철학이나 예술 분야, 혹은 건축학 등에서 추상적인 차원이나 혹은 지나치게 구체적인 작품

분석을 통해 감각의 문제를 다루는 연구들은 최근 들어 증가 추세에 있지만 사회학 분야에서 감각을 디지털 문화와의 상호작용 속에서 연구한 논문으로는 가장 앞서 간 논문으로 평가된다.

김문조는 알폰소 링기스를 인용하면서 이처럼 변화된 감각의 세계를 '존재의 왕국'으로 규정하는 링기스에게 있어서 '감각의 세계'를 구성하는 특성들을 다음과 같이 설명하고 있다. "새로운 감각의 현장에서는 모든 점들이 주축이 되고, 모든 선들은 위상이 되며, 모든 표면들이 평면을 이루며, 모든 색들이 분위기를 조성하며, 모든 음들이 화음을 이루게 된다. 즉, 고도의 디지털 기술을 활용한 다양한 미디어 양식들은 상호 감각성(intersensoriality), 다양태성(multimodiality), 다매체성(multimediality)과 같은 디지털 기능에 의거해 새로운 존재감을 발하는 '감각의 세계'를 창출한다"(Lingis, 2005; 김문조, 2011: 14에서 재인용). 이 설명은 디지털 미디어 시대의 감각 활용에 있어서 의미 있는 시사점을 주고 있다. 특히 상호 감각성은 디지털 테크놀로지가 적용된 디지털 기기와 그것을 사용하는 인간 사이의 상호 감각성으로 확장될 수 있는 특징이다. 이것은 기계와 인간의 공감각(synesthesia)으로 진화하고 있다.

김문조의 논문은 감각사회학의 학술적 담론의 계기를 제공해 준다는 점에서 매우 중요하기는 하나 구체적인 현장 분석을 토대로 하고 있지 않음으로써 사회적인 '날것'으로서의 현장을 이론화하는 단계로 나아가지 못했다는 한계를 보여 준다. 따라서 짐멜의 감각사회학적 논의와 김문조의 "감각과 사회: 시각과 촉각을 중심으로" 연구의 계보를 이어가되, 조금 더 나아가 실천적 현장에서 눈에 보이거나 혹은 보이지 않는 '날것'으로서의 데이터를 수집, 포착하여 추상적 논의에 구체적 사실을 예시적으로 논증하는 방법론의 가능성을 타진하는 작업이 요구된다.

김홍중의 논의에서 감각은 좀 더 추상적 차원에서 다루어지고 있다.

그에 의하면, 시각성과 근대성이 접목되는 지점에서 이미지 사유(Bild-denken)를 보여 주는 벤야민의 이미지의 세계는 개념과 감각의 대립적 구도 속에서 볼 때 개념의 세계가 아닌 감각의 사유로 유추할 수 있다고 추론하고 있는데 이때 감각은 근본적으로 체제가 아닌 '아나키(anar-chie)'의 형식을 띤다(2009: 11)고 보고 있다. 또 다른 논문에서 김홍중은 디지털 미디어 시대의 지각과 감각에 대한 논의를 이어 가면서 디지털 환경이 감각을 통해 인간을 변화시키는 측면에 대해 논의하고 있다. 스마트폰이 상징적으로 보여 주고 있는 지각의 산만성이 21세기의 테크놀로지 환경 속에서 감각 결핍에 대한 방어기제로서의 감각 과잉(sensory over-engagement)을 유도하고 있다는 볼츠의 지적을 들어(2013: 27) 이 논의가 이미 짐멜, 크라카우어, 벤야민으로부터 시작되어 21세기에 더욱 개인적 차원의 구체적 현상으로 드러나고 있음에 대해 주목한다.

감각 발현의 토대로서 인간 신체

감각은 기본적으로 인간의 신체라는 물질적 토대 위에서 발현된다. 1980년대 후반부터 증폭된 몸에 대한 학문적 관심은 감각, 특히 오감에 대한 논의를 활발하게 하는 데 기폭제 역할을 했다. 후설이 지적하듯이 몸이 모든 지각의 매체라고 한다면 계속되는 정보혁명과 범람하는 기호에 의해 우리의 지각적 힘은 이미 신체적 의식을 고양시키는 것보다 더 절박한 사태에 완전히 점유되었다(슈스터만, 2010: 34)고 볼 수 있다. 이런 의미에서 감각은 인간의 신체와 매우 긴밀한 관계에 놓여 있다. 인간은 역사 이래 육체의 감각을 통해서 세계와 소통하고 인지해 왔는데 근대에 들어서면서 다양한 기술의 발달로 인해 시감각(visual sense)은 지식과 감성의 매개에 있어서 다른 어떤 감각보다도 단연 우월한 지위를 점하게 된 점은 주지의 사실이다.

감각에 대한 개념 정의는 주로 지각과 연관되는 방식으로 이루어져 왔다. 이 점이 또한 감각이 중심이 되는 인간을 이성 중심의 근대적 인간과 구분하여 포스트휴먼의 징후로 인식하도록 하는 지점이다. 인간과 세계의 접촉은 감각의 매개로 이루어진다. 즉 신체와 정신, 자신과 타자, 인간과 사물, 또는 모든 형태의 주체와 객체를 이어 주는 역할을 수행한다는 점에서 개인과 세계를 연결하는 통로가 감각이라고 할 수 있다(김문조, 2011: 9). 일반적으로 감각과 지각, 인지는 조금씩 층위가 다르지만 행위주체가 대상을 파악하는 과정에서 감각의 중층적 활용이 전제된다.

지각(perception)은 인지, 감정 및 감각이라는 세 가지 범주로 대별할 수 있다. 인지가 앎의 세계와 직결된 것으로 주로 지식의 형성이나 교환과정을 뜻하는 것이라면 감정은 '마음의 느낌'에 해당하는 것으로 주로 감정의 교류나 전파의 문제와 연관된 것이다. 그러나 '몸을 통한 느낌'인 감각은 눈, 토, 입, 귀, 혀, 손, 피부 등과 같은 감각기관을 경유한 외부적 자극의 포착이나 수용 행위를 의미한다. 즉 "체감으로서의 감각은 신체를 소유한 생명체 전반으로 보편화할 수 있는 유기체적 반응으로 인식되며…… 따라서 감각은 '몸을 통해 세계와 교감하는 주체적 행위'로 이해된다"(김문조, 2011: 10)는 점으로 인해 감각적 전회가 '몸으로의 전회(turn to the bodies)'라는 학문적 경향과 연결되고 있다는 것이 우연이 아닐 것이다.

지각이나 인지, 인식이 결국은 감각이 선행되어야 가능한 것이라고 볼 때 감각은 즉각적인 느낌으로 폄하되기보다는 좀 더 근원적인 인간의 지각 조건이라는 점에서 중요하다. 20세기 물리학자인 슈뢰딩거는, 기원전 5세기에 이미 데모크리토스가 '우리가 얻는 일련의 정보들이 감각적 지각에 전적으로 의존하고 있다'는 점을 들어 인식과 감각의 관계에 대한 이론을 펼친 사실에 대해 감탄한 바 있다(최현석, 2013: 58).

데모크리토스는 감각에 시각, 청각, 후각, 미각, 촉각이 속한다고 보면서 여기에 직감도 포함시켰는데 이러한 감각론은 다음과 같이 네 가지 특성으로 요약된다. 첫째, 모든 감각 지각은 물리적 접촉에 의해서 발생한다. 둘째, 물리적 접촉은 외부의 대상에서 빠져나온 원자들이 인간의 감각기관에 부딪쳐서 발생한다. 셋째, 이 충돌로 주관의 몸에서 변화가 일어나 해당하는 감각 지각이 발생한다. 넷째, 따라서 감각 지각은 주관적이며, 우리가 지각하는 대상 자체에는 이와 비슷한 속성이 없다(최현석, 2013: 58).

데모크리토스는 인식을 정의하는 데 있어서 감각을 통한 인식과 사고를 통한 인식으로 구별하여 정의함으로써 이성적 사고를 통한 인식은 진리를 판단하는 데 신뢰성을 보증해주기 때문에 진정한 인식이고, 감각을 통한 인식은 부차적인 인식이라고 정의하지만, 이성적 인식은 감각적 자료에 의존할 수밖에 없기 때문에 결국 어느 인식이 더 우위에 있는 인식인지를 구분하기는 쉽지 않음을 고백하고 있다.

아리스토텔레스는 오감(五感) 개념을 정착시킨 철학자로서 감각에 대해 본격적으로 연구하였다. 그의 감각(aesthesis)은 오늘날의 표현으로 하면 감각-지각(sense-perception)인데 그는 감각을 고유감각, 공통감각, 부수적 감각 등 세 가지로 나누었다. 그가 말하는 고유감각은 시각, 청각, 후각, 미각, 촉각 등 다섯 가지 기본적인 특정 감각을 말하고, 공통감각은 이들 감각이 결합해서 발생하며, 부수적 감각은 판단과 추론을 통하여 현재 감각하는 대상이 무엇인지를 파악하는 감각이다(최현석, 2013: 61). 아리스토텔레스의 공통감각(common sense)은 여러 감각을 통합하는 능력을 의미하였으나 로마에서 키케로의 해석을 거치면서 사회적인 상식, 즉 사회에서 사람들이 공통(common)으로 지니고 있는 정상적인 판단력(sense)이라는 의미를 가지게 되었다.

이후 영어로 common sense는 18세기 영국에서 '상식'이라는 의미로 의식적으로 사용되기 시작하면서 널리 일반화되었고, 오늘날에는 오직 '상식'이라는 의미로만 이해되고 있다. 이를 디지털 문화와 연관하여 보자면 SNS를 통한 공통감각, 즉 상식이기도 하고 공통으로 느끼고 인지하는 상식 같은 다중지성의 사회적 정동(affect)으로 재해석할 수 있을 것이다. 즉 아리스토텔레스의 공통감각이 디지털 시대에 감각의 융합이라는, 테크놀로지와 감성이 융합된 방식이 빚어내는 사회적 정동으로 '부활'하는 것으로 연계 설명할 수 있다. 따라서 이를 모두 컨트롤하는 인간이 호모 센수스의 범주에 들어간다고 규정할 수 있을 것이다.

감각이 몸의 표면과 이에 접촉되는 모든 종류의 물질적 반응이라고 한다면 이와 인접해있는 개념으로 정동을 생각해 볼 수 있다. 영어로 표현되는 'affect'는 최근 들어 한국에서 새롭게 학문적 조명을 받고 있으면서 감성, 또는 정동으로 번역되고 있는데, 이 단어는 인간적 주체에 의해 느껴지기 전의 순수한 그 무엇을 의미하는 것으로 전해진다. 즉 우리가 느끼게 되는 순간 감동이 되는 그 어떤 지점을 말한다. 브라이언 마수미(Brian Massumi)는 이를 "지각 이전의 '직관적 지각'을 가리키면서 이 지각의 의식적 상태에 연결돼 있는 육체적 반응, 자율적인 반응이라고 정의한다(Clough, 2009: 209). 마수미에게 있어서 의식적 지각과 언어, 감정(emotion)으로부터의 자율성을 언급함으로써 자율적 반응의 불확정성에 몸을 여는 것이 정동으로의 전회(turn to affect)가 된다는 것이다.

따라서 정동은 사소한 일상에서 대중문화에서부터 정치적 사건에 이르기까지 다양한 현대사회를 관통하는 단어이다. 정동을, 주체와 객체, 인간과 환경, 물질과 비물질의 사이에서 끊임없이 생성하는 '시간형식'으로 주체에 의해 만들어지는/느껴지는 것이 아닌, 주체를 만들어 내고 느끼게 해주면서 실재하는 그 무엇이라고(Gregg & Seigworth, 2010) 한다면 이것은 행동을 작동시키는 구성 원리, 즉 감각의 차원에서 기능한다고 볼 수 있다. 대표적인 혼종의 감각이면서 융합(convergence)에 근접하는 공감을 표현하는 파토스(pathos)라는 말은 철학상의 용어로 정념, 충동, 정열 등으로 번역되는 감정으로 알려져 있으나, 그리스어에서 파생한 이 단어는 '받아 안다'라는 행위적 의미를 어원적으로 함의하고 있다.

미디어의 진화와 감각 비율의 변형

매클루언은 "미디어의 잡종화 또는 이종교배는 핵분열이나 핵융합 못지않게 엄청나게 새로운 힘과 에너지를 분출한다"(매클루언, 2011: 111)고 말함으로써 미디어의 융합이 우리에게 새로운 차원의 문화경험을 가능하게 함을 예언한 바 있다. 미디어를 인간 신체의 기술적 확장으로 정의한 매클루언의 저서 『미디어의 이해』는 인간과 디지털 미디어 간 감각의 융합에 대해 천착하고자 할 때 시사하는 바가 매우 크다. 왜냐하면 매클루언에 의하면 미디어는 우리가 세상을 경험하고, 다른 사람들과 상호작용하며 우리 몸의 감각 — 미디어가 확장한 바로 그 감각 — 을 사용하는 데 변화를 일으키는 중요한 주체이기 때문이다. 매클루언이 정보를 전달하는 매체에 대해 이야기할 때, 그가 말하는 것은 전달되는 사실이나 지식이 아니라 우리의 신체 감각이 그 매체에 보여 주는 반응이라고 할 수 있다.

이런 맥락에서 미디어를 '뜨거운 미디어(hot media)'와 '차가운 미디어(cool media)'로 구분하는 것도 결국은 매체가 우리의 신체 감각을 어떻게 개입시키는가를 말하는 것이다. 높은 정세도(high definition)를 언급할 때도 높은 해상도, 선명함, 세밀함 등과 같은 시각적 양식과 관련된 뜻으로 사용하고 있음을 감안한다면 결국 신체 감각의 몰입도, 즉 감각의 밀도가 개입된 의미가 포함되는 것이고 이로써 매클루언이 직접적으로 언급한 바는 없지만 미디어가 디지털화하면서 신체 감각의 몰입도 또한 극대화되는 현상에 대해 이론적으로 맥락화하여 추정해 볼 수 있다.

한편 링기스의 감각작용(sensation)의 개념과 그 의미를 연구한 스패로우(Tom Sparrow)는 이를 데카르트와 칸트의 감각작용의 개념과 비교하면서 다음과 같이 설명하고 있다. "누군가는 감각작용을 전설(legend), 전설적인 불발사건, 또는 부동화(dissimilation)로 분류할 수도 있다. 감각작용은 인식의 불충분한 방식 이상의 아무것도 아니고 그래서 데카르트에 있어서와 같이 다만 부정적으로 논의된다. 감각작용은 칸트에서와 같이 지각적이거나 인식적인 기구(apparatus)를 통해 항상 이미 개념 규정된 것으로 말해졌다"(Sparrow, 2007: 101). 스패로우의 설명에 의하면 링기스는 저서 *Sensation*에서 현상학에서는, 우리의 감각작용 그 자체는 지향적이고 그것은 감각의 소여(givens)이거나, 또는 그것은 감각-오리엔테이션과 의미를 부여해 준다고 주장한다고 보고 있다.

이에 대해 스패로우는 약간 다른 해석을 하고 있는데 즉 "감각작용은 또한 방해(interruption), 전환(shift), 부추김, 방향감각 잃음(disorientation)일 수도 있다. 감각작용은 감각의 부재 또는 감각 없음의 시작을 알리는 것이기도 하다. 감각작용은 우리의 습관적인 정동(affects)의, 또는 우리의 지각적 일상의, 또는 환경의 계산된 길들이기의 일종의 합선(short-circuit)으로 기능하기도 한다"(Sparrow, 2007: 102)는 설명이 그것이다. 스패로우는 이로써 링기스의 감각작용이 감각을 넘어서 정동으로 지향성을 가진 활동임으로 지적하고자 했으며 오늘날 정동이 감동과 같은 층위의 감성으로 자리매김하고 있는 현실을 고려해 볼 때 링기스가 감각과 감각작용을 모두 함께 일컬어 '존재의 왕국'으로 표현하는 것이 타당성을 가짐을 보여 준다.

링기스도 지적하고 있는 바와 같이 혼종의 감각은 여러 감각의 복합이기도 하지만, 물질성과 신체성, 미디어와 커뮤니티, 미디어와 미디어, 감각성과 행동성 등 디지털 미디어스케이프 속에서 새롭게 경험되는 '감각적(sensual)' 현상을 의미한다. 감각의 혼종성은 디지털 문화 간의 접촉, 소통 과정에서 모든 영역에서 펼쳐지는 우리 시대의 현상이며, 현대 문화, 정치, 경제 분야의 주요 이론과 밀접하게 결합되어 있다는 점에서 이전의 세대론(X세대, N세대 등)이나 하위문화로서의 문화적 혼종성에 대한 논의를 넘어 한 차원 발전된 문화이론의 틀을 제시할 수 있을 것이라 기대한다.

디지털 테크놀로지 발달에 따른 시각과 촉각의 전면화

데이비드 호위스(David Howes, 1991)의 이해에 의하면, 통신기술의 변화로 초래된 '감각 비율'의 변형이라는 관점에서 매클루언은 수많은 사회의 언어와 기술, 다양한 감각, 특히 시각과 청각 간 관계에 대해 일련의 정교한 논거를 제시하고 그것들을 형성한 문화와 역사는 감각이 차별적으로 확장될 때 가장 잘 이해된다고 주장하였다. 감각의 역사를 볼 때 '눈' 중심적인 르네상스와 계몽주의의 영향력 때문에 시각은 서양인들의 사고를 지배했다는 것이 정설이다. 시각이 진실의 보증인이자 이성의 안내인 그리고 지성의 관리인 역할을 한 반면, 미각과 촉각 그리고 특히 후각은 주변으로 밀려날 수밖에 없었다.

매클루언이 제시한 감각 배열의 네 단계로의 전개를 보면 이러한 감각의 우선순위가 노정되어 있음을 알 수 있다. 청각 구화 단계, 손으로 쓴 필기 단계, 활자 단계, 전자 단계를 간략하게 살펴보면 매체변화와 더불어 인간의 감각이 어떻게 활용되고 또한 통합되거나 분산되었는지 알 수 있으며 오늘날의 디지털 매체에서 총체적 통합에 이르게 되는지 가늠하게 한다.

첫 번째인 청각 구화 단계(oral age)에서는 말이 가장 압도적인 지위를 차지하고 청각적 특징 역시 뒤이어 탁월한 위치를 차지했으며 감촉성과 후감이 뒤를 이었다. 사람들은 의사소통을 하기 위해 공동체를 형성했으며 촉각과 후각은 이러한 공감각 소통 매개체의 일부가 되었다. 매클루언이 볼 때 아프리카의 부족사회를 비롯해 문자를 사용하기 이전의 사회는 모두 귀가 지배적인 역할을 했지만 본질적으로는 공감각 지각을 활용했다(Smith, 2010: 25).

두 번째, 필기 단계에 이르면 감각의 통합이 헝클어지게 되는데 시각성이 구술성-청지성(orality-aurality)을 대체하기 때문이다. 음표문자(phonetic alphabet)의 등장은 인간을 부족사회에서 문명사회로 옮겨가게 했고, 이를 통해 인간에게 귀를 대신할 눈을 부여한 것이 결정적인 계기가 되었다. 그러나 매클루언은 필기문화(written culture)는 대단히 청각적이고 감촉적이라고 묘사했는데 그 이유는 시각적 분리를 하는 대신 모든 감각에 감정을 입히고 감응했기 때문이라는 것이다(McLuhan, 1962: 89).

세 번째 단계인 활자 시대에는 시각이 아주 우위를 점하면서 다른 감각의 중요성은 희석되고 감소되어 인쇄 혁명이 시선과 논리, 시각과 이성, 시력과 목적성을 한데 엮는 책임을 맡게 되었다. 이러한 시각적 지배가 르네상스에서 20세기 후반까지의 서구사회를 특징짓고, 활자와 인쇄기술을 받아들이는 데 훨씬 더 오랜 시간이 걸린 '부족적인' 청각 구화 사회로부터 서구사회를 분리시켰다고 보았다(스미스, 2010: 26).

스미스의 해석에 의하면, 매클루언은 마지막 단계인 전자 시대(electronic age)가 '감각을 재통합(reunification of senses)'했다고 평가하고 있다. 눈은 더 이상 우월적 지배력을 갖지 못했는데 텔레비전과 라디오는 청지성(aurality)을 부활시켰고, 서구의 젊은이들이 감촉성을 열망하게 하는 데 일조했다(McLuhan, 1962: 159-160; 1964: 263-270; 스미스, 2010: 26-27). 스미스는 매클루언의 감각 비율 이동에 대한 이론이 대단히 가치 있는 것이라고 평가하면서 이 식견이 기존 사회에서 감각이 어떻게 융합되고, 어떻게 공동으로 작용하는지의 관점에서 생각하게 만들어주며 다중감각(intersensorality)의 개념과 감각을 구분하는 방법을 발전시킨다고 보고 있다(스미스, 2010: 30).

『미디어의 이해』 비평판 편집자인 테런스 고든은 서문에서, 매클루언이 신체의 확장으로서의 미디어가 우리 신체의 감각 비율만 바꾸는 것이 아니라, 미디어 사이에 결합이 일어나면 미디어 사이에서도 새로운 작동 비율이 만들어진다는 사실을 강조한다고 논평하고 있다. 매클루언이 비록 전기 피부 반응장치 기술이나 개인 디지털 휴대장치인 PDA에 대해 아무런 지식이 없었고 바이오마우스(biomouse)가 어떤 것인지 상상조차 못했을 것이나 고든은, 매클루언이 이 모든 것들을 이해하는 방법을 제시했다고 보는 것이다(매클루언, 2011). 즉 기기 자체를 설명한 것이 아니라 그것들이 다른 미디어와 과거의 기술과 그리고 무엇보다도 우리들 자신 — 우리의 신체, 우리의 신체적 감각 그리고 우리의 심리적 균형 — 과 맺고 있는 관계를 통해서 설명한다는 것이다.

매클루언은 "우리가 우리 자신을 증폭시키고 확장시키게 해주는 새로운 미디어와 기술은, 소독을 전혀 하지 않은 채 사회라는 신체에 가하는 어마어마한 집단적 외과수술"(매클루언, 2011: 140)이라고 보면서 이 수술로 가장 큰 영향을 받는 부분은 절개된 부분이 아니고 전체 조직이며 이로써 라디오의 효과는 시각적이고, 사진의 효과는 청각적이라고 역설적인 규정을 한다. 즉 새로운 충격이 가해질 때마다 모든 감각들 간의 비율은 바뀌게 된다는 것이다. 라디오라는 청각 미디어의 새로운 도입은 지배적인 감각이던 시각에 영향을 주고, 따라서 그 영향은 시각적으로 나타나게 되며 사진이라는 시각 미디어의 도입은 같은 원리로 청각적 효과를 가져오게 되면서 새로운 감각 비율로 재편되고 이로써 그

양상은 특정 감각이 변하는 효과처럼 보이는 것을 이렇게 엇갈린 연계로 설명한다.

매클루언은 '매체에 따른 문화의 변화'를 결정적으로 예견했으나, 각종 기계적 미디어들이 인간에게 주는 영향력에 있어 내용보다는 미디어의 특성이 더욱 중요하다고 설명했다. 그러나 매체의 형식에 의한 인류의 문화 향유 행태의 변화보다는 미디어를 향유하는 수용자의 직관이 어떠한가, 즉 감각적으로 어떻게 받아들이는가가 더 중요하다는 견해도 나오고 있다. 디지털 미디어 시대에 수용자를 사로잡는 것은 난해하고 개념적인 의미의 세계가 아니라 선천적인 본능에 의해 직접적으로 감지할 수 있는 직관적 신체라 할 수 있다. 즉, 문화 수용에 있어 감각을 자극하는 경로, 그리고 감각의 작동 원리를 규명하는 것이 매체의 특성을 규정하는 것보다 더 우선적인 시도로 수행되어야 할 것이다.

라디오나 TV처럼 인간의 신체와 물리적 거리를 두고 메시지를 전달하는 아날로그적 미디어 상황에서는 인간의 신체가 수반하는 오감(五感)이 '행동하는 삶'의 기본적인 구성요소였다고 한다면 신체와 밀착되어 '미디어의 마사지화'(매클루언)가 구현되고 있는 지금의 디지털 미디어에 지배적인 한국 상황에서 감각은 이제 신체의 오감을 넘어서 사람들 사이에 감각의 전이를 유발하면서 유행이나 스타일 등 감각적 융합의 방식을 보여 주는 사람들 사이의 통감각적 전이지대를 만들고 있다는 해석이 유효하다.

근대적 시감각의 위치와 감각 융합에 따른 변화

디지털 테크놀로지의 발달과 함께 등장한 융합문화(convergence culture)에 대해서는 젠킨스(Henry Jenkins)가 같은 제목의 책을 쓰면서 디지털 문화를 개념 규정하는 데 있어 많은 시사점을 제공하고 있다. 단적인 예로는 융합, 즉 컨버전스란 개별 소비자들의 두뇌 안에서 일어나며 그들의 타인과의 사회적 상호작용을 통해 생성된다(Jenkins, 2006: 3)고 설명함으로써 융합의 형성이 일상적인 차원에서 일어나고 있음을 강조하고 있다. 감각의 융합에서 우선적으로 분석되어야 할 감각은 시감각이다. 왜냐하면 디지털 기기의 가장 전면에 드러나는 접촉면은 인터페이스이고 이는 기본적으로 근대적 시감각을 토대로 하고 있기 때문이다. 따라서 시감각은 감각의 융합에서 가장 먼저 논의되어야 할 감각이다.

영상 이미지의 등장은 시감각의 새로운 세계를 열게 하였다. 현대로 들어서면서 시각의 특권적 위치는 더욱 확고해져 갔으며 이로서 '시각 헤게모니'(Tyler, 1984)가 굳건하게 형성되었음은 주지의 사실이다. '시각(vision)'이 신체적인 작용으로서의 '시선(sight)'을 연상시키고 또 '시각성(visuality)'이 사회적인 사실로서의 시선을 연상시킨다고 할지라도 이 두 개념은 상호보완적이다. 시각이 근대적 주체 형성에 핵심적 구성요소로서 헤게모니를 가지는 위치에 있다는 점에 대한 기존 연구는 특히 철학과 문화사회학적 논의에서 매우 정치한 이론적 전개를 보여 주고 있다. 이에 비하여 청각과 촉각 등 디지털 전자기기가 발달하면서 더욱 중첩적으로 활용이 이루어지고 있는 다른 감각들과 미디어와의 관계에 대한 논의는 미래 전망적 논의(키틀러, 2011; 플루서, 2004) 이상 심도 있는 이론적 논의가 이루어지고 있지 않다.

현대성에 대한 치열한 논쟁을 이끌어 내는 다양한 의제들 가운데, 보는 문제(seeing) 또는 시각성이 현대성의 문화적 조건을 구성하는 주요 의제라는 점은 버거(John Berger), 푸코 등 여러 이론가들의 논의에서 상세히 다루어지고 있다. 드보르가 『스펙터클의 사회』(1996)에서 시사하는 바와 같이 현대사회에서 시각문화가 인간의 경험을 구조화하는 중심 범주가 되었음을 부정하는 이는 드물며 이러한 문제의식은 최근에

언표화되고 있는 '영화적 사회론'(Denzin, 1995)으로까지 이어지고 있다. 1960년대 이후 서구의 많은 사회학자들이 '고도 소비사회의 외양 중심의 문화경험'(Bell, 1990)과 그로 인한 인성 구조의 형성에는 미디어, 특히 시각 매체의 영향이 절대적임(Riesman, 1978)을 거론한 바 있다.

시각적 세계가 자율적인 주체에 의해 전유될 수 있다는 패러다임은 19세기 초반에 시각에 대한 담론들과 실천들에 새로운 용어, 즉 인간의 신체가 끼어들면서 바뀌게 된다(Crary, 2001: 73). 크래리(Jonathan Crary)는 "관찰자에게 새로운 지각의 자율성과 생산성을 부여해 준 주관적인 시각은 관찰자를 새로운 지식의 주체, 새로운 권력 기술들의 주체가 되게 한 것의 결과였다"(Crary, 2001: 76)라고 주장하면서 시각이 주체 형성에 지대한 영향을 끼치고 있음을 강조하고 있다. 크래리는 다음과 같이, 신체는 신체적 경험이나 능력의 원천에 무관심하다는 헬름홀츠의 이론을 원용함으로써, "지각자는 하나의 중립적인 배관, 즉 그 배관에 흐르는 것이 상품이건, 에너지이건, 자본이건, 이미지이건, 정보이건 간에 단지 순환 및 교환 가능성의 최적 조건들을 허용하기 위한 일종의 중계장치가 된다"(Crary, 2001: 88)는 결론을 제시하고 있다(이수안, 2012: 69).

인간의 감각 중 눈과 눈의 상호작용인 시각은 가장 독특한 사회학적 기능을 수행하는 것으로 평가되어 왔다. 서로 바라보는 개인들 사이의 결합과 상호작용이 시선에 의해 이루어지며 따라서 시선은 존재하는 것 가운데 가장 직접적이고 순수한 상호작용일 것이라고 강조하면서(Simmel, 2006: 158) 짐멜은 "눈에서 눈으로 전달되는 시선이 사람들을 연결시킴으로써 생기는 가장 생동감 있는 상호작용은 그 어떠한 객관적인 구조로도 결정(結晶)화되지 않는다. 이 시선에 의해서 사람들 사이에 형성되는 관계의 통일성은 직접적으로 발생하는 사건과 기능 속에서 존재한다"(Simmel, 2006: 158-9)고 진단하면서 감각이라는 인간의 내밀한 영역에 대한 논의를 사회학적 차원으로 연결시키고 있다. 이렇게 미세한 일상의 조각들 속에서 사회학적 관계의 그림을 그려 냈다는 점에서 짐멜은 가장 포스트모던한 방법론으로 모더니티를 주시한 문화사회학적 관찰자였다.

짐멜이 대도시를 구조화된 가시적 공간이나 외부의 움직임과 순간적 인상이 교차하는 만화경 같은 세계이기보다는, 개인들 간의 상호작용이 일어나는 장소로 파악한 것에는 감각의 사회학적 관점이 충실하게 포함되어 있다. 이 논지는 벤야민과 버먼으로 이어지면서 도시를 텍스트로 읽는 것이 가능함을 시사하고(Baldwin et al., 2008: 342) 있으며 이러한 연구는 지금의 디지털 네트워크로 연결되는 시공간에 대한 감각작용에 대한 유추에 이론적 통찰을 제공하고 있다. 또한 짐멜에게 있어서 대도시는 일시적이고 덧없으며 우연적인 인식과 관계의 저장소로, 패션/스펙터클/진기함의 장소로, 그리고 개인적 열망, 불확실성, 익명성과 혼란이 등장하는 장소로 간주되었으며(Savage & Warde, 1996: 239) 결국 이러한 특성들이 짐멜의 도시문화 연구에 있어 근대성의 특징으로 각인되었다는 평가(이수안, 2012: 96) 또한 디지털 네트워크 시대의 도시를 파악하는 공간적 감각 연구와 연결될 수 있다.

디지털 시대로 접어들면서 이러한 시각의 독점적 지위는 서서히 내려가고 그때까지 아주 사적인 차원에서 거론되던 촉각의 전면적인 부상에 의해 어쩔 수 없이 시각은 서서히 지위와 중요성을 촉각과 나눌 수밖에 없는 상황에 이르렀다. 이로써 시각이 쇠퇴해 가는 감각이 되었다기보다는 촉각, 청각과 함께 융합적 감각 현상을 일으키면서 감각의 활용은 훨씬 더 증폭되었고 확장되었다고 하는 것이 타당하다. 그렇다고 하더라도 촉각은 디지털 시대로 들어서면서 단연 감각의 중심이 되었으며 이로써 호모 센수스의 등장을 거론하는 데 있어서 촉각은 매우 중요한 준거틀을 제공하고 있음을 시사하고 있다.

상호작용이 전제되는 촉각은 '사회적'이다

매클루언이 전자 시대를 설명하면서 비로소 전자 미디어에 의해 젊은이들이 감촉성에 열광하기 시작했다고 보았지만 루이스(Lewis) 같은 이는 인쇄 혁명의 생산품인 책을 생각해 볼 때 그 속성은 시각적이지만 처음부터 감촉적 성질이 풍부했다고 보았다. 책은 과거나 지금이나 들고 다니고, 펼치고, 책장을 넘기고, 만지고, 어루만진다는 점을 상기해 보면 수긍이 간다. 책을 기술하는 행위는 늘 뭔가를 만지는 것인데, 즉 펜과 연필을 잡거나 자판을 두들긴다(스미스, 2010: 180). 이렇듯 감촉성이 편재해 왔음에도 불구하고 외면받아 온 까닭은 시각에 비해 촉각이 여러모로 육욕적이고 음란하며, 원색적이고, 감정적이며, 덜 지적이라는 개념이 널리 퍼져 있었던 탓이라고 할 수 있다. 심지어 아리스토텔레스는 촉각을 가장 기초적이고 근원적인 감각으로, 동물에 속하는 것으로 위치 짓는데 이는 아마도 미각처럼 직접적인 물리적 접촉을 하기 때문인 것으로 추정된다.

샌더 길먼(Sander Gilman)의 촉각과 시각과의 연계에 대한 연구는 지금의 디지털 미디어를 설명하는 데 매우 적절한 함축성을 제공한다. 길먼에 의하면 다른 감각이 모두 구체적이고 한정된 감각기관을 가지고 있으며 구체적이고 한정된 기능을 하지만, 이와 대조적으로 피부는 감각기관이면서 촉각과 그 문화적 연관성을 보는 캔버스의 역할을 한다(Gilman, 1973: 199-200; 스미스, 2010: 181에서 재인용). 이로써 얄궂게도 시각을 통해 감촉성을 이해하고, 시각주의자들에게 촉각을 통해 느낄 수 있는 것은 명백히 눈으로 볼 수도 있다는 생각을 하게 만들 수 있다는 것이다. 길먼이 얘기하고자 한 것은 섹슈얼리티가 묘사된 시각 자료가 촉각의 표현이 될 수도 있다는 점이며 이것을 디지털 미디어 기기에 연결하여 생각해 보면 매우 함축적인 의미를 얻을 수 있다. 한국의 인터넷 사이트에 배너로 붙는 광고들이 필요 이상으로 에로틱한 화면을 만들어 시선을 끄는 것도 터치스크린의 작동으로 시각과 촉각을 합쳐지도록 유도하면서 그 광고 사이트로 진입하게 만드는 효과가 있다.

스마트폰의 전면적인 공급과 인터페이스의 진화로 인해 디지털 미디어 사용에 있어서 촉각은 감각의 핵심적 위치로 급부상하였다. 촉각은 기본적으로 접촉을 전제로 하지만 스마트폰이나 터치스크린 채용 컴퓨터에서는 멀리 있는 것을 손가락 접촉으로 단번에 우리 눈앞에 불러올 수 있다. 여기에서 근거리에서의 접촉과 장거리에서 눈앞으로의 순간적 등장이라는 상호 배치되는 작용이 한 번에 이루어진다는 점은 매우 함축적이다. 텔레비전(tele-vision)의 어원이 그러하듯이 멀리서 녹화된 동영상이 바로 채널을 돌리거나 터치스크린을 만짐으로써 공간과 거리를 뛰어넘어 우리 앞으로 즉각 등장한다. 터치스크린은 우리의 피부와 같다. 피부를 접촉함으로써 상태를 알 수 있듯이 디지털 기기 속의 인물이나 사물은 촉각을 통해 눈앞으로 호명되어 오는 것이다.

촉각으로 무엇인가를 느끼기 위해서는 접촉하는 '행위'가 있어야 하고 접촉하는 '면(面)'이 있어야 한다. 촉각은 몸이 그것 하나만 존재한다고 해서 감각을 완성하는 것이 아니고 '하나 이상'이 있을 때 비로소 완성된다. 옷감의 감촉을 느끼려면 손가락이나 손바닥으로 옷감의 표면을 만지거나 쓰다듬어야 한다. 나의 얼굴 표면에 돋아난 여드름의 크기를 가늠하려면 얼굴 표면과 이를 짚어 내는 손가락이 있어야 비로소 그 감각이 완성된다. 최근에 한국에서 세계 최초로 발명되었다는 휘어지는 촉각 센서는 조만간 로봇의 피부 등으로 활용될 수 있을 것이다. 이러한 촉각 센서를 비롯한 컴퓨터 모니터나 스마트폰의 터치스크린은 인간의 손이 직접 닿거나 일정한 거리 안에서 모션을 취하면 그에 따라 화면이 구동되는 방식으로 작동한다. 이때도 디지털 디바이스와 인간의 손이나 몸의 어느 한 부분이 상호작용하면서 감각이 행위로, 또는 화면 바뀜 같은 결과로 나타나게 된다. 이를 보면 개체가 온전히 그 하나로 감각을 수용하는 것이 아니라 반드시 하나 이상의 접촉면이 만나면서 유기체적 반응으로 결과를 산출한다는 점을 주목하면서 이를 '사회적(social)'이라고 규정할 수 있을 것이다.

촉각 센서는 촉각 정보를 감지하는 기술로 스마트폰의 터치 센서 등이 이에 해당된다. 이번에 한국전자통신연구원이 개발한 촉각 센서는 기존 터치 센서와 달리 단순히 힘을 인식하는 것을 넘어서 힘이 가해진 위치와 강도까지 알 수 있다고 하며 스마트폰에 적용하면 힘을 세게 주는 것만으로 쌍자음을 입력할 수 있고, 악기 연주 시 강약을 표현해 낼 수 있다고 한다. 특히 로봇의 인공 피부에 활용해 표면의 특성을 느끼면서 섬세한 힘 조절까지 가능한 로봇 손도 만들 수 있을 것으로 전망되고 있다.

촉각은 피부와 긴밀한 연관 관계를 맺는다. 길먼이 시사하는 바와 같이 촉각은 피부와 직접적인 연관이 있다. 몸에 대한 학문적 관심은 촉각과 관련해서 피부로 세분화된다. 감촉성과 피부에 대한 지각은 모양과 색깔, 감촉은 성과 인종, 계급의 구축에서부터 즐거움, 고통, 자본주의와 관련한 개념의 청사진에 이르기까지 현대의 개념과 과정을 구체적으로 형성하는 데 필수적이었다(스미스, 2010: 182). 이런 면에서 지금의 디지털 문화의 표면을 장식하는 이미지가 단순히 시각성을 대표한다고 단언하기에는 적절치 않고 오히려 이미지와 동영상을 통해 감촉성을 더욱 증폭시킨다. 또한 디지털 기기의 터치스크린과 인터페이스는 말 그대로 기기의 표면(Overflächlichkeit)이며 피부로서 인간의 피부와 끊임없이 접촉하는데 이 과정에서 인간을 '고정된 주체(static subject)'가 아니라 '진행 중에 있는(subject in process)' 주체로 등장하게 한다고 추정해 볼 수 있다.

디지털 문화 세대, 다중감각과 융합감각의 호모 센수스

시각이 중심이 되어 디지털 미디어를 매개로 경험하는 감각은 형태로는 다중감각이며 그 결과로 새롭게 형성되는 감각은 융합감각이라고 정의할 수 있다. 인터넷 쇼핑몰/TV 홈쇼핑에 동원되는 감각은 시각과 청각이 촉각과 미각을 유추하게 만들고 그로써 유발하는 다중감각이다. 그렇다면 융합감각이란 무엇인가? 개인이 동원하고 경험하는 다중감각이 일정한 스타일과 유행, 추세를 만들어 낸다고 하면 이는 융합감각이나 융합 감수성이라고 할 수 있고 그 과정에서 인간과 디지털 기기가 서로 감응하는 양상을 감각의 융합이라고 말할 수 있을 것이다.

최근 들어 인터넷 쇼핑몰이나 TV 홈쇼핑을 통한 구매는 엄청난 증가세를 보이고 있다. 특히 디지털 기기에 능한 젊은 세대일수록 인터넷을 통한 구매에 능동적인데 그 이유는 아마도 이들이 디지털 기기와 일상적으로 근접해 있기 때문이라고 할 수 있을 것이다. 스마트폰이나 터치스크린 사용의 컴퓨터 등 디지털 기기에서 촉각(햅틱)은 스크린을 불러오거나 변화시키는데 일단 촉각을 사용한 이후에 기기를 활용하는 데 쓰는 감각은 촉각이 아니라 시각과 청각이다. 인터넷 쇼핑몰이나 홈쇼핑에서도 촉각이나 후각은 중간에 매개되지 않기 때문에 상품 구매를 결정하는 시점에서 즉각적인 감각적 체험은 불가능하다. 다만 쇼호스트가 구현하여 묘사하는 간접적인 경험에 의하여 구매자 자신은 과거의 경험의 목록 속에서 호명해 낸 기억 중 가장 유사한 기억을 기준으로 판단하게 된다. 그러나 이것은 쇼호스트와 구매자 사이의 주관적인 경험의 차이와 묘사에서의 차이에 따라 '유사한' 것의 그 이상이 될 수가 없고 결국 이 경우 의류제품 등의 촉감이나 식품의 미감 등의 감각은 묘사되는 정도에 따라 대부분 과도한 긍정적 평가를 유도하게 된다. 물론 시각적 이미지도 바로 눈앞에서 보는 것과는 달리 클로즈업한 카메라와 조명 등에 의하여 실제의 모습보다 훨씬 호감을 가질 수 있는 수준으로 보정되어 전시되기도 하지만 그나마 시각은 직접적인 경험이 되므로 촉각, 미각과는 다른 차원의 감각이다.

카카오톡 등에서 아이콘으로 표출되는 감정이나, 페이스북에서 공감을 일으키는 내용에 대해 '좋아요' 누르기, 트위터의 리트윗하는 공통감각은 정동(affect)를 동반하는 감각이라고 할 수 있다. 페이스북의 '좋아요'는 '공감'을 뜻한다. 트위터의 리트윗은 '공감'의 소극적 표시이다. 페이스북을 창안한 마크 저커버그(Mark Zuckerberg)는 창안 이유로서 '우리가 오프라인의 도시 공간에서 잃어버린 마을공동체'를 온라인에서 구현함으로써 컴퓨터가 주도하는 지금의 '차가운 기계 세상'에서 따뜻한 감성과 공감을 불러일으키는 친척과 같은 연결망을 구축하고자 했던 점을 들고 있다.

호모 센수스의 출현의 구체적 징후를 디지털 테크노 문화의 전개로부터 찾는다는 사실은 그동안 전통적인 근대 학문 영역에서 소외되었던 '감각'이 디지털 문화 시대에 들어서서 인간 이해의 새로운 인식 개념으로 등장하고 있음을 주목하는 것에 다름 아니다. 추상적이고 당위적인 이론으로서가 아니라 우리 일상 속에 산재해 있는 혼종화된 감각과 디지털 문화의 삶을 학문적인 영역으로 끌어와 세밀하게 들여다봄으로써 인간과 테크놀로지, 인간과 디지털 미디어, 그리고 인간과 융합문화에 관해 이해하는 과정이다. 특히 이미 논증이 끝난 논의가 아니라 '지금 여기(hier und jetzt)' 문화현장에서 보이지 않게 작동되고 있는 현실을 포착하여 문화이론의 새 장(場)으로 체계화하고자 하는 시도로서 디지털 시대 인간 이해와 융합문화 이해의 키워드로서 '호모 센수스' 개념을 정립하는 것이 필요하다.

사회학적 현상을 징후적으로 해석하고, 담론적 구조화를 구축해 나가는 과정에서 내시경적 연구방법은 문화사회학의 학문적 유효성을 배가할 수 있는 실천적이고 해석적인 방법론이다. 디지털 테크놀로지의 발달과 더불어 한국 디지털 문화에 나타나는 포스트휴먼적 양상에 대해 내시경적 접근으로 진단함으로써 디지털 미디어스케이프에 대한 거시적 맥락을 재구성하고 새로운 문화적 종으로서의 감각하는 인간을 좀 더 정교하게 이론화할 수 있을 것이다.

문화 변동의 궤적을 추적하고 새로운 문화적 종으로서의 감각하는 인간을 재개념화하는 것은 한국사회의 저변에 놓여 있는 디지털 문화를 새롭게 이해하기 위한 시도로 디지털 문화를 과학 문명의 산물로만 이해하는 것이 아니라, 보다 인문학적 비전과 이론적 체계화가 필요한 영역임을 확인하는 계기가 될 수 있다. 그러므로 인간에 대한 기존의 사회학적 관심 영역을 '문화와 감각적 전회(cultural and sensual turn)'라는 관점을 통해 보다 통합적 시각으로 바라본다는 것은 디지털 미디어 문화를 향유하면서, 일상생활에서 일어나고 있지만 언표화되지 않고 담론화되지 않는 감각의 사회학적 해석을 위해 구체적인 디지털 테크놀로지의 결합방식의 과정을 추적해 본다는 것을 의미한다.

다시 말하자면, 감각의 사회학을 시도한 짐멜과 벤야민의 논의에 이어 '사회의 감각적 전회'를 전면적으로 수용하면서 '호모 센수스'의 개념적 정의를 내림으로써 디지털 시대 감각의 문화사회학의 지형을 그리고자 하는 시도의 첫걸음을 내딛는 것이라고 할 수 있다. 디지털 방식이 가지고 있는 컨버전스 특성을 인간의 감각과 연결시키고 감각이 전면에 나서는 지금의 감각 중심, 다중감각, 융합감각으로 제시될 수 있는 인간 존재 양식을 '감각하는 인간' 즉 '호모 센수스'로 명명하는 작업을 출발점으로 하여, 호모 센수스 출현의 징후를 살펴봄으로써 이 과정의 논거를 탐색하는 작업은 포스트휴먼적 인간 이해의 새로운 도전이다.

2 문화인간으로부터 포스트휴먼 행위자로의 전이

우리가 살고 있는 현대사회는 근대로부터 후기 근대를 거쳐 인터넷으로 다중지능을 동원하여 문제해결의 방법을 찾고 인공지능과 사회적 관계를 맺는 디지털 문화의 시대로 접어들었다. 베버가 문화과학의 범주 안에서 사회학의 근간을 확립할 당시의 사회와 지금의 사회를 비교하자면 사회의 총체적인 면모가 변화하였고 그 안의 인간의 모습 또한 거의 같은 인간종이라고 할 수 없을 정도로 급격한 변화가 이루어지고 있다. 따라서 문화적 전회가 급격히 이루어지고 있는 현시점에서 지금의 인간과 사회가 베버의 이해사회학에서 파악되던 사회적 배경 속 인간과 사회와 어떠한 공통점을 지니고, 또 어떤 면에서 차이를 보이는지 이해한다는 것은 사회학적 관점으로 보았을 때 지속적으로 학문의 중심이 되는 두 핵심어인 '인간'과 '사회'의 관계를 근본적인 차원에서 천착하는 것을 의미한다.

개념적 대조는 이성중심주의적 인간형을 이론적 토대로 삼고 있는 베버의 이해사회학 논제와 디지털 사회의 다양한 인간형을 제시하는 포스트휴머니즘 이론에서 극명하게 나타날 것이라는 가설이 베버와 라투르 사이의 이론적 전개에 주목하게 된 배경이다. '사회적 행위(soziales Handeln)'의 수행자로서 인간을 세계의 중심으로 하여 출발하는 베버의 문화인간과 '사회적'이라고 규정되는 관계망, 그리고 이 관계망을 설명하는 이론, 즉 라투르를 주축으로 형성되고 있는 행위자 네트워크 이론(actor-network theory)은 '행위자'라는 개념으로 묶이는 공통점을 보인다. 그러나 이 두 가지 '사회적'이라는 수식어는 근본적으로 다른 방식의 인간 이해와 맞닿아 있다. 즉 철저한 인간중심주의, 이성중심주의와 '비인간'까지도 포괄하는 행위자의 관계망이 문제의 핵심으로 상정되어 있는 행위자 네트워크 이론은 '인간 그 이후(beyond Humanism)'의 문제의식의 대조가 여기에서 출발한다.

사회학에서 인간은 기본적으로 사회적 존재, 즉 사회적 행위를 수행하는 행위자이다. 그러므로 인간을 이해할 때 '행위'를 중심 개념으로 설정하고 보면 합리성을 중시하는 인간중심주의에서 출발하는 베버의 이해사회학이 논의의 근거로 삼고 있는 이성 중심의 '합리적 인간' 개념과, 인간과 기계의 결합을 넘어서서 행위자로서 '비인간'까지도 포괄하는 포스트휴머니즘 논의에서 인간에 대한 정의를 비교해 보는 것은 매우 흥미로운 작업이다. 베버의 이해사회학은 인간의 이성 능력과 공감 및 감정이입 능력을 통해 인간 행위에 내재된 의미를 이해할 수 있다는 사실에 기반하고 있으므로 이를 연구하는 것은 '사회적인 것(das Soziale)'을 기반으로 하는 인간 행위의 사회적 결과를 해석하는 것이 된다.

베버의 이해사회학에서 핵심적인 개념으로 등장하는 '이해(Verstehen)', '사회적 행위(Soziales Handeln)', '의미(Sinn)' 등은 행위자인 인간이 근대적인 주체성과 의지를 확고하게 가진 문화인간이라는 의미의 인간중심주의를 표상하며 이는 근대 이후 후기 근대에까지 이르는 동안 통용되어 온 인간관과 크게 다르지 않다. 반면 정보기술과 과학기술의 발달로 미래의 인간뿐 아니라 현 단계의 인간과 비인간의 관계에 대해 전복적으로 규정하기 시작하는 이론적 논의가 부상하고 있는데 바로 포스트휴머니즘 논의의 흐름 속에서 특히 라투르로 대표되는 행위자 네트워크 이론이 그것이다. 베버의 근대적 인간중심주의에 입각한 '사회적 행위'의 수행자로서 인간은, 라투르의 사회적 관계망 속에서 인간 이후를 상정하면서 비인간까지도 포괄하는 포스트휴머니즘의 이론적 전망 속에서 '행위자로서 인간'에 대한 흥미로운 대조를 보여 주며 이 대조는 결국 기존의 인간과 포스트휴머니즘에서의 인간을 비교할 수 있는 거울이 된다.

'사회적인 것'을 기반으로 한 인간 행위의 주관적 의미

베버는 사회문화적 요소들이 사회적 현상에 어떻게 작용하는가를 해석학적으로 이해하는 방법론을 구사함으로써 인간의 사회적 행위를 설명한다. 베버는 특히 인간 행위의 주관적 의미부여 능력을 매우 중시하고 그러한 주관적 의미의 상호 주관적 공유 및 그 이해를 중요한 사회학적 과제로 삼았다. 이러한 주관적 의미 이해는 행위의 객관주의적 해석을 경계하고 인간의 의도와 실천을 강조하게 되며 이로써 인간의 주관적 행위능력은 문화형성 능력으로 발전한다. 베버의 이해사회학은 인간의 이성 능력과 공감 및 감정이입 능력을 통해 인간 행위에 내재된 의미를 이해할 수 있다는 사실에 기반하고 있으므로 이를 연구하는 것은 '사회적인 것(das Soziale)'을 기반으로 하는 인간 행위의 사회적 결과를 해석하는 것이 된다.

베버는 저서 *Wirtschaft und Gesellschaft* 1장에서 사회학이란 '사회적 행위(soziales Handeln)'를 명료하게 '이해'하고 그를 통해 사회적 행위의 과정과 결과를 근원적으로 밝히는 하나의 학문(Weber, 1976: 1)이라고 규정하고 있다. 이로써 베버의 사회학을 흔히 이해사회학이라고 명명하고 있다. 베버에게 있어서 이해는 사회학에만 국한된 것이 아니라 경제학과 역사과학 등도 포함하는 광범위한 개념인데 이는 베버가 다루던 여러 학문분야, 특히 문화과학 일반이 유의미한 인간 행위의 이해를 지향하기 때문이며 이런 의미에서 베버의 이해사회학은 역사적/이론적으로 이해를 추구하는 문화과학 연구 프로그램의 마지막 발전 단계에 속한다(김덕영, 2012: 466)고 할 수 있다.

베버의 이해사회학은 인간의 사회적 행위가 내포하고 있는 '주관적 의미'를 이해하고 그것을 역사의 인과 계열 속에 편입시킴으로써, 역사의 인과적 이해를 더욱 완전하게 하려는 학문적 목적을 가지고 있다. 따라서 베버의 이해사회학은 사회적 행위에 대해서 '다른 인간을 지향하여 의미를 부여하는 행위'로 간주함으로써 인간의 행위에 대한 의미부여 능력을 중시한다. 이는 방법론적 개인주의에서 더욱 극단적으로 표현된다. 즉 "의미 이해가 가능한 행위는 언제나 개별적인 사람들의 행동으로만 존재한다"(Weber, 1976: 6)는 언급은 인간 개인으로 환원되는 방법론을 집약적으로 보여 준다.

베버의 저서 *Wirtschaft und Gesellschaft* 서문에서 빙켈만이 지적했듯이 그의 방법론적 개인주의는 '스스로' 성찰하고 행위를 하는 집합적 인격체의 실체화와 외부세계의 객관적 실제성을 단호히 부정하고 있다. 이로써 베버의 방법론적 개인주의는 모든 사회적 집합체, 즉 "국가, 조합, 봉건제 등 사회학적 범주는 예외 없이 참여한 개별 인간들의 행위로 환원되는 것"(Weber, 1913: 439)을 가리킨다. 개별 인간에 대한 강조는 베버의 인간중심주의를 구성하는 인간의 단위가 집단 속의 인간이기보다는 개인으로서 확고한 의지를 지닌 인간임을 보여 주고 있다는 점에서 중요하다.

개인을 이해사회학의 최소 단위라고 전제하는 베버의 견해에 따르면 사회적인 현상으로서 인간 행동의 의미를 밝히기 위해서는, 개인과 그의 행위를 이해해야 하고 개인의 행위를 이끄는 주관적 의미 또는 동기(Motiv)를 이해해야 한다. 여기서 개인이 최소 단위가 되는 이유는 '의미가 있는 행동의 유일한 담당자가 개인'(Weber, 2002: 128)이기 때문이다. 베버에 의하면 사회학적 문제의식과 개념들은 필연적으로 그것이 생성된 시기의 문화가 던지는 '중대한 문제들'에 대한 지적인 대응이며, 따라서 한 문화의 축이 이동하면 그것이 던지는 문제들도 달라지고 이에 상응하여 사회과학적 개념과 시각 역시 변할 수밖에 없다(Weber, 1924: 214). 서구의 자본주의가 서구사회의 각 분야에서의 발전이 '합리화'된 결과로 나타난 것으로 봄으로써 합리성(Rationalität)에 대해 천착한 베버는 궁극적으로 '인간이 사회의 중심'이 되는 근대 사회학적 사고의 틀을 확립하였다.

인간 행위의 계획성을 '합리적'이라고 지칭하는 베버는, '자본주의적' 또는 자본주의의 정신(Geist)이 뜻하는 바가 인간의 경제행위의 계산성과 계획성에 착안한 것이므로(Weber, 1978: 4-5) 자본주의적 생성과 발전은 합리성의 계발, 즉 인간 행위와 사회제도의 합리화 과정과 궤를 같이한다(배동인, 1995: 37)고 보는 것이다. 이러한 맥락에서 이와 대칭되는 개념으로서 '불합리성(Irrationalität)'을 설명할 때는 '예측 불가능성(Unberechenbarkeit)'과 동의어로 해석하고, 그런 경우는 인간의 의지의 자유(Willensfreiheit)에 기인하는 것으로 파악함으로써 그것은 마치 자연현상의 우연성과 비슷하다고 간주한다(Weber, 1968: 77; 배동인, 1995: 37). 배동인이 지적하는 바와 같이 베버는 저서 Wirtschaft und Gesellschaft에서 다룬 '사회적 행위'에 대한 개념 정의 과정에서 자신의 합리성 개념에 대한 설명을 가장 명시적으로 보여 준다. 사회적 행위의 네 가지 이념형적 유형을 각각 정의하는 부분에서 특히 '목적 합리적(zweckrational) 행위'는 베버의 인간관, 그리고 인간의 사회와의 관계에 있어 중요한 개념적 함의를 제공한다. 이에 대해 베버는 다음과 같이 여러 가지 제한 조건을 전제로 하면서 설명하고 있으며 이는 이성 중심적 인간관을 매우 잘 보여 주고 있다.

사람이 목적 합리적으로 행동한다 함은 그의 행위가 목적, 수단들, 그리고

> 부수 결과들을 지향하고 거기에 수단들을 목적들에 대해서뿐만 아니라 목적들을 그 부수 결과들에 대해서, 마지막으로는 여러 가지 가능한 목적들을 서로 견주어 합리적으로 저울질하는 경우를 말한다. 즉 어느 경우에나 정감적(affektuell) 행위도 아니고 [그리고 특히 감정적(emotional) 행위도 아니다], 전통적 행위도 아니다. 서로 경합관계에 있고 상충되는 목적들과 결과들 사이의 결정은 그 경우에 가치 합리적으로 지향되어 있을 수 있는데, 그렇다면 그 행위는 오로지 그 수단들에 있어서만 목적 합리적이다. 또는 행위자는 서로 경합관계에 있고 상충되는 목적들을 '명령들'과 '요구들'에 대한 가치 합리적 지향성 없이 단순히 주어진 주관적 욕구 유발들로서 그에 의해서 의식적으로 저울질된 긴박성의 순위표에 표시할 수 있고 거기에 따라서 그 목적들이 이 우선순위에 있어서 가능성에 따라 충족되도록 그의 행위를 지향할 수 있다(Weber, 1976: 12).

이 인용문에서 보듯이 목적합리적 행위라는 것이 행위의 지향점을 분명하게 설정하고 있음을 알 수 있고 이는 우연히 행하게 되는 것이 아니고 동기와 뚜렷한 주관적 지향이 전제된 상황에서 행하는 행위임이 천명되고 있다. 여기에서 유추해 볼 수 있는 점은 베버에게 있어 '인간'은 정감적이거나 감정에 좌우되는 인간이기보다는 사회적 관계망 안에서 목적과 수단이 합리적으로 조절되는 인간이다. 따라서 베버의 인간관은 가치 지향이 내재해 있는 가치 합리적 행위가 전제된 인간관이다.

물론 베버도 사회적 관계망을 인간 존재와 행위의 주요 조건으로 상정한다는 사실로부터 이 글에서 대비되는 이론으로 읽고자 하는 라투르의 행위자 네트워크 이론이 기본적인 전제로 하고 있는 사회적 관계망 속의 인간에 대해 숙고한다는 공통점을 발견할 수 있다. 그러나 베버가 전제로 하고 있는 사회적 관계망과 라투르의 사회적 관계망의 적용범위의 외연에 있어서 차이가 있다는 점을 지적하지 않을 수 없다. 그것은 바로 사회적 관계망을 누가 형성하고 그 안에서 인간의 위상이 어떻게 설정되어 있는가 하는 점과 연관되어 있다.

'사회적 행위'에 내포된 합리적 인간 주체

이해사회학 개념 정의에는 두 가지 중요한 개념, 즉 '이해(Verstehen)'와 '사회적 행위(soziales Handeln)'가 등장하며 이 두 개념은 따라서 베버의 이해사회학 전반을 이해하는 데 중요한 핵심어가 된다. 여기서 '행위'란, 그것이 외적이거나 내적인 행함(Tun), 행하지 않음(Unterlassen), 또는 견뎌 냄(Dulden) 등 어떤 것이든 간에 인간적인 행동(Verhalten)을 지칭하는데, 행위하는 자가 그와 주체적인 의미(Sinn)와 연결되어 있는 한 그렇다. '사회적인' 행위는, 행위자에 의해 주장된 의미에 의하여 다른 사람의 행동과 관련되며 그 경과에 있어서 타인의 행동에 지향되는 그러한 행위를 뜻한다(Weber, 1976: 1). 이와 같은 맥락에서 이해하자면 '사회적인 행위'는 주체적인 의미를 가진 개인이 행하는 행위이되 독단적인 자기중심의 행위이기보다는 타인의 행동과 연동되는 관계망 속에서 이루어지는 행위이다.

그렇다면 여기서 사회적 행위의 추동력인 주체적 의미를 보다 면밀하게 정의해 볼 필요가 있다. 베버의 이해사회학에서 중요한 개념인 의미란 여기서 우선, 사실상 어느 역사적으로 주어진 경우에 한 행위자에 의해 주관적으로 생각된 의미이거나, 그렇지 않은 경우에는 행위자들에 의해 평균적으로 그리고 서로 엇비슷하게 주관적으로 생각된 의미이다. 또는 개념적으로 구성된 순수한 유형 속에서 유형으로 사유된 행위자들에 의해 주관적으로 주장된 의미이다. 따라서 객관적으로 '옳거나(richtig)', 형이상학적으로 탐구된 '참된(wahr)' 의미가 아니다. 바로 여기에 행위를 다루는 여러 경험과학, 즉 사회학과 역사학이 모든 도그

마를 가진 학문, 즉 논리학, 윤리학, 미학과 구분되는 이유가 있는데, 이들 도그마적 학문은 각각의 연구대상에서 '올바르고', '타당한' 의미를 탐구하고자 하기 때문이다(Weber, 1976: 2). 이러한 개념 정의를 통하여 베버는 사회학이 가치중립적인 학문임을 시사하고 있다.

이해사회학이 인간의 사회적 행위, 특히 의미 있는 행위를 이해하는 학문영역이라고 할 때 의미 있는 행위와 의미 그 자체의 개념 정의는 매우 중요하다. 베버(Weber, 1976: 2)는 의미 있는 행위와 단지 반사적이기만 한 처신(Sichverhalten), 즉 주관적으로 생각된 의미와 결부되어 있지 않은 행동거지 사이의 경계는 아주 유동적이라는 점을 지적하고 있는데 이는 사회학적으로 관계되는 모든 처신의 아주 상당한 부분은, 특히 순전히 전통적인 행위는 그 둘 사이의 경계선 상에 놓여 있음을 시사한다. 예를 들어 많은 정신 물리학적 현상의 경우에는 의미 있는, 즉 이해 가능한 행위가 존재하지 않으며, 또 다른 경우에는 오직 전문가에게만 이해 가능한 의미 있는 행위가 있다는 것이다.

베버가 보기에 신비롭고 따라서 언어로 적절히 전달할 수 없는 현상은 그러한 체험에 이를 수 없는 사람들에게는 이해가 불가능하며, 이와 반대로 스스로 똑같은 종류의 행위를 만들어 낼 수 있는 능력이 이해 가능성의 전제인 것은 아니라는 점도 분명히 하고 있다. 즉 '시저를 이해하기 위해서 우리가 시저일 필요는 없는' 것과 같이 완전히 추체험(Nachlebbarkeit)할 수 있는 가능성은 이해의 명증성에 중요하지만, 의미 해석의 절대적인 조건은 아니며 어느 현상에서는 이해 가능한 요소와 불가능한 요소가 흔히 혼합되고 결합되어 있다는 점이 이를 말해 준다는 것이다.

베버는 모든 해석이 '명증성(Evidenz)'을 추구한다는 점을 강조하면서, 이해의 명증성은 한편으로는 합리적인 성격의 것일 수 있거나 그렇지 않은 경우에는 감정 이입적인 추체험적 성격의 것일 수 있다고 할 때 행위의 영역에서 합리적으로 명증한 것이란 무엇보다도 그 생각된 의미 연관이 남김없이, 그리고 투명하게 지적으로 이해된 것(intellektuell Verstandene)이라는 점을 분명히 하고 있다. 행위에 있어서 감정 이입적으로 명증한 것은 그 체험된 감정 연관(Gefühlszusammenhang)이 완전히 추체험된 것이며 최대한 합리적으로 이해될 수 있는 것, 즉 여기서는 직접 그리고 명백하게 지적으로 의미가 파악될 수 있는 것은 무엇보다도 서로 수학적 또는 논리적인 진술의 관계에 있는 의미 연관들이다(Weber, 1976: 3). 이러한 의미 연관의 관점에서 볼 때 베버가 말하는 사회적 행위는 타인의 과거의, 현재의 그리고 미래에 예측되는 행동에 의해 방향 지어질 수 있고 그런 의미에서 관계적이다. 더 나아가 서로 수학적 또는 논리적인 진술의 관계에 있는 의미 연관들은 '명증성'이 극대화되어야 비로소 이해 가능하기 때문에 고도의 합리성을 기본 전제로 하고 있으며 이러한 합리성에서 베버의 인간관의 핵심이 되는 근거를 발견할 수 있다.

사회적 행위의 주관적 의미를 이해하는 인간학

베버는 인식주체와 인식대상의 동일성에 근거하는 실재인식을 '이해(Verstehen)'라고 부른다. 이해적 인식이 다른 영역에 가설로 사용될 수 있다 하더라도, 실재 가운데서는 인간의 행동방식만이 이해될 수 있다. 즉 이해적 인식이 어떤 주어진 실재의 보편타당한 파악이라는 의미의 인식이라는 것은 단지 인간에게만 있어서(이병혁, 2012: 116)라고 할 수 있는데 이러한 관점에서 볼 때 이해사회학은 철저하게 인간 중심적인 인간학이다. 이렇게 해석할 수 있는 근거는 베버의 이해사회학에 있어서 가장 기본적인 생각이 인간의 사회적 행위의 '주관적 의미'를 이해하고 그것을 역사의 인과관계 속에서 이해하는 것을 중요하게 여긴다는 점이다. 바로 이러한 베버의 인간 중심적인 사회학적 관점이 베버의 학문적 입장을 잘 보여 주는 것으로서 이는 포스트휴머니즘 이론과 가장 극명하게 대비되는 입장이라고 할 수 있다.

베버가 사회학의 주요 방법론으로서 '사회적 행위를 해명하면서 이해하고 그것에 의해서 그 경과와 결과를 인과적으로 설명'(Weber, 1976: 1)하는 것을 제시하고 있기 때문에 '이해'는 '주관적 의미'와 함께 베버의 인간중심주의를 드러내는 중심적인 개념이다. 줄리앙 프로인트(Julien Freund)에 의하면(Freund, 1981: 76), 베버의 이해 개념은 해명 이론과 인과성 이론에도 결부되어 있다. 즉 그에 의하면 자연주의적 방법은 전적으로 외적인 여러 관계만을 다루는 것이므로 이 방법에 의해서는 사람의 행위를 충분히 이해할 수 없고, 또 한편 이해에 의한 해명이 유효하기 위해서는 순수한 주관의 다의성을 극복하여 일반적인 과학적 연구방법을 따르지 않으면 안 된다. 이해적 방법이 변천하고 있는 대상을 인식하는 기본 조건이라고 보고 있는데 베버는 이 방법의 순수 철학적인 문제를 검토하는 대신, 절차의 과학적 타당성에 주의를 기울인다.

베버 이해사회학의 근간을 이루고 있는 '이해'는 빌헬름 딜타이(Willhelm Dilthey)의 정신과학적 해석학으로부터 결정적인 영향을 받았다(김덕영, 2012: 467). 그리고 더 나아가 딜타이의 전통은 지속적으로 문화과학적 및 사회과학적 인식 방법의 토양이 되었다고 주장하는 경우도 있다. 그런데 베버의 이해 개념에 더 결정적인 영향을 끼친 사회학자는 게오르크 짐멜이다. 베버는 짐멜의 저서 『역사철학의 문제들: 인식론적 연구』 제2판에서 "단연코 가장 발전된 이해 이론의 단초들"을 발견한다(Weber, 1973: 92). 베버는 이에 대해서 다음과 같이 구체적으로 서술하고 있다. "짐멜의 업적은 무엇보다도 '이해'라는 개념이 — 이 개념을 '내적' 경험에 주어지지 않는 현실을 '파악하는 것'과 상반되는 것으로 설정하는 경우 — 포괄할 수 있는 가장 큰 범위 내에서 외적으로 표현된 것의 의미에 대한 객관적 '이해'와 언술하거나 행위하는 인간의 내적 동기에 대한 주관적 '해석'을 명백하게 구분한 것이다"(Weber, 1973: 93).

여기에서 '언술된 것'을 객관적으로 이해하는 것과, 언술하는 인간의, 또는 행위하는 인간의 내적 동기를 주관적으로 해석한다 함은 '언술하는 인간, 또는 행위하는 인간'을 이해함을 가리킨다. 베버에 따르면, 짐멜은 전자를 '이론적 인식'으로, 다시 말해서 "객관적인 내용을 논리적 형식으로 제시하는 것"으로 규정한다. 그리고 "이 형식은 — 왜냐하면 인식이기 때문에 — 단순히 (언술된 것과) 전적으로 동일한 의미로 인식되면서 복제될 수 있다."(Weber, 1973: 93) 이에 반해 짐멜은 후자를 개인적 의도, 선입견, 분노, 불안 또는 냉소 등과 같은 내적이고 주관적인 동기를 인식하는 것으로 규정한다.

짐멜의 이해 이론에 대해 베버는 '가장 발전한 이해 이론'으로 수용하면서도 한편으로는 다음과 같이 비판적 견해를 나타내고 있다. 첫째, 짐멜의 객관적 이해의 근거는 심리학적 공식화라는 점을 지적하고 있다. 즉 "언술된 말을 통해서 화자의 영혼에서 진행되는 과정이 …… 청자의 영혼에서도 일어나며, 이 과정에서 화자는 '배제되고' 오로지 언술된 것의 내용만이 화자의 사고 속에서와 똑같이 청자의 사고 속에 지속적으로 존재한다"(김덕영, 2012: 474-475)는 것이다. 그러나 이러한 심리학적 공식화로는 객관적 이해의 방식이 갖는 '논리적 특성'이 명백히 드러날 수 없다는 것이 베버의 견해다. 왜냐하면 언술된 것의 이해에서도 언술하는 인간의 이해에서와 마찬가지로 행위하는 인간의 주관적이고 내적인 과정이 문제시되기 때문이다(Weber, 1973: 94). 둘째로 베버에 따르면 외적인 의미의 객관적 이해와 내적인 동기의 주관적 해석은 짐멜이 주장하는 것처럼 서로 엄격하게 구분되는 인식 범주가 아니라, 인간의 유의미한 행위를 둘러싸고 서로 밀접하게 연관된 두 단계의 인식과정이다. 즉 전자는 실제적 이해이고, 후자는 해석 또는 해석적 이해다.

이로써 베버는 "이해는 어느 정도까지 진리를 원하는 많은 사람에게 타당한 진리를 사회학에 있어 확립할 수 있도록 하는 절차가 될 수 있는가?"와 같은 문제를 제기하고 있다(Freund, 1981: 76). 즉 이는 다시 말하자면 순수 자연주의적 설명과는 대조적으로 이해의 본래 목적은 항상 하나의 행위 또는 관계의 의미를 파악하는 데 있다는 점을 지적하고 있다. 따라서 사람의 행위는 의미를 지향하는 것이며 그 의미를 이해하여야 비로소 행위를 파악할 수 있다고 하는 것이 거듭 강조되고 있다. 사회학은 경험과학이므로 현실의 행위 과정에 있어서 주관적으로 생각되는 의미의 이해에만 관심을 갖는데 이때 의미를 어떻게 파악할 수 있는가 하는 문제가 등장한다. 베버는 여기서 현실적 이해 내지 직접적 이해라고 부르는 것과 설명적 이해를 구별하였다(Freund, 1981: 77). 먼저 현실적 이해는 행위의 의미를 직접적으로 이해하는 반면, 설명적 이해는 의미를 파악하기 위해 행위의 동기에 의존하므로 간접적이라고 할 수 있다는 것이다.

의미에 대한 베버의 논의는 의미 연관으로 연결된다. "그러니까 '설명'이란 행위의 의미를 다루는 과학에서는 그 주관적으로 부여된 의미에 따라 실제적으로 이해할 수 있는 행위가 속해 있는 의미 연관(Sinnzusammenhang)의 파악에 다름 아니다"(Weber, 1976: 4)라는 서술이 이를 뒷받침하고 있다. 인간의 행위가 이해 가능한 것은 바로 거기에 내재하는 주관적 의미 때문이며 이러한 행위는 바로 이 주관적인 의미에 의해서 특화된다. 베버에 따르면 이 인간 행위의 주관적 의미성과 그에 기초하는 이해 가능성이야말로 정신의 세계에 자연의 세계와 마찬가지로 합리적이고 객관적으로 접근할 수 있는 근거가 되며, 나아가 인간 행위를 이해하고자 하는 문화과학과 사회학에 자연과학에서 볼 수 있는 법칙 과학적이고 인과론적인 인식의 가능성을 담보해주는 기제가 된다

(Weber, 1973: 67).

이로부터 베버의 시각이 지성사적으로 매우 크고 중요한 함의를 발견할 수 있다고 밝히면서 김덕영(2012: 483)은, 베버 당시에는 외적이고 무의미한 자연세계의 현상이나 과정과 달리 내적이고 유의미한 정신세계의 현상이나 과정은 합리적이고 객관적으로 인식할 수 없다는 견해가 지배적이었기 때문에 자연세계와 정신세계 사이에는 존재론적으로 근본적인 차이가 존재한다는 것이 자연스러웠으며 따라서 두 세계는 본질적으로 상이한 접근 방법을 요구할 수밖에 없었다고 본다. 따라서 정신과학에서는 합리적/과학적 인식이 불가피하게 예술적인 직관이나 심리적인 추체험과 같은 방식에 자리를 내주어야 한다는 것이다. 베버의 이러한 자연과 정신의 이분법적 인식은, 인간이 유일하게 합리적인 존재로서 행위자의 지위를 부여받는다는 점을 강조하고 있다. 이 점이 라투르의 행위자 네트워크 이론에서 인간을 보는 방식과 극명하게 대조되는 점이다.

인식주체의 측면에서 보면, 이해란 문화과학자와 사회학자의 유의미한 행위를 뜻한다고 할 수 있는데, 이해라는 인식은 그 대상인 경제적 행위, 예술적 행위, 종교적 행위 등과 마찬가지로 주관적인 의미에 입각한 행위, 즉 과학적 행위이기 때문이다. 김덕영은 베버가 이처럼 이해를 유의미한 과학적 행위로 보는 근거를 인식론, 방법론 및 문화 이론에서 찾을 수 있다고 본다. 첫째, 베버는 칸트의 인식론에 준거하고 있는데 이 인식론에 따르면 인식이란 주체가 적극적으로 사물을 구조화하고 질서화하는 행위에 다름 아니다. 둘째, 베버는 이러한 인식론적 기본 입장에서 출발해 — 물론 거기에 행위 이론과 가치 이론을 더해 — 자신의 독특한 문화과학의 논리와 방법론에 도달하게 되는데, 그 중심에는 인식이 주관적 가치 이념에 의해서 주도되는 정신적·지적 행위라는 사고가 자리하고 있다. 그리고 그 가치 연관적인 문화과학적 인식의 근저에는 다시금 근대적 문화인간이 자리하고 있는데, 이 인간 유형은 합리화되고 탈주술화된 근대적 삶의 질서 속에서 초월적인 타당성을 지닌 것이나 인간이라는 종에 공통된 것이라고 상정되는 내적이고 심리적인 것 또는 자연적인 정신물리학적 법칙에 의존하지 않고, 오로지 자아의 중심인 주체적/개인적 인격에 준거해 행위하는 인간 유형을 지칭한다. 베버의 문화과학적 인식의 근저에 자리잡고 있는 문화인간은 결국 주체성이 강조되는 근대적 인간관이라고 할 수 있다.

문화과학과 문화인간

"인간 삶의 제반 현상을 그것들이 지니는 문화 의의라는 관점 아래에서 고찰하는 과학 분야들을 가리켜서 '문화과학(Kulturwissenschaft)'이라 부르기로 한다면, 우리가 의미하는 사회과학은 바로 이 범주에 속한다"(Weber, 1973: 165; 김덕영, 2012: 375-376)는 베버의 설명은 문화과학이 엄밀한 과학적 방법으로 문화문제를 제시하고 분석하며 그에 대한 이론적/실천적 해결을 모색하는 인간의 정신적/지적 행위임을 천명한다. 즉 베버는 문화과학이 문화 문제와 인식 행위의 상호작용과 변증법적 관계로 구성된다고 보면서 다음과 같이 그 과정을 해석하고 있다. "'사물들' 사이에 존재하는 '객관적인' 연관 관계가 아니라, 문제들 사이에 사유적인 연관 관계를 설정하는 것이 모든 과학적 연구 영역의 기초를 이룬다. 그래서 새로운 방법으로 새로운 문제를 추적하여 새로운 의미 있는 관점들을 제공해 주는 새로운 진리들이 발견될 경우, 바로 이 경우에 새로운 '과학'이 탄생한다."(Weber, 1973: 166) 따라서 문화과학은 가변적이고 유동적인데 이에 대한 베버의 다음과 같은 언급이 이를 잘 보여 주고 있다.

측량할 수 없는 사건의 흐름은 끊임없이 영원을 향해 나아간다. 인간을 움직이는 문화 문제는 늘 새롭고 다르게 채색되고 형성되며, 이에 따라 언제나 무한히 흐르는 개별적인 것에서 우리에게 의미와 중요성을 띠는 것의 범위, 즉 '역사적 개체'가 되는 것의 범위는 유동적이 된다. 이 역사적 개체를 고찰하고 과학적으로 파악하는 사고 체계는 변화한다. 그러므로 정신적 삶의 궁극적 정체로 인해 인류가 무궁무진한 삶에 대해 새로운 질문을 던지는 능력을 상실하지 않는 한, 문화과학의 출발점은 무한한 미래까지 변화할 수 있다 (Weber, 1973: 184).

문화과학의 이러한 사고 체계는 다음과 같은 과정을 거치면서 발전한다. 즉 "과거의 과학적 인식이 직접적으로 주어진 현실을 사유적으로 가공함으로써 또는 보다 정확히 표현하자면 사유적으로 변형함으로써 그리고 자신의 인식 수준과 관심 방향에 상응하는 개념들에 편입함으로써 발전시킨 사고 체계는, 우리가 현실에서 얻을 수 있고 또 얻고자 하는 새로운 인식과 항상 대립 관계에 처하게 된다. 바로 이 투쟁을 통해 문화과학적 연구가 발전한다."(Weber, 1973: 207-208) 새로운 인식의 도전을 받는 과거의 인식은 결국 갈등관계를 거쳐 새로운 문화과학적 연구를 진행하면서 인간 의식의 진전된 과정을 보여 주게 되는 것이다.

베버의 문화과학에 대한 정의를 살펴보면 문화 의의(Kulturbedeutung)가 주요 개념으로 등장하는데 김덕영은 이에 대해 문화 의의가 다시 가치 의의와 인식 의의 그리고 인과 의의의 삼중적 차원으로 구성되어 있다는 점을 지적하면서 베버의 논의를 바탕으로 다음과 같이 설명하고 있다(김덕영, 2012: 378). 즉 이 세 가지 의의 가운데 가치 의의란, 문화과학적 인식이 근본적으로 '의미 있는', '의의에 지향된', '가치와 관련된' 인간의 행위를 대상으로 한다는 것을 가리키는 개념인데 그 이유는 인간의 모든 문화 내용에는 의미(Sinn), 의의(Bedeutung), 가치(Wert)

가 있기 때문이다. 베버는 이 세 가지를 동일시하고 있는데 후기 저작에서는 '의미'가 인간의 행위를 정의하는 규준이 되고 '가치'는 그 행위의 한 구성요소가 된다. 그리고 '의의'는 주로 인식 의의나 인과 의의와 관련되어 사용된다.

베버가 문화 의의를 인식하는 과제를 문화과학에 부여하고, 문화과학을 자신의 방법론 연구의 대상으로 삼을 때 문화 의의의 개념은 과학론의 방법론 부분의 중심이 된다고 할 수 있다. 베버의 과학론은 자연과학과 문화과학의 논리적인 구분에서 출발한다. 그러나 이 논리적 구분은 자연 존재와는 달리, 인간 존재의 인간학적 규정에 근거하고 있다. 즉 인간은 본질적으로 이성적이다. 인간은 자신의 이성을 문화로 현실화하려는 필연적인 경향을 지니고 있다고 규정한다(이병혁, 1995: 115).

따라서 베버의 문화과학은 이성적 존재자로서의 인간, 가능한 인격으로서의 인간과 이해과학의 담당자이며, 대상으로서의 인간 모두가 동일한 개념이며 따라서 문화과학은 '우리가 세계에 대해 의식적으로 입장을 취하고, 또한 그것에 의미를 부여하는 능력과 의지를 타고난 문화인이기 때문에' 가능하다는 것이다. 이는 베버의 다음과 같은 언술, 즉 "모든 문화과학의 선험적 전제 조건은, 우리가 어떤 특정한 문화 또는 '문화' 자체를 가치 있다고 판단하는 것이 아니라, 우리가 세계에 대하여 의식적으로 자신의 입장을 정립하고 이 세계에 의미를 부여할 수 있는 능력과 의지를 지닌 문화인간이라는 사실이다"(Weber, 1973: 180)에서 더욱 분명하게 드러난다.

근대적 문화인간은 이 세상에 대해서 입지를 정하고, 이 세상에서 행위하며, 또한 이 입지와 행위에 주관적 의미와 가치를 부여할 의지와 능력을 소유한 존재다(김덕영, 2012: 484). 이러한 견해에 근거하여 살펴보자면 베버의 인간 이해는 칸트의 이성 중심적 세계관에 입각하여 이해되는, 지극히 주체적인 자아 중심의 인간이며 이로써 베버의 근대적 인간중심주의와 이성 중심적 사고가 그 근거로 제시되고 있다고 하겠다. 베버에 의하면(Weber, 2002: 16), 해명에 의해 획득되는 인간 행동의 '이해' 속에는 매우 다양한 크기와 성질을 가진 특수한 명증성이 포함되어 있는데 해명이 경험적으로 타당하다는 증거는 명증성만 가지고 판단되지 않는다. 오히려 아무리 명증적인 해명이라도 그것이 타당하고 '이해할 수 있는 설명'이 되기 위해서는, 여러 관계의 '이해'는 언제나 가능한 한 검증되어야 한다는 것이다. 가장 높은 명증성을 갖고 있는 것은 목적 합리적(zweckrational) 해명이다. 이상의 논의를 종합해서 살펴보면, 베버의 문화과학적 이해의 틀에서 문화인간은 결국 '주체로서 확고한 입장에 서서 문화 관점을 가지고 세계를 바라보는 인간'이다.

포스트휴먼으로의 이행 과정의 감각 인간, 행위자

근대적 인간의 주체성에 대한 강조가 점차 사라지는 후기 근대로 넘어가면서 문화적 전환(cultural turn)이 이루어짐에 따라 문화과학의 전성기로 들어서고 있다고 간주할 수 있다. 그러나 지금의 디지털 문화는 베버의 문화인간에서 강조된, 확고한 의지를 가진 의식 있는 인간이 더욱 두드러지는 상황이라기보다는 오히려 그 반대로 점차 즉각적으로 반응하는 인간과 불확실성의 확산과 함께 점차 확고한 방향보다는 유동적 주체의 우연한 진행방향 또한 설득력을 획득하는 시대로 접어들고 있다. 따라서 이성적 존재자로서 본질적으로 이성적이며 자신의 이성을 문화로 현실화하려는 필연적인 경향을 지니고 있다고 규정되는 베버의 문화인간은 점차 포스트휴머니즘의 인간관과 심지어 비인간과의 관계를 고려하는 행위자 네트워크 이론에서 인간의 본질에 대한 근본적인 질문을 던지게 하는 촉매 역할을 한다.

베버의 이해사회학은 인간의 이성능력과 공감 및 감정이입 능력을 통해 인간 행위에 내재된 의미를 이해할 수 있다는 사실에 기반하고 있다. 따라서 베버는 기본적으로 합리적 행위능력을 가진 개인만을 상정한다고 비판되었다. 그렇지만 베버는 인간이 합리적 행위뿐만 아니라 수많은 비합리적, 주술적, 전통적, 감정적 행위를 한다는 사실을 인정하고 그러한 행위들을 이해하는 방법으로서 합리적 행위능력을 언급하고 있기도 하다. 비록 이러한 유보적 논의를 하고 있기는 하지만 베버가 '의식'을 인간 행위의 중심에 놓고 있다는 점은 부정할 수 없다. 사회이론학자인 카렌 세룰로(Karen Cerulo)에 의하면(서이종, 2011: 148), 베버는 사회적 상호작용에 관여되는 사람들에게 의식이 핵심적이라고 보는데 이러한 특성이 결여된 사람들은 단순히 반응적이고 그래서 비사회적인 어떤 것에 관여될 뿐이라고 주장한다고 본다.

이를 근거로 베버는 사회적 상호작용에 관여되는 것으로부터 특히 동물, 객체, 그리고 다른 비인간체를 배제하며, 이에 따라 많은 인간들도 배제되는데, 예를 들면 반응적 인간, 습관화된 인간, 피로한, 잠자는 혹은 혼수상태의 인간들 그리고 도취감에 취한 인간들이 배제된다고(Cerulo, 2009: 532; 서이종, 2011: 148에서 재인용) 주장하고 있다. 여기에서 말하는 반응적 인간, 습관화된 인간, 혼수상태의 인간들, 그리고 도취감에 취한 인간들은 베버의 문화인간 범주 밖에 있는 인간들로 규정될 수 있다. 그런데 지금의 디지털 문화 환경 속에서는 주관적 의식만 지닌 인간보다는 베버적 범주로부터 배제된 인간들이 포스트휴먼적 양태로 존재하면서 더욱 많은 비율을 차지하고 있다.

베버가 사회학을 문화과학으로 규정하면서 상정했던 인간중심주의는 근대의 휴머니즘으로 대체될 만큼 중세 이후 오랫동안 인류 역사를 관통한 이념이다. 휴머니즘 이념은 신화적/보편적/인간적 '본성'을 위대한 문화적 성과로 만들어 내왔다. 이는 주관성과 주체성에 대한 확고한 믿음과도 상통하며 따라서 벨지(Catherine Belsey, 1980) 같은 비평

이론가에 의하여 다음과 같은 근거로 '자유로운 휴머니즘'으로 명명되기도 한다.

> 건강한 인간 이성은 경험론적이며 이상주의적이며 세계를 해석하려는 휴머니즘을 대변한다. 달리 표현하자면, 휴머니즘은 건강한 이성을 주장하고, 인간은 행동과 역사의 발생지이자, 근원이다. 우리의 지식은 경험의 산물이며, 이 경험은 정신, 오성 또는 사고를 통해 해석된다. 이것이 인간 본성이라는 특성의 결과물이고, 그 존재의 본질은 개별 개체이다(Belsey, 1980: 7).

휴머니즘이 건강한 이성을 주장하므로 그러한 이성을 가진 인간주의적 인간이 행동과 역사의 근원이라고 보는 벨지의 관점은 베버의 인간중심주의와 매우 근접해 있다. 베버가, 인간이 사회적 행위를 이성을 가진 개인의 의미 있는 행동이라고 이해하고 있는 것과 비교해 보자면 벨지가 위의 인용문에서 우리의 지식이 경험의 산물이며 이 경험이 정신, 오성 또는 사고를 통해 해석된다고 할 때 휴머니즘이 성취하는 문화과학의 본모습은 바로 이러한 지식이 될 것이다. 그런데 포스트휴머니즘은 시공간적 연결성을 강조하면서 의미 내재성을 부정하는 대신, 각 의미 구성의 정치적 갈등구조를 강조하며 또한 전달의 명료성을 비판하는 대신 이 전달매체들의 고유한 역동성을 주장함으로써 인간 본성, 그리고 개인의 변화 가능성을 가치의 상대성과 더불어 강조하는 비판점을 드러낸다.

오늘날같이 디지털 매체의 발달과 더불어 인간의 존재 양태가 매우 다양한 양상을 보이면서 진화하고 있는 시점에서 베버의 '의식' 중심의 인간관은 분명하게 충돌하는 지점을 보여 준다. 특히 세룰로가 표현한 '반응적 인간'이란 디지털 문화에서 감각에 의해 작동하는 디지털 기기로 촉발되는 '감각 인간'으로 치환될 수 있으며 이는 습관화된 인간과도 연결된다. 이성 중심적 근대의 코기토적 주체에 비해 주변적인 위치를 차지하고 있던 감각이 디지털 시대를 맞아 전면적인 부상을 하는 현상에 주목하고 있다.

그렇다면 지금의 새롭게 등장하는 인간형의 매우 높은 비중을 갖는 '감각 인간'의 등장은 베버의 '의식' 중심 인간관에서 규정하는 정상적이고 합리적인 사고를 하는 인간의 범주를 염두에 두고 볼 때 매우 예외적이고 비사회적인 인간이라고 판단할 수 있다. 다시 말하자면, 지금의 디지털 문화 시대의 인간 유형은 베버의 이해사회학이 강조하는 인간중심주의를 넘어서는 포스트휴머니즘을 전제하지 않고서는 '이해'되지 못하는 인간 유형으로 진화하고 있는 것이다. 디지털 문화 시대의 새로운 인간종에게 있어서 과연 베버식 정의에 의한 사회적 행위가 어떠한 의미를 가질 것이며 또한 이들의 행위를 베버의 문화인간 개념으로 해석할 수 있을 것인가에 대해 논의하기 위해서는 포스트휴머니즘 이론의 적용이 필요하다.

인간중심주의로서 휴머니즘은 그동안 여러 가지 방식으로 도전받아 왔는데 가장 최근의 도전은 트랜스휴머니즘과 포스트휴머니즘에 의한 것이다. 비판적 포스트휴머니즘을 이론화하고 있는 헤어브레히터는, 니체의 허무주의가 자기 과시적이며 인간 중심적인 '세계사'를 가진 인간 종족의 교만함을 비웃고 있음에 반해, 바이오/나노/정보 기술에 뿌리를 둔 세계와 기술의 자기 극복과 자기생산이라는 비전은 인간 종족의 하이브리드를 추진한다고 본다(Herbrechter, 2009: 12). 따라서 니체가 비록 포스트휴먼적인 사상가로 간주된다 할지라도 광범위하게 보급된 기술철학적 포스트휴머니즘을 충족시키지는 않는다는 사실을 짐작할 수 있다는 것이다.

한편 포스트휴머니즘으로 가는 이행단계에서 고려될 만한 논의를 트랜스휴머니스트(transhumanist) 이론가들이 전개하는데 닉 보스트롬

(Nick Bostrom), 레이 커즈와일(Ray Kurzweil), 한스 모라벡 등은 인간종의 사이보그화 등의 진화와 포스트휴먼화를 합리적이고 자율적인 주체로서의 인간이 그 역량을 확장시켜 나가는 근대적 계몽의 일환으로 간주하고 있다. 즉 인간과 기계, 인간과 정보의 융합을 통해 육체적 한계를 극복하여 인간 이후의 인간으로서 '포스트휴먼'을 제시하는 것이다(이화인문과학원 편, 2013: 69 참조). 과학기술의 발전에 따른 새로운 인간종의 출현을 염두에 둘 때 전통적인 의미에서 인간의 의지와 행위 주체로서의 인간에 대한 개념을 상정하는 베버적 이념 범주는 이미 지금의 사회를 설명하고 이해하는 데 있어 상당히 거리가 있는 것으로 보일 수 있다. 그렇지만 베버의 문화과학 개념을 기술문화로 치환하여 생각해 본다고 한다면 적어도 아직 '인간'을 사회의 중심으로 둘 때는 서로 연결된 지점이 있다고 할 수 있다.

리오타르(Jean-François Lyotard)같이 포스트모던적인 인간의 조건 속에서 인간중심주의가 맞이하는 최후의 비참한 상황을 우화를 통해서 보여 주는 학자들에게 있어서도 인간 종족의 점증적인 기술화를 부정할 아무런 이유가 없다는 것을 보여 줄 뿐 아니라 오로지 순수하게 기술만으로 구성된 포스트휴머니즘도 휴머니즘적 패러다임을 벗어나기에 충분하지 않다는 것 또한 보여 준다고 역설하고 있다. 이를 바탕으로 헤어브레히터는 포스트휴먼적이며 기술적으로 업그레이드된 인류를 바라보는 견해들이 이데올로기적 휴머니즘의 근본 가치를 빈번히 무비판적으로 확장하는 동안 전통적인 정신과학과 문화과학은 인류라는 불완전한 개념을 옹호하거나 마치 신화와 같은 인간의 '본성'에 집중하여 인간 중심적이 되었다고 본다. 따라서 헤어브레히터는 기술의 도전뿐 아니라 인간중심주의를 비판적으로 다루는 것이 중요하다고 주장하면서 이러한 논거를 바탕으로 비판적 포스트휴머니즘(kritischer Posthumanismus)(Herbrechter, 2009)을 제안하고 있다.

기술 발전과 더불어 사회관계를 형성하는 다양한 행위자에 대한 관심이 증대하는 것은 포스트휴먼 학문의 새로운 관점을 요구하며 이는 이미 라투르 등 행위자 네트워크 이론가들에 의하여 제기되고 있다. 행위자 네트워크 이론에서 제기하는 행위 개념의 근본적인 발상 전환은 인간뿐 아니라 다양한 비인간(non-human)을 사회적인 관계와 맥락 속에 넣어 사유해야 한다는 점을 상기시킨다.

행위자 네트워크 이론과 인간/비인간

행위자 네트워크 이론은 용어 안에 이미 '행위' 개념이 들어 있어서 베버의 사회적 행위와 긴밀히 연결되는 것으로 보이지만 라투르를 비롯한 행위자 네트워크 이론가들에게 있어서 행위는 베버의 행위 개념을 정면으로 부정한다. 왜냐하면 여기서 행위자는 베버가 철저하게 주관적 이성을 지닌 개인으로 상정했던 행위자가 아니고 비인간에 주목하여 상정한 개념이기 때문이다. 지금의 디지털 문화 시대의 인간 유형은 베버의 이해사회학이 강조하는 인간중심주의를 넘어서는 포스트휴머니즘을 전제하지 않고서는 '이해'되지 못하는 인간 유형으로 진화하고 있기 때문에 더욱 그러하다.

행위자 네트워크 이론은 앞에서도 언급했듯이 1980년대 초반에 과학기술학을 연구하던 프랑스의 브루노 라투르, 미셸 칼롱, 영국의 존 로와 같은 학자들에 의해 정립되었으며 과학기술학의 큰 흐름이었던 사회구성주의 과학기술 사회학과 격렬한 논쟁을 일으키면서 이론의 정교함을 더해 갔다. 홍성욱(2010)에 의하면, 이 이론은 인간과 비인간 사이에 형성되는 네트워크에 주목한다. 이 이론에 의하면 비인간을 잘 동원해서 네트워크에 편입시키는 데에는 여러 가지 이점이 있으며 다양한 전략을 구사할 수 있다. 네트워크의 형성을 특징짓는 여러 단계 중에 비인간을 ‘길들이는’ 것이 가장 어려운 부분인데 이를 위해 필요한 것이 우리가 과학기술이라 부르는 것이다.

과학기술, 혹은 행위자 네트워크 이론의 용어로 테크노사이언스는 비인간을 우리에게 의미 있는 존재로 바꾸어 주는 인간의 활동인데, 테크노사이언스의 핵심은 인간-비인간으로 구성된 세상을 움직이기 쉽고 표준화된 지식 요소로 바꾸는 작업이다. 여기서 더 나아가 행위자 네트워크 이론은 기계 같은 비인간들이 인간처럼 행위능력(agency)을 가지고 있으며 이런 의미에서 연구자들이 인간과 비인간을 동등하게, 대칭적으로 다루어야 한다고 주장한다(라투르 외, 2010: 8). 이러한 네트워크를 구축하는 과정을 이들은 ‘번역(translation)’이라고 개념 규정하는데 라투르에 의하면(2009: 23), 이 용어를 사용하는 이유는 번역이나 연결망이 체제(system)라는 관념보다는 유연하며, 구조(structure)보다는 더 역사적이고, 복잡성보다는 더 경험적이기 때문이다. 이 이론에서 번역의 핵심은 한 행위자의 이해나 의도를 다른 행위자의 언어로 치환하기 위한 프레임을 만드는 행위이다.

비인간이 인간처럼 행위능력을 가진다는 점은 근대적인 인간관에 비추어 볼 때 매우 전복적인 관점이 아닐 수 없다. 이 지점에서 베버와 라투르는 근본적으로 다른 인간을 상정하고 있다고 해도 과언이 아니다. 행위주체의 이성을 중요하게 여기는 베버와 심지어 기계나 동물 등 비인간에게도 행위능력을 인정하는 라투르는 행위자의 범주 설정에서 현저하게 다른 인식을 가지고 있음이 분명하게 드러난다. 물론 행위자 네트워크 이론에서 행위자는 개인이나 그룹, 조직처럼 사회과학에서 통상적으로 사용하는 ‘사회적 존재’로서의 행위자 개념과는 다르다. 그러나 인간을 다시금 사유하게 한다는 점에서 행위자 네트워크 이론이 시사하는 바는 클 수밖에 없다.

베버의 인간중심주의와 행위자 네트워크 이론가들의 논의를 비교하는 관점에서 핵심적인 쟁점은 행위자 네트워크가 어떻게 형성되는가 하는 문제보다 더욱 근본적으로 행위능력을 가진 행위자를 어떻게 상정하는가에 대한 문제이다. 행위자 네트워크 이론의 핵심 논지인 이종적 네트워크란 사회, 조직, 행위자 등이 모두 단순한 인간만이 아니라, 다양한 질료로 이루어진 패턴화된 네트워크로 구성되어 있다는 것이다 (law, 2010: 40). 정보사회와 디지털 문화 사회로 이행하면서 인간의 '의식'은 점차 '지식'과 '정보'로 그 사회적 지위를 양보해 갔다고 볼 수 있다. 왜냐하면 지식은 과학적 방법에 의해 도출되는 것이 아니라 사회적 산물로 규정되기 때문이다.

라투르에 의하면(2010: 107) '행위자'는 오해를 불러일으킬 여지가 많은 단어다. 앵글로-색슨 전통에서 행위자는 언제나 의도적인 인간 개인 행위자이고 대개의 경우 단순한 행동을 하는 사람과 대비된다. 라투르는 만약 누군가가 행위자에 대한 이런 전통적인 정의를 네트워크의 사회적 정의에 덧붙인다면, 이는 가장 심각한 오해를 범한 것이라고 지적하면서 이는 대개 남성들이 권력을 잡고자 동맹의 네트워크를 만들고 그의 권력을 확장하는 것을 지칭하는데, 미국인들이 말하듯 '네트워킹' 하거나 연락망을 만드는 행위를 말하는 것이기 때문이다. 라투르는 행위자 네트워크 이론에서의 행위자는 기호학적 정의(행위소, actant)이며, 이는 행동하거나 타 존재로부터 행위능력을 인정받은 존재를 의미한다. 따라서 개별적인 인간 행위자를 지칭하는 것이 아니며, 일반적으로 인간이 지닌 특별한 동기를 가정하지 않는다. 행위소는 문자 그대로 행동의 원천으로 인정받은 것이면 무엇이든 될 수 있다는 것이다.

라투르는 이 점이 계속해서 지적되어 왔음에도 불구하고 사회과학에서는 인간중심주의와 사회중심주의가 너무 강해서 행위자 네트워크 이론의 사례 연구가 마치 소수의 초인들이 권력을 원하며 그들의 무자비한 목표를 달성하기 위해서는 어떠한 일이라도 서슴지 않는다고 말하는 것처럼 해석되어 왔다고 비판하고 있다. 오히려 행위자 네트워크 이론은 인간의 능력에 대한 모델을 제공하는 데 완전히 무관심하다는 것이 비판점이 되어야 한다면서 라투르는 전통적 사회이론의 인간, 자아, 사회적 행위자는 행위자 네트워크 이론의 의제에 적당하지 않기 때문에 이 이론에는 (인간) 행위자 모델이나 처음부터 설정되어야 할 기본적인 능력의 목록 같은 것이 없다는 점을 역설한다.

특히 행위자 네트워크 이론가들의 견해에 따라 고찰해 볼 때 '지식'은 이종적인 질료들의 네트워크가 만들어 낸 결과로 간주될 수 있다고 주장하는 로(2010: 41)는, 더 나아가 지식뿐 아니라 행위자, 사회기관, 기계, 조직들의 경우에까지 사회적 산물이라는 설명을 확산시켰다. 여기서 '지식'을 인용부호와 함께 사용하는 까닭에 대해서 로는, 그것이 항상 물질적 형태를 띠기 때문이라고 설명하고 있다. 로는 이어서, 여기에서 이종 네트워크는 과학뿐 아니라 다른 기관들, 즉 가족, 조직 컴퓨팅 시스템, 경제, 기술 등 사회 영역의 다양한 기관들에도 적용되며 이로써 네트워크는 인간뿐 아니라 그 밖의 기계, 동물, 문서, 돈, 건축물 등과 같이 모든 다양한 물질들로 이루어져 있다고 본다는 점에서 급진적이라고 진단한다. 이러한 관점에서 사회학이 할 역할은 이종성을 지닌 네트워크의 특성을 밝혀내고 이러한 네트워크들이 어떻게 조직이나 불균형, 권력 등의 일정한 패턴을 지니게 되었는지 연구하는 것이라고 규정하고 있다(Law, 2010: 42).

로의 주장대로 한다면 행위자 네트워크 이론에서는 인간과 물체가 서로 다르다는 인식을 받아들이지도 않고 인간이 비인간에 비해 꼭 특별한 존재라고 생각될 이유도 없다. 여기에서부터 사람들이 인간이라고 이야기할 때의 인간이 과연 무엇을 의미하는지에 대한 기본적인 질문이 제기된다고 할 수 있다. 이러한 문제 제기로부터 출발하여 로(2010)는 인간 존재에 대해 좀 더 급진적인 설정을 하고 있다. 즉 분석적으로 보았을 때 인간이란 이종적인 물체들이 상호작용하는 네트워크로 인해 생성된 존재라는 것이다. 로는 이를 다음과 같은 질문으로 설득력 있게 설명하고 있다.

> 만일 나에게서 컴퓨터, 동료 연구자들, 사무실, 책, 책상, 전화 등을 빼앗아 간다면 나는 더 이상 논문을 집필하고, 강의를 하고, 지식을 생산해 내는 사회학자가 아닐 것이다. 나는 다른 무엇인가가 될 테고, 이것은 다른 모든 사람들에게도 마찬가지이다. 따라서 분석적으로 중요한 질문들은 다음과 같다. 단순히 지식, 기술, 가치 등을 지닌 육체를 갖고 있어야만 행위자인가? 아니면 인간의 육체적인 것을 뛰어넘어 그 외의 물체들과의 네트워크까지도 포함해야 과연 참된 행위자라고 볼 수 있는 것일까?(로, 2010: 46)

로는 고프먼의 상징적 상호작용 이론이 행위자 네트워크 이론과 비슷한 입장을 가진 점을 지적하면서, 그러나 고프먼의 입장에서 인간의 윤리적/정신적 측면들은 감히 도구적인 것들로 환원될 수 없다고 보았다는 점에서 두 가지 이론이 공히 인간 고유의 내면적인 것을 인정하지만 행위자 네트워크 이론이 좀 더 이 범주를 뛰어넘는 이론이라는 점을 지적한다. 이러한 관점에서 행위자는 행위자인 동시에 네트워크라는 것이다.

베버의 인간중심주의와 포스트휴머니즘을 연결하는 인간 이해 전망

베버의 이해사회학에서 '이해'의 구심점을 이루는 사회적 행위는 바로 행위의 의미 연관과 깊이 연결되어 있다. 사회학에 대한 확고한 견해로 말미암아 베버는 당시 발전하고 있던 자연과학의 물신화를 경계하면서 더욱 인간에 대한 문제의식으로 집중하는 경향을 보였다. 즉 베버의 현실에 대한 강조는 인간 행위의 원인인 당위성(sollen)과 구별되는 인간 행위의 결과, 즉 존재(sein)와 존재성(seiende)을 의미하는, 규범학문에 대비되는 현실학문(Wirklichkeitswissenschaft)을 지향할 뿐 아니라 기능적/선험적 설명에 대비되는 현실학문을 지향하기 때문이다(서이종, 2011: 157). 베버의 이해사회학에서 '인간'은 철저하게 주관적 의식과 의지를 가지고 의미를 추구하는 '사회적 행위'를 하는 존재다. 이러한 인간관은 철저하게 근대적 인간관을 반영하며 대부분의 근대적 학문에서 취했던 시각과 같이 유럽 중심의 남성을 표상한다.

현 단계의 급격히 변화하는 문화환경 속에서 인간은 이미 베버의 이해사회학이 상정하는 인간의 범주에서 이해할 수 있는 인간으로부터 멀리 와있다. 즉 행위자 네트워크 이론은 베버적 의미의 근대 인간중심주의가 더 이상 절대 불변의 견고한 인간 이해의 토대가 되기 어렵다는 점을 보여 주고 있다. 정보기술의 발달로 인한 매체의 다변화, 인공지능의 첨단화, 인공신체의 출현 등 테크노사이언스의 발달은 인간과 비인간의 경계가 흐려지고 있음을 예고하고 있다. 지금의 컴퓨터 운영체제나 스마트폰의 사용으로 우리는 이미 새로운 인간종으로 진화하고 있다고 해도 과언이 아니다. 이러한 인류의 급속한 진화 과정에서 근대적 인간중심주의에 근거한 베버의 이해사회학은 분명 도전을 받고 있으며 인간 이해는 새로운 해석의 방법론을 통해 재해석을 요구받고 있다.

사회적 행위는 여전히 인간을 사회 속에 위치시키는 데 있어 중요한 매개이자 동기로 작용하고 있지만 행위자 네트워크 이론에서 주장하듯 기술 같은 비인간도 인간처럼 행위능력을 가진다고 가정한다면 베버적 인간관과 사회관계, 그리고 이를 근거로 하는 문화과학은 엄밀한 재해석의 과정을 거쳐야만 현 단계와 미래의 인간과 사회를 '이해'하게 될 것이다. 테크놀로지 발달과 더불어 변화된 '인간' 개념은 사회를 구성하는 주요 구성요소에서 유기체적이고 이성 중심적인 인간만 포함되는 것이 아니라 과학과 기술 등 다차원적 요소가 포함됨으로써 '사회적인 것'을 보다 포괄적인 범주에서 성찰하게 하여 사회학 연구의 외연을 확대하고 다양한 학문과의 융합이 가능하게 하는 효과를 가져올 것으로 기대된다.

따라서 향후 사회학 연구에서는 '사회적인 것(das Soziale)'의 재개념화와 사회관계망에서 중층적으로 작용하는 다양한 행위자 — 여기에는 인간과 비인간, 사회집단과 다양한 포스트휴먼이 포함된다 — 와 행위소를 면밀하게 가려내고 이들의 행위능력의 지향점과 행위양상을 잘 포착하여 인간 이후의 인간이 만들어 내는 사회에 대한 해석의 방법론을 구축해야 할 것이다.

III. 테크노휴먼의 몸과 감각

1 테크노휴먼과 테크노바디

과학기술의 발달로 인해 영향을 받는 인간을 이해하는 학문적 노력은 점차 트랜스휴머니즘과 포스트휴머니즘 연구로 집약되고 있다. 트랜스휴머니즘은 과학기술의 발전과 더불어 등장한 인간 향상 기술(human enhancement technology)이 인간 본성을 변화시킬 수 있는 잠재력을 갖고 있다는 점을 긍정적으로 인정하고 과학기술의 발전으로 가능해진 새로운 인간의 품위와 정체성을 모색하는 태도를 일컫는다(이진우, 2013: 35). 앨런비와 새러위츠(Allenby & Sarewitz, 2013: 5-6)는 세계 트랜스휴머니즘 학회가 개념 정의한 트랜스휴머니즘을 다음과 같이 소개하고 있다. 우선, 응용이성(applied reason)을 통해, 특히 노화를 제거하고 인간의 지적, 육체적, 심리적 능력을 크게 향상시킬 수 있는 테크놀로지를 발전시키고 광범위하게 활용함으로써 인간 조건을 근본적으로 개선할 수 있다는 가능성과 바람직함을 인정하는 지적, 문화적 운동이라는 점을 강조한다.

이로부터 발전하여, 우리가 근본적인 인간의 제약을 극복할 수 있도록 만들게 될 테크놀로지를 개발하고 사용하는 것과 연관된 윤리적 문제들에 대한 연구를 포괄한다. 이 개념 정의는 다음과 같은 전제를 동반하고 있음으로써 인간의 미래적 조건을 가리키고 있다. “미래에 인간성은 급격하게 변화할 것이다. 우리는 노화의 필연성, 인간 지성과 인공

두뇌의 제약, 선택하지 않은 심리 태도, 고통, 우리가 행성 지구에 구속되어 있다는 사실과 같은 지표를 포함한 '인간 조건을 새롭게 디자인하는(redesigning the human condition)' 가능성이 실행될 수 있을 것으로 예견한다."(이진우, 2013: 35-36)

트랜스휴머니즘은 이 과정에서 과학기술의 발전으로 가능해진 새로운 인간의 위상에 존엄과 품위를 지속적으로 유지하는 방법을 모색하는 노력이라고 할 수 있다. 인간은 기본적으로 노화하고 죽을 수밖에 없다는 조건을 가진 생물학적 존재라면 이를 '향상'시킬 수 있는, 즉 '인간 조건을 새롭게 디자인(redesign)'하는 방법에는 인간의 유기체적인 몸에 기술을 가해 능력을 향상시키거나 혹은 어떤 방식으로든 기계를 접목시켜 사이보그가 되는 것이 포함될 것이다.

트랜스휴머니즘이 기본적으로 휴머니즘을 전제로 하여 논의를 전개한다고 한다면 포스트휴머니즘은 인간과 기술 간의 상호작용에 더욱 방점을 찍어 인간을 연구하는데 이 방향에 따라 포스트휴먼 인문학에 대한 이론적 논의도 이제 막 시작되고 있다. 로지 브라이도티(Rosi Braidotti)는 포스트휴먼 시대가 포스트휴먼 인문학 연구를 요구한다고 선언적으로 전제하면서(Braidotti, 2015: 203) 인문학이 유물론의 변화하는 구조에 적응해야 한다고 주장함으로써 특히 정보사회 혹은 네트워크 사회의 인간을 이해하는 데 있어 '물질-실재론적(matter-realist)' 인문학 연구의 필요성을 제기하고 있다.

이렇게 브라이도티가 제안하고 있는 포스트휴먼 인문학 연구는 자연과학과 인문학이 횡단적으로 재정의되면서 두 영역을 초월하게 한다는 이론적 장점을 가지고 있다. 브라이도티가 보기에 포스트휴먼 사상가들의 주장, 즉 "인류(Mankind)에게 적합한 연구가 '인간(Man)'이었고 인문학, 즉 휴머니티즈(humanities)에 적합한 연구가 휴먼(the human)이었다면, 같은 논리로 포스트휴먼 조건(the posthuman condition)에 적합한 연구는 포스트휴먼(the posthuman) 바로 그것이라는 주장은 아주 솔직하고 적절하다”(Braidotti, 2015: 205)는 것이다.

이러한 관점에서 볼 때 테크노휴먼의 위치는 바로 트랜스휴머니즘과 포스트휴머니즘으로 본 인간의 이행 과정의 중간쯤에 존재한다고 상정해 볼 수 있을 것이다. 따라서 테크노휴먼과 테크노바디에 관한 연구는 이제 막 시작되고 있는 테크노 인문학과 포스트휴먼 인문학의 연구에서 이론적 단초를 제공할 수 있는 중요한 주제임이 틀림없다.

그렇다면 사회 전반에 걸쳐 첨단으로 디지털화가 이루어지고 있는 지금의 한국사회에서 테크노휴먼의 존재 양식은 어떻게 이해될 수 있는가? 이에 대해 이해하기 위해서 우선 다음과 같은 문제들에 집중할 필요가 있다. 테크노휴먼 내지 포스트휴먼이라 일컬어지는 인간의 이미지는 어떻게 형성되고 있는가? 테크노휴먼의 구체적 형상이라고 할 수 있는 테크노바디는 어떻게 분류될 수 있는가? 이 신체들은 여전히 신체성을 가진 형상에서부터 헤일즈(Hayles, 2013)의 지적대로 완벽하게 신체성이 말소된 정보로서의 가상신체에 이르기까지 다양한 스펙트럼을 보여주고 있다.

해러웨이가 기계와 유기체의 혼종으로 사이보그를 제시한 이후 30여 년이 지나면서 사이보그는 매우 다양한 조합을 통해 우리에게 친숙한 개념이 되었다. 본래적 의미의 사이보그가 갖고 있던 혁신적인 이미지는 그동안 발달한 테크놀로지에 힘입어 풍성한 인간-기계 결합의 유형으로 확장되어 테크노휴먼 내지는 포스트휴먼의 대표적 이미지가 되었다. 그렇다면 사이보그로 명명되는 테크노휴먼 내지 포스트휴먼은 ‘인간’이 아닐까? 인간과 기계의 결합은 단지 신체적인 변형, 즉 인간의 몸에 기계가 결속되거나, 보완되거나, 삽입되는 물질적인 보철 추가방식으로만 이해되는 것이 아니고 해러웨이가 이념적 출발점으로 전제했던 인간의 존재조건 변혁을 위한 원대한 전망에 따라 인간의 의식과 자아 정체성, 그리고 성 정체성 등까지 함유하는 총체적 존재로서 이해되어야 한다.

테크노바디의 감각 확장

디지털 시대로 접어들면서 인간의 몸은 기술에 의해서 재구성되고 있다. 스텔락(Stelarc)은 이 재구성을 심리적 영역으로부터 인터페이스의 사이버 영역으로 재위치 짓기와 확장으로 설명하고 신체는 이 인간-기계의 혼종(hybrid)으로의 전환을 필요로 한다고 주장한다(Stelarc, 2000: 560). 앞에서도 언급했듯이 인간과 기계의 잡종으로서의 사이보그 개념은 해러웨이가 사회주의 페미니즘을 관철시키기 위해 상징적으로 제안한 개념이다. 그런데 이 사이보그는 디지털 시대로 접어들고 첨단 기술이 발전하면서 인간과 기계의 결합, 또는 인간의 신체에 가하는 기술의 결과로 나타나는 바이오테크 신체로 매우 구체적인 형상으로 구현되고 있다.

스텔락은 인간의 몸이 더 이상 자연으로 소여된 대상이 아니라는 점을 들어 인간의 몸은 얼마든지 새롭게 디자인되어 신체와 기술 간의 상호 침투가 이루어진다고 보면서, "테크노 문화의 세계에 존재하고 통합되기 위해서 우리는 그/그녀의 몸을 향상시킬 필요가 있으나 자연은 결코 신체 재생을 도와주지 않는다. 이러한 이유로, 인간은 우리 자신의 시간과 미래를 위해서 신체를 제공하는 새 기술의 이점을 이용하게 만든다. 따라서, 테크노휴먼이 되는 과정에서, 신체와 기술 간의 상호 침투(interpenetration)가 이루어진다"(Stelarc, 2000: 562)고 기술하고 있다.

스텔락은 이러한 이론을 바탕으로 기술로 하여금 한 사람의 몸 안으로 침투하게 허용하고 그로써 몸이 기계에 의해 이식되고(implant),

확장되고 형상이 바뀌는 과정을 적극적으로 자신의 몸에 실현시키는 예술행위를 펼쳐 나간다. 예를 들어 비교적 초창기의 작품으로 '확장'의 사례라고 할 수 있는 〈제3의 팔(Third Arm, 1980)〉은 자신의 오른쪽 팔에 기계 팔을 부착하여 두 팔이 하는 기능을 확장시킨 경우다. 자신의 몸에 기계를 부착시켰던 초창기의 작품에서 나아가 스텔락은 생물학적 기관을 몸에 직접 이식시킨다. 〈엑스트라 귀(Extra Ear, 1997)〉의 경우는 자신의 오른쪽 귀 앞에 똑같은 모양의 귀를 성형수술을 통해 이식시켰으며, 〈팔 위의 귀(Ear on Arm, 2007)〉는 귀를 배양하여 팔뚝에 이식시킨 것이다.

스텔락의 작품은 해러웨이가 정의 내렸던 인간과 기계의 혼종으로서의 사이보그를 떠올리며 내용적으로는 인간의 확장으로서 미디어에 대해 논의했던 매클루언을 환기시킨다(McLuhan, 1964: 2011). 왜냐하면 스텔락은 이식한 귀를 단순히 신체기관을 의외의 장소에 위치시키는 행위로 그치는 것이 아니라 이 귀를 통해 와이파이를 잡고 소리를 수집하는 활동으로 확장하기 때문이다. 매클루언이 인간의 피부나 다리 등을 미디어로 이해한 것과 같은 맥락에서 스텔락은 신체의 감각기관을 미디어로 확장시키고 있다.

그는 신체를 심리적이거나 사회적인 것의 장소로 보는 것은 더 이상 의미가 없다고 보면서 그보다는 모니터링되거나 수정되는 구조로 보는 것이 적절하며, 그러므로 몸은 디자인의 대상이라는 점을 명확히 한다(Stelarc, 2000: 562). 따라서 몸의 개조, 이식 그리고 확장을 통한 재디자인은 결국 인간을 재개념화하는 것이라고 강조하고 있는 것이다.

사이보그-인간과 기계의 혼종

인간 신체에 기계를 결합시키는 의학적 사이보그(Herr, 2014), 또는 이미 상용화된 로봇이 인간 신체의 보완이나 대체라고 한다면 컴퓨터 시대가 본격적으로 시작되면서 인터페이스나 영화를 비롯한 다양한 영상이미지에서 신체화의 말소는 매우 빠른 속도로 이루어지면서 이론적 당위성을 얻는 것처럼 보였다. 더욱이 고전적 의미의 사이보그를 넘어서서 인공지능을 탑재한 컴퓨터가 물리적인 형체가 아예 존재하지 않는, 정보로서의 사이보그로 등장하고 있다. 모라벡이 로봇과 인간 지능의 연구에서 인간의 실체가 본질적으로 신체화된 행동이 아니라 정보패턴이라고 주장하면서(Moravec, 1988: 109-110) 인간의 의식을 컴퓨터에 다운로드함으로써 이를 증명할 수 있다고 제안한 바에 의하면 기계가 인간 의식의 저장소가 될 수 있고, 더 나아가 모든 실용적 목적에 대해서 기계도 인간이 될 수 있으며 역으로 인간도 사이보그가 될 수 있다(Hayles, 1999: 14).

스텔락이 인간-기계의 혼종을 주장한 바와 유사하게 해러웨이의 사이보그도 근본적인 토대를 혼종성에 두고 있다. 해러웨이와는 달리 사이버 사회에 대해 디스토피아적 전망을 하고 있는 앤 발사모(Anne Balsamo)도 사이보그를 해석하는 데 있어서는 혼종성에 초점을 맞추어 사이보그를 개념 정의하고 있다. 사이보그는 전적으로 기술적인 것도 완전히 유기체적인 것도 아닌 혼성체(hybrid entity)이며 이것은 사이보그가 기술적으로 재주조된 몸과 자연적인 몸의 대립을 파괴한다는 것을 의미한다(Balsamo, 2012: 50). 사이버네틱 유기체의 줄임말로서 사이보그는 일반적으로 인간과 기계의 결합, 특히 남성과 기계의 하이브리드를 묘사하고 있다는 점을 강조하고 있다.

발사모는 또한 사이보그를 '인조인간(androids)', '복제물(replicants)', '생명공학적 인간(bionic humans)'으로 바꾸어 부르기도 한다는 설명으로 사이보그의 다양한 스펙트럼을 보여 준다(Balsamo, 2012: 43). 사이보그 이미지가 '인간'이라는 용어와 '인공물'이라는 용어 모두의 의미를 규정하면서 인간성(human-ness)의 기호들과 기계성(machine-ness)의 기호들은 하이브리드의 이중적인 본성을 지닌 '본질'의 표식자들로서뿐만 아니라 인간과 기계의 불가침적 대립 기호들로서 기능한다. 그러나 사이보그는 양자 모두의 '본성'을 동시에 체현하기 때문에 그 결과인 하이브리드는 순수한 인간도 순수한 기계도 아니다(Balsamo, 2012: 65). 이로써 사이보그의 몸들이 문화나 자연 둘 중 하나에 전적으로 속하는 것으로 이해될 수 없으며, 전적으로 기술적이지도, 완전히 유기체적이지도 않다는 개념적 논의는 이제 일반적인 합의에 도달하고 있다.

지금의 젊은 세대를 '감각 활용이 극대화된 테크노휴먼'으로 규정할 수 있는 단초는 한국의 디지털 환경으로부터 찾을 수 있다. 한국은 인터넷 사용자율과 스마트폰 보급률에 있어서 전 세계 최상위권에 들어 있고, 인터넷 접속 속도는 수년째 세계 1위를 차지하고 있을 정도로 정보기술 강국의 면모를 갖추고 있다. 여기에 2015년 스마트폰 보급률이 전 세계 4위를 기록한 것을 보면 한국의 테크놀로지 친화적인 인구 비율이 얼마나 높은지 짐작할 수 있다. 정보기술 강국의 위상은 디지털 미디어 사용자 대다수가 디지털 테크놀로지에 친화적일 뿐 아니라 이미 디지털 기기와 상호 침투되는 단계에 이른, 테크노휴먼이 되고 있다는 점을 시사한다.

한국에서 스마트폰이 본격적으로 보급되고 디지털 기기로서 생활 속에 자리 잡은 것은 지난 2009년 12월 아이폰 3GS의 상륙으로 촉발되었다. 아이폰의 도입은 '앱스토어'의 도입을 의미하며, 앱스토어의 도입은 당시 20만여 개의 애플리케이션도 함께 도입됨을 의미한다. 즉, 아이폰의 도입으로 한국의 사용자들은 이전에는 경험해 보지 못했던 20만

개의 서비스를 손안에 쥐게 된 셈이며 이는 일상생활의 변화를 촉발하는 데 일조해 왔다. 초고속 통신망의 전면적인 시행은 사실상 전국 어디에서나, 심지어 지하철 안에서도 짧은 시간 내에 접속이 가능한 서비스망을 갖추었다는 것을 의미하며 이로써 이른바 '상시 접속'의 시대가 열린 것이다. 스마트폰 사용은 한국의 스마트폰 이용자들에게 앱스토어와 안드로이드 기반의 애플리케이션 시장을 통해 엄청난 감각 활용의 기회를 제공해 주었다. 게임과 동영상 접근은 물론 각종 SNS 활용이 가능해지면서 특히 청소년의 인터넷 중독도 사회적 병리현상으로 다루어지기 시작했다.

테크노휴먼으로서 구체적인 형상으로 규정할 수 있는 테크노바디가 다양한 양태로 등장하고 있다. 이 체현된 양상을 분류해 보자면 디지털 미디어 테크놀로지와 연결된 테크노바디와, 바이오 테크놀로지가 인간의 몸을 포스트휴먼 바디로 만든 결과로서의 테크노바디, 마지막으로는 디지털 미디어 테크놀로지가 만들어 내는 가상신체가 있다. 이러한 분류는 이들 테크노바디의 감각성의 연관성과 가상신체의 신체성에 관련된 논의를 통해 이해하기 용이할 것이다.

디지털 미디어 테크노바디

디지털 문화의 확립과 더불어 등장하는 테크노바디로서 무엇보다도 다양한 첨단의 디지털 미디어를 사용하는 인간 유형을 '디지털 미디어 테크노바디'로 정의 내려 보자. 이 유형의 경우 무엇보다도 스마트폰을 사용하는 인간의 몸과 여기에 웨어러블 기기의 장착을 통해 시각과 촉각이 극대화되고 헬스케어 앱을 통해 바이오리듬이 체크되는 과정에서 기계는 어느덧 인체와 융합되는 경지에 다다른다. 첨단 디지털 미디어 사용은 전 세계적인 현상이지만 한국의 경우 정보기술 강국으로서 스마트폰과 다양한 디지털 기기를 통한 일상생활 영위가 그 어느 나라보다도 강도 높게 진행된다고 볼 수 있다. 가장 두드러지는 디지털 미디어 테크노바디는 프로게이머의, 컴퓨터와 일체가 된 듯한 몸이다. 또한 인터넷 중독자들의 컴퓨터 매개에만 집중되어 있는 생활과 감각이 이러한 몸을 구성한다. 스마트폰을 한시도 몸에서 떼지 못할 정도로 의존하는 청소년 세대의 몸도 이미 기계와 일체가 된 것과 마찬가지이다. 이들이 스마트폰으로부터 강제로 격리될 때 느끼는 심리적 불안은 이들이 얼마나 스마트폰과 밀착된 삶을 영위하는지 알게 해준다.

이 테크노바디는 스마트폰을 사용하는 인간의 몸과 여기에 웨어러블 기기의 장착을 통해 시각과 촉각이 극대화되고 이 과정에서 기계와 융합되는 신체로 특징지어 진다. 웨어러블 기기는 신체의 일부에 부착하여 컴퓨터의 기능을 수행하는 기기로서 휴대하여 이동하고(portable), 붙일 수 있거나(attachable), 삼킬 수 있는(eatable) 단말장치이다. 이러한 착용기기를 통하여 주변환경 정보, 착용자의 신체정보와 변화하는 데이터를 실시간으로 수집하고 사용자에게 제공한다. 신체의 신호를 운반하거나 받아들이는 웨어러블 기기는 이미 수십 년의 역사를 가지고 있지만 최근 들어, 특히 2013년부터 더욱 정교한 웨어러블 밴드와 시계, HMD(Head Mounted Display), 안경 등으로 개발되고 있다.

웨어러블 기기는 기본적으로 인간의 능력을 보완하기 위한 기기이다. 특히 사물인터넷(IoT)의 큰 줄기로 인간과 사물 간의 연결에서 새로운 정보를 취합하여 다양하고 새로운 서비스들을 사용자의 상황에 맞게 효과적으로 유의미한 데이터를 제공하는 데 그 목적을 두고 있다(한국인터넷진흥원, 2015: 58-60). 웨어러블 기기로 선호하는 활동이 건강과 직접 관련된 사실은 이 기기가 몸의 물질성을 기본적인 토대로 삼고 있다는 점을 암시적으로 보여 준다. 미국의 경우 2014년 2월에 성인 남녀 1천 명을 대상으로 실시한 웨어러블 선호 기기는 스마트워치, 팔찌나

밴드, 헤드폰이나 헤드셋, 글라스 형태 순이었고 활동 선호도는 운동량 체크가 68%로 가장 높았으며 건강 체크, 내비게이션, 사진/동영상 촬영, 알림 기능, 웹정보 검색, 다이어트 순이었다. 자가추적 기능에 대해서는 신체활동에 대한 측정으로 체중, 칼로리 소모, 걸음수, 다이어트, 심장 박동수, 혈액검사, 수면의 질, 비만도, 평균 걸음속도, 그리고 기분 측정 등의 순으로 선호하였다(이마케터, "미국 스마트폰 이용자 웨어러블 선호순위," 2014; 한국인터넷백서 2015: 63에서 재인용).

한편 웨어러블 기기 개발의 선두 주자인 애플은 2014년 세계 개발자 컨퍼런스에서 헬스키트(HealthKit) 개발을 발표하였다. 미국 내 유명 병원들과 제휴하여 수집된 데이터를 분석하여 건강에 관련한 플랫폼을 구축하여 건강 정보를 제공하는 종합 서비스이다. 한국에서도 2014년 5월 삼성전자가 스마트 밴드 형태의 심밴드(Simband)와 소프트웨어 플랫폼 사미(Sami)를 발표하였다(한국인터넷진흥원, 2015: 63). 이상에서 살펴본 웨어러블 기기는 모두 인간의 감각기관과 기계의 센서가 상호작용함으로써 데이터를 축적하고 기존 빅데이터를 활용하여 건강을 유지할 수 있는 서비스를 제공하는 데 활용된다. 따라서 웨어러블 기기를 착용하는 순간 우리는 인간과 기계가 '상호 침투'하는 테크노바디를 형성하게 되는 것이다. 이렇듯 정보기술의 초고속 발달로 인해 한국에서 디지털 미디어 테크노바디의 등장은 점차 일상적으로 목격되는 현상이 되고 있다.

바이오 테크노바디와 신체기관의 감각 활용

생물학적 조건을 의료기술을 통하여 변화시킨 결과 형성된 몸을 바이오 테크노바디로 정의내린다면 여기에는 장애를 극복하기 위해 신체기관을 보철화한 메카트로닉스(mechatronics)와 성형수술한 몸 등이 포함된다. 바이오 테크놀로지와 연결된 테크노바디로서 성형수술에 의해 기존 인간의 몸을 변형시키거나 보형물을 넣어 이전과 다른 형태와 감각성을 갖게 하는, 성형수술로 인한 테크노바디는 감각 중 특히 시각과 촉각을 중심으로 하는 감각성을 극대화한 결과물이라고 할 수 있다.

한편 레드불 등의 흥분제나 각성제에 의해 몸의 외형적인 변형보다는 자극과 흥분 등 감각기관을 자극하게 되는 과정에서 만들어지는 테크노바디의 극단적인 상태나 프로테인 섭취로 과대한 근육질 몸을 만들거나 소위 S라인 몸매를 위해 전신성형과 운동 등 다이어트 열풍 등에 동원되는 테크노바디가 모두 바이오 테크노바디에 속한다. 한국에서 과열된 입시 경쟁과 취업 준비 등 젊은 세대의 스트레스가 극심한 가운데 약물에 의한 일시적인 바이오 테크노바디의 상태로 들어가는 사람들의 수가 급증하고 있는 것도 주목할 만하다.

의료적 보완으로 이루어지는 메카트로닉스의 대표적인 사례는 MIT 미디어랩 바이오메카트로닉스 그룹(Biomechatronics group)의 디렉터인 휴 허(Hugh Herr) 교수의 경우다. 고전적 의미에서 사이보그라고 칭할 수 있는 사례로서 30년 전의 산악등반 사고로 양 무릎 아래의 다리를 잃은 허 교수는 오랜 연구 끝에 기존의 무릎까지 와있는 신경과 교감하는 센서와 컴퓨터칩이 내장된 기계 다리를 장착하면서 이를 BiOM(bionic limb)로 명명하면서 유명해졌다. 해러웨이가 정의한 사이보그 개념에 가장 적합한 형태로서 BiOM을 장착한 인간은 바로 유기체와 기계의 결합으로, 이들이 걷고 산에 오르고 뛰고 춤을 출 수 있도록 하는 과정에는 정밀한 수학적 계산을 바탕으로 한 감각의 연결이 있다.

디지털 시대의 다양한 센서들은 단어 자체가 말해 주듯이 감각을 감지하는 기계다. 허 교수의 경우에는 다리의 운동감각을 감지하는 센서가 컴퓨터로 그 자극을 보내 주고, 이를 통해 다리를 마음대로 움직이도록 한 것이다. 우리가 보안업체에 의뢰하여 설치하는 움직임을 감지하는 보안 감지기, 움직임을 포착하여 촬영하는 CCTV 카메라 등을 비롯하여 스마트폰의 터치스크린 등은 모두 촉각을 감지하는 방식으로서 인간과 기계가 감각을 통하여 교감하는 방식을 채택하고 있다. 이로써 인간은 기계와 감응하고 감각을 공유하는 시대에 들어선 것이라고 할 수 있다. 허 교수의 BiOM은 이를 소개한 2014년 테드(TED) 강연, “The new bionics that let us run, climb and dance”에서 2013년 보스턴 마라톤 대회 테러로 왼쪽 무릎 아래 다리를 잃은 볼룸댄서 아드리안느 헤슬릿-데이비스에게 BiOM을 시술한 후 그 무대에서 최초로 춤 공연을 하게 함으로써 감동적인 광경을 연출하였다.

또 하나의 바이오 테크노바디 유형은 성형수술에 의한 변신의 결과로 만들어지는데 이는 형성 과정상 의료기술이 접합되는 형태가 가장 많고 그 과정에서 보형물이 삽입되는 방식으로 인간의 몸에 외부 물질이 가미되는 방식이다. 물론 이와 유사한 방식으로 약물 투여나 흥분제 투여는 일시적으로 인간의 감각기관을 다른 상태, 흥분이나 진정 등의 상태로 만든다는 의미에서 외부 물질의 가미로 볼 수도 있을 것이다. 한국의 경우 성형수술이 만연해 있다는 사실은 이제 일반적인 상식이 되었다. 최근 한국보건의료연구원이 발표한 한 보고서를 보면 한국의 성형수술 열풍이 어느 정도인지 짐작할 수 있다.

이 보고서에 의하면 한국의 인구 1만 명당 성형수술과 시술 건수는 세계 1위이며, 전체 성형수술과 시술 건수는 세계 7위를 기록하고 있다. 1위는 미국, 2위는 브라질, 3위는 중국, 4위가 일본, 5위가 멕시코, 이탈리아가 6위이다. 또한 성형외과 전문의는 우리나라 인구 3,800명당 1명 수준으로 세계에서 성형외과 전문의 숫자가 가장 많은 나라로 보도된 바 있다(International Society of Aesthetic Plastic Surgeons, 2012). 한편 이 보고서에서 인용된 서울 시민을 대상으로 조사한 설문조사에서는 ‘외모를 위해 성형수술을 할 수 있다’는 응답이 매년 증가 추세에 있어 미용성형시장은 더 확대될 것으로 전망된 바 있다(서울서베이, 2010). 이에 따르면 한국에서 가장 많이 하는 미용 성형술은 보톡스 시술, 필러 시술, 유방 확대 수술, 코 수술 순서이다. 이 수술 및 시술 대부분은 특정 물질을 인체에 주입하여 모양을 만드는 방식이다. 보톡스나 필러 등은 피부 바로 밑에 주입함으로써 일정기간 주름을 펴주는 충전제다. 또한 유방 확대 수술에는 다양한 보형물이 사용되고 코 수술은 한국의 경우 대부분 낮은 코를 높게 만드는 수술로서 플라스틱 등 보조재료를 넣어 시행한다.

최근 한국에서는 성형수술을 받아 몸매와 삶(life)조차도 완전히 다시 만들어(reform) 준다는 오디션 프로그램들이 등장하여 논란이 되기도 하였다. 이렇게 한국뿐 아니라 전 세계적으로 성형수술이 대체로 남성적 응시의 대상인 여성들이 수용하는 현상에는 여성들에 대해 다른 능력보다는 외모적 요인을 요구하는 외모지상주의적 사회 통념이 뿌리 깊게 자리 잡고 있으며 최근 들어서는 젊은 남성에게도 적용되는 소위 '취업 성형'의 경우를 보더라도 단정한 인상과 준수한 외모가 사회생활을 하는 데 있어서 중요한 필수조건으로 인식되고 있다. 청년 실업률이 높아짐에 따라 이른바 스펙 전쟁 속에서 '성형수술'이라는 스펙이 첨가되는 것이다.

성형수술을 통해 형성되는 테크노바디, 특히 여성의 변형된 몸은 섹슈얼리티가 매개하는 감정이 신체에 기입되는 방식으로 인터넷에 유포되는 테크노에로티시즘을 중심으로 고찰해볼 여지가 있다. 이 과정에서 성형수술 열풍의 배경을 이루는 신자유주의적 무한경쟁 구도와 과도한 외모지상주의가 여성들에게, 또는 취업 준비생들에게 강제적 내면화를 요구하는 문화적 요인을 성찰적으로 들여다보아야 할 것이다.

일반적으로 여성들이 성형수술을 통해 통속적인 아름다움을 추구한다면 오를랑 같은 페미니스트 예술가는 이러한 성형수술로 추구하는 통속적인 목표를 정면으로 비판하면서 스스로의 몸을 성형수술의 대상으로 하여 퍼포먼스를 하는 행위예술을 펼쳐 왔다. 한 인터뷰에서 오를랑은 "나의 작품은 성형수술에 대항하는 것이 아니라 미의 기준, 여성의 몸에 가해지는 지배적인 이데올로기를 그대로 수용하는 것에 대해 대항하는 것이다"(Jaffris, 2009: 1)라고 토로함으로써 자신이 왜 이런 예술을 하는지 설명하고 있다. 오를랑은 기존의 성형수술에 대한 비판적 관점에서 자기 몸을 성형수술의 대상으로 만들어 이마에 플라스틱으로 뿔을 형상화하여 넣기도 함으로써 스스로 바이오 테크노바디로 변형시켰다. 이 점에 있어서는 스텔락의 〈팔 위의 귀〉와 유사한 맥락에서 스스로 바이오 테크노바디를 만들어 낸 것이다. 이 점에서 한국의 외모지상주의로 인한 성형수술을 비판적으로 바라볼 시사점을 주고 있다.

테크노 문화 속 초감각의 몸

디지털 테크노바디는 테크노 문화와 관련해서 한류를 이끄는 대중문화 속 아이돌 그룹의 몸을 통해 구체적으로 이해할 수 있다. 리듬감을 극대화한 몸, 서구적 몸매, 스타일, 제스처, 극명한 젠더 디스플레이를 보여 주는 안무와 의상 등은 이들의 본질적 성격이 무엇인지와는 상관없이 이미 감각이 초절정에서 생산되고 소비되는 테크노바디이다. 대중연예 공연자들은 초감각(hypersensual)적 공연과 접촉성, 유튜브 등의 문화 소비와 생산, 글로벌 문화혼종 등으로 감각을 동원하고 활용하는 인간으로서뿐 아니라 감각과 정동을 창출하는 인간 유형이 매우 다양하게 감각융합을 보여 주고 있다. 아이돌로 대변되는 지금의 대중연예 공연은 음악의 경향에서부터 공연의 중심을 이루는 안무와 의상 등에 있어서 인간적인 차원을 뛰어넘는 듯한 테크노 감각을 표출하고 있다.

공연자들의 위치에서는 안무를 비롯한 퍼포먼스와 의상 등으로 시각적 이미지화를 극대화하고 음악과 노래를 통해 청각을 활용하여 감각의 다층적 사용을 함에 있어서는 기존의 공연자들과 크게 구별되지 않을 수도 있다. 그런데 대중문화 수용자의 입장에서는 공연장에서 직접 보는 경우 말고도 디지털 미디어를 통해 입체적 참여가 가능하며 SNS 등을 통한 팬 활동에서 정서적 공감, 즉 정동(affect)을 공유하기도 한다. 미디어 활용을 통한 코스프레나 플래시몹 등은 감촉성을 높이는 활동이 되는 것이다. 〈강남스타일〉을 글로벌 트랜드로 만드는 과정은 수많은 다중감각이 촉발해 낸 융합감각의 결정체라고 할 수 있다.

휴스와 클라슨(2014: 8)은, 모든 감각들은 각기 독특한 특성을 가지고 있다고 전제하면서, 터치는 내밀하고(intime) 상호적이라는 점을 강조하고 있다. 즉 우리가 누군가를 만지면 그 사람은 즉각 느끼기 때문이다. 터치는 또한 터치스크린과도 밀접한 연관을 맺는다. 스마트 기기를 이용하여 대중음악 아이돌 그룹의 댄스 동영상을 감상한다고 했을 때 터치스크린의 촉지성을 매개로 하여 인간의 손과 기계의 피부(인터페이스)가 상호작용하여 이들의 춤추는 화면은 터치와 시선, 음악과 안무가 함께 작동하는 장이 된다. 감상자의 시선과 음악의 혼합적 감각이 스크린 밖의 감상자와 그 안의 아이돌 그룹 사이의 거리를 없애고 감상자는 가상공간으로 끌려 들어간다. 이 순간 감각의 융합에 의해 각 감각의 특징이 전도되거나 합쳐져서 다른 특징을 만들어 내게 되는 것이다.

이렇게 보면 매클루언의 미디어를 통한 인간의 확장이라는 인간 이해는 매우 예리하다고 할 것이다. 왜냐하면 스마트 기기를 사용하는 그 순간 인간의 몸은 기계와의 교감과 상호작용을 통해 일정 부분 기계와 일체가 되면서 감각기관이 확장된 테크노바디가 된다고 추론할 수 있기 때문이다.

사이버바디와 버추얼바디의 신체성(corporeality)

제니퍼 곤잘레스(Jennifer Gonzalez)에게 있어서 사이버바디는 상상된 사이버공간적 존재의 몸이다. 이 맥락에서 본다면 이때의 몸은 현실세계를 넘어선 곳에 존재한다. 그렇지만 그 몸은 또한 현실에 둘러싸인 몸이다. 사이보그 신체는 현재의 세계로의 인터페이스가 만들어진 곳에 거주하는 것이다. 사이보그의 시각적 재현은 그러므로 유토피아적이거나 디스토피아적인 예언이 아니라 존재의 현대적 상태의 반영이다. 따라서 사이보그 신체의 이미지는 응축과 전이의 장소로서 기능한다(Gonzalez, 2000: 540)고 볼 수 있다.

한편 바바라 케네디(Barbara Kennedy)는 사이버바디를 개념 규정하는 과정에서 다음과 같은 질문을 던짐으로써 인간의 유기체와 사이버바디 사이의 거리를 가늠해 보고 있다. 즉 그녀는, 인간의 몸이 살과 피로 구성된 유기체적인 몸으로 개념화된다면 어느 정도까지 그 몸은 변화되고, 변환되고(transformed), 돌연변이 되고 또 사이버공간의 구역을 가로지르는 연결과 기계적인 연결을 통하여 탈체현(disembody)하는가라는 질문을 제기한다. 이 기계적 연결로 인간의 유기체(organism)가 어떤 다른 것으로 되는데 이것을 사이버바디, 즉 포스트휴먼의 몸이라고 할 수 있다.

요약하자면, 컴퓨터 키보드와의 연결은 유기체인 인간 몸과 기계의 보철적 연결이 이루어지고 이를 통해 전적으로 새로운 경험으로서 사이버바디를 창출한다(Kennedy, 2000: 471)는 것이다. 이는 칼리스탄(Özgür Calistan)의 논의와도 맞닿아 있다. 그는 테크노바디가 해러웨이의 사이보그와 유사하다고 간주하면서 사이버네틱 유기체, 그리고 사이보그가 일반적으로 사이버네틱과 유기체의 결합, 그리고 또한 살과 비유기체(non-organism)의 혼합으로서의 현존재로 정의된다는 점을 강조한다(Calistan, 2011: 2).

가상신체는 디지털 테크놀로지와 결합된 테크노휴먼의 몸 중에서 몸의 물질성을 담지하지 않는 몸이다. 가상성(virtuality)에 대해서 살과 뼈의 육체적 세계, 구체적인 몸과 가상적 몸 사이의 간격을 넓히는 새로운 심리적 영역을 열어 왔다고 설명하고 있는 틸림(Isaac Tylim)의 설명은 바로 가상신체의 탈물질성을 정확하게 짚고 있다. 가상신체는 버추얼바디로서 아바타나 게임 캐릭터의 경우와 같이 형태를 갖추고 있기도 하고, 영화 〈그녀〉에서 보듯이 아예 인공지능으로 형태도 없이 정보 또는 데이터베이스로만 존재하는 경우도 있다. 그렇다면 이러한 인공지능을 가상신체로 보는 것은 타당한가?

영화 〈그녀〉만 놓고 본다면 이 인공지능은 확장된 의미의 사이보그로 부르는 것이 타당하다. 왜냐하면 인공지능이란 결국 인간의 경험과 지능을 데이터로 집적하여 인간과 상호작용하기 때문이며 〈그녀〉의 사만다같이 아예 형태가 없이 모니터 속의 OS로서 단말기를 통해 유일하게 목소리로 소통하지만 분명히 하나의 인간과 유사한 존재로 가정되기 때문이다. 더욱이 영화에서처럼 짧은 시간 내에 엄청난 속도로 진화하기도 하므로 현실적으로는 아직 요원한 기술적 진보라고 할 수 있지만 머지않은 미래에 이러한 인공지능 인격이 출현할 가능성도 배제할 수 없다. 이른바 '딥 러닝(deep learning)'이 이루어지는 로봇이나 인공지능 개발도 한창 진행되는 지금의 기술발전 속도를 감안하면 앞으로 얼마든지 존재 가능하기 때문이다.

한국에서 '리니지'를 비롯한 멀티유저 기반의 게임 캐릭터들이 개발되고 소비되는 경향을 살펴보면 게임 캐릭터들은 물론 가상신체이지만 그 게임에 몰입하여 이들과 상호작용하고 이들과 자신을 동일시하는 게임중독자들은 그들 자신이 테크노바디를 가진 테크노휴먼이다. 영화 〈그녀〉에서도 나타나듯이 가상이면서도 인간과의 상호작용에 의하여 현실세계에 존재하는 상대방의 몸의 감각을 극대화하는 사이버에로티시즘도 여기에 해당되며 이는 구체적으로 인터넷 포르노그래피나 일부 성인 전용 게임의 캐릭터들로 구현되고 있다.

이러한 경우에 촉각은 미디어를 매개로 한 가상의 테크노에로티시즘을 통해 인터페이스의 가상신체가 보내는 에로틱한 이미지와 기호에 의해 실제의 인간이 성적인 욕망을 자기 속에서 호명해 내는 과정을 유발한다. 이때 발휘되는 감각은 관능적 감각, 즉 섹슈얼리티라고 할 수 있는데 특히 가상현실에서의 섹슈얼리티를 조형적 섹슈얼리티(plastic sexuality)(Giddens, 1991: 2), 즉 실제로 몸으로 실천하는 행위양식 속의 교감이 아니라 현실과 인터페이스 간의 거리를 사이에 둔 가상의 섹슈얼리티가 그것이다. 이 조형적 섹슈얼리티는 사실상 신체성이 배제된 상태에서 마치 몸이 있는 것처럼 조작되면서 작용하는 섹슈얼리티로서 성적인 욕망은 어떤 형태로든 해소될지언정 몸이 느끼는 물질적인 에너지의 흐름이 도달할 곳은 요원한 가운데 미래적 인간의 친밀성의 세계 인식에 영향을 끼치게 될 것이다.

테크노휴먼의 몸은 어디까지 진화할 것인가?

테크놀로지의 발달과 더불어 급변하는 인간의 존재조건 중에서 테크노휴먼의 테크노바디에 대해 몸의 물질성과 감각의 집중적 활용에 대한 성찰을 통한 인간 이해는 테크노바디의 '물질-실재론'적 토대를 확인하는 과정이다. 인간 이해를 기본적인 학문의 출발점으로 삼고 있는 인문학에서도 지금의 테크놀로지 발달의 영향을 집중적으로 받으면서 급변하는 인간을 휴머니즘 시대의 인간관을 통해 이해한다는 것이 적절하지 않다는 점이 자명해지면서 새로운 인식틀이 필요하다는 합의에 도달하고 있다. 이로써 테크노 인문학과 포스트휴먼 인문학, 그리고 트랜스휴머니즘과 포스트휴머니즘의 등장이 필연적인 귀결로 보인다. 특히 테크노휴먼에 대한 이해의 방식은 테크노 인문학으로 집약되고 있으며 테크노바디의 다양한 출현 양상은 인간이 과학기술의 향상과 더불어 진화하는 과정을 면밀하게 포착할 수 있는 포스트휴먼 인문학을 통해 이해 가능한 설명틀을 마련할 수 있다.

지금의 인간을 이해하는 데 있어서 새로운 인문학적 문제의식이 필요하다는 점은 테크노 인문학과 포스트휴먼 인문학의 논의 속에서 자연스럽게 도출된다. 지금의 테크놀로지 환경 속의 인간을 테크노휴먼이라 칭하고 이 테크노휴먼의 몸을 테크노바디라고 정의할 때 그 유형은 현실적 여건에 따라 매우 유동적으로 분류될 수 있다. 디지털 문화의 발달 과정에서 등장하는 디지털 미디어 테크노바디의 감각 집중적 몸과 몸의 변형을 통해 새로운 몸 이미지를 도전적으로 보여 주는 바이오 테크노바디는 예술가들에 있어서는 세상을 향해 던지는 선언적 메시지로서 포스트휴먼을 상상하도록 유도하는 하나의 작동 기제가 되고 있다.

테크노휴먼이 지금의 현실 상황하에 사회문화적 현상 속에서 출현하는 인간 존재라면 포스트휴먼은 보다 미래적인 관점에서 상정할 수 있는 추상적 범주까지 포괄한다. 특히 현재 한창 개발하고 있는 인공지능의 경우 엄청난 속도로 진화하고 있기 때문에 이 차원에서의 포스트휴먼은 스스로 진화하는 단계로까지 가면서 인간처럼 감정을 가질 수 있을지, 윤리적 차원의 문제는 어떻게 전개될 것인지 등등 다양한 논제를 불러일으키고 있다. 더 나아가 테크노바디의 체현(embodiment) 양상을 통해 후기 근대의 인간의 몸이 주체성의 주요 근거로 삼았던 신체성의 말소가 부분적으로 일어남으로써 새로운 주체성이 형성될 가능성을 가진다는 가정을 통해 테크노휴먼의 존재 양식의 전개가 관심을 끈다. 이미 스마트폰이나 사물인터넷을 사용하는 지금의 인간들이 느끼는 감수성의 급격한 변화에서 그 계기를 찾을 수 있는 것이다.

디지털 문화환경 속에서 다양한 미디어를 통해 인간은 여러 감각이 극대화되어 융합되는 감각 경험을 통해 '감각의 인간(homo sensus)'의 차원으로 진화하고 있다는 명제는 테크노 휴먼의 몸이 기계적인 반응으로 일관하는 것이 아니라 인간의 오랜 존재 증명인 감각적 현존을 통해서 존재할 것이라는 점과 더불어 더욱 흥미로운 논의를 불러일으킨다. 이를 토대로 인간의 사회적인 실천 양식과 문화가 맺는 긴밀한 연관 속에서 인문학의 지평이 확대될 수 있을 것인지 탐구해야 할 필요성이 제기되는 시점이다.

2 테크노 페미니즘과 테크노바디: 몸의 물질성과 감각의 확장

테크노사이언스 시대에 인간의 몸은 과학기술과 만나면서 다양한 방식으로 변환되고 이에 따라 감각의 확장 또한 증폭되고 있다. 과학기술의 발달이 여성에게 유토피아를 약속하는지, 디스토피아를 열고 있는지에 대한 오랜 논쟁은 테크노 페미니즘의 전개를 더욱 활발하게 유도한다. 테크노 페미니즘이 주목하는 쟁점 중에서 몸의 물질성은 여성의 현실적 차원을 넘어 예술적 차원에서 테크노바디를 제안하는 데 중요한 이론적 토대로 논의되고 있다. 왜냐하면 몸은 섹슈얼리티를 구성하고 정체성을 드러내 주는 문화적 구성체로서 페미니즘 이론에서 중요한 위치를 차지해 왔기 때문이다.

여성의 몸이 그 자체로 담보하고 있는 물질성은 임신과 출산 등 생물학적 능력과의 긴밀한 연계에서뿐 아니라 여성 주체 논의의 중심에는 여성의 몸이 갖는 문화적 의미에 대한 재정의, 섹슈얼리티와 욕망에 대한 의미 부여가 중요한 요소로 작용한다. 이러한 이론적 맥락에서 본다면 테크노바디로서 여성의 몸은 생명 생산의 기계화는 물론 탈신체화 논의까지 다양한 논의의 무대가 되고 있다고 하겠다. 테크놀로지의 발달과 함께 급부상하고 있는 테크노 페미니즘은 육체 페미니즘(corporeal feminism)을 토대로 하여 과학기술과 몸의 연계에 대한 다양한 성찰을 촉발하고 있다.

테크노 페미니즘을 본격적으로 이론화한 주디 와이즈먼(Judy Wajcman, 2009: 14)은 가파른 테크노사이언스의 변화 곡선이 위험과 불확실성, 그리고 흥분이라는 도착적인 후기 현대적 감각을 확산시켰다고 진단하면서 많은 사람들에게 시간과 공간의 압축으로 특징지어지는 전지구적 정보사회가 인간의 조건을 완전히 새롭게 만들고 있다고 지적한다. 특히 새로운 생의학 기술들이 전례가 없는 방식으로 인체를 리모델링하고 개인과 집단을 유형화하고 자연을 상품화할 수 있게 되면서 '인간적'이라는 것의 의미를 바꾸고 있으며 심지어 자아에 대한 인식까지 바꾸고 있다는 점을 강조하고 있다. 이러한 논의는 트랜스휴머니즘 내지 포스트휴머니즘 이론에서 최근 들어 매우 논쟁적인 양태로 인간 이후의 생태계 전반에 대한 논의로 점화되고 있는데 그 정점에 '변형된 인간의 몸', '가공된 인간의 몸', 즉 테크노바디가 자리하고 있다.

디지털 테크놀로지의 발달과 더불어 등장한 가상의 시대에 몸에 대해서 생각한다는 것은 매우 복잡한 논의를 동반한다(Stone, 1998: 17). 지금의 테크놀로지 발달단계로 볼 때 이미 물질적인 몸(corporeal body)을 넘어서서 사이보그의 세계가 등장하고 이에 따라 탈신체화가 시작되고 있음을 예고하는 여러 가지 문화적인 징후들이 나타나고 있다. 이와 더불어 테크노 페미니즘에서 특히 디지털 과학기술이 과연 21세기에 여성에게 해방적 전망을 제공하고 있는가, 혹은 여전히 전통적인 젠더 재생산에 그치고 말 것인가에 대한 논의는 포스트페미니즘, 그리고 이와 연동된 테크노 페미니즘에서 꾸준히 진행되어 왔다.

테크노사이언스 시대의 도래는 페미니즘 진영에서 꾸준히 제기되어 오고 있는 기술과 여성의 미래에 대한 유토피아적 전망과 디스토피아적 전망을 둘러싼 오래된 논쟁을 보다 구체적인 장으로 이끈다. 미래로 상정되는 환경은 자동 인형 장치, 안드로이드 그리고 로봇들로 가득차고 이제는 인공지능, 인공자궁, 사이보그 등이 더해지면서 미래의 인간 형상을 희망과 우려 속에서 상상하도록 부추기고 있다.

페미니즘 이론에서 몸은 섹슈얼리티와 젠더 정체성을 구축하는 문화적 구성체로서, 그리고 실존의 토대로서 몸의 물질성을 기반으로 하여 그 중요성을 부여받아 왔다. 이러한 맥락에서 여성의 주체성 논의의 중심에는 여성의 몸이 갖는 문화적 의미에 대한 재정의, 섹슈얼리티와 욕망에 대한 의미 부여가 중요한 요소로 작용한다. 그런데 이렇게 여성의 주체성 형성의 핵심으로 작용하는 몸의 물질성은 테크노사이언스 시대의 디지털 기술의 도입과 더불어 탈신체화가 연동되면서 필연적으로 희석되리라고 예측되어 온 것이 사실이다(이수안, 2015c: 119).

과학기술 발달의 동반자 격인 디지털 기술의 세계에서 가상현실과 사이버공간 등에서 탈신체화가 상정되면서 기존의 젠더 이분법이 자연적으로 소멸되어 포스트젠더(postgender)의 사회가 도래할 것으로 전망하는 상황에서는 더욱 몸에 관습적인 형상화와 그로 인한 물질성은 이전의 여성의 주체적 삶의 조건으로서의 힘을 상실할 것으로 전망되어 왔다. 그러나 과연 탈신체화가 가속화되고 정보로서의 신체가 보편화된 인식체계 속에 들어온다고 했을 때 몸의 물질성이 가지고 있던 체현의 의미도 함께 사라져 버릴 것인지, 아니면 오히려 물질적 몸의 중요성이 역설적으로 강조되어 회귀할 것인지에 대한 논의는 더욱 확장되어 가고 있다 하겠다. 왜냐하면 사이버공간이나 가상공간에서 테크노바디는 더욱 넓어진 스펙트럼 위에서 몸의 물질성을 변주함으로써 몸의 이미지를 변형하고 있기 때문이다.

몸의 물질성을 출발점으로 하는 페미니스트 이론은 미셸 바렛(Michell Barrett)을 비롯하여 이리가라이, 그리고 엘리자베스 그로츠(Elizabeth Grosz, 1994)로 이어져 왔다. 주체성을 몸이라는 현실적이고 실제적인 기반 위에 세우려는 페미니스트들은 육체 유물론을 통해 체현(embodiment)을 중요한 키워드로 삼으면서 근대 주체가 부정했던 육체를 적극적으로 다시 사고하고 인정하는 작업을 육체 페미니즘의 출발점으로 삼고 있다.

이리가라이(2001)에 있어서 육체 유물론은 몸의 외관상 드러나는 물질적인 측면을 강조하기 때문에 성차를 전면에 내세우는 '차이의 정치학'을 구사하며 물질이면서 동시에 개념이고 재현인 육체를 통합적으로 사고하게 하는 육체 유물론의 인식틀을 구성한다. 이리가라이는 또한 유물론이라는 용어의 뿌리가 어머니(mater)이고 물질적인 것(the material)은 주체의 기원의 영역이자 여성 주체의 특수성을 표현하는 심급이라고 강조함으로써 몸의 외관상 성적 차이가 주체성 형성에 매우 중요한 준거가 된다는 점을 보여 준다(이수자, 2004: 155).

테크놀로지의 발달, 특히 디지털 미디어의 발달은 몸에 작용하는 과학기술을 통해 새로운 형태의 몸, 즉 테크노휴먼의 몸인 테크노바디의 현존을 가능하게 하는 한편 인간과 기계의 조응으로 인한 새로운 형태의 몸의 등장으로 몸 담론은 새로운 지평을 열고 있다. 일찍이 사이보그론을 촉발시킨 해러웨이를 비롯하여 '정보로서의 신체'를 통해 포스트휴먼 신체 연구의 중요한 근거를 제공한 헤일즈(Hayles)는 지금의 정보통신 기술사회에서 매우 함축적인 의미의 몸을 상정한 대표적인 페미니스트 이론가들이다.

이들 논의의 기반을 제공한 이론가들, 즉 테크노 페미니즘의 근거가 되는 육체 유물론으로부터 몸의 물질성이 여성 주체와 맺는 관계에 대해 천착하는 그로츠(Grosz, 1994)와 유목적 주체가 디지털 문화로 확장되어 대두되고 있는 포스트휴먼에 대한 철학적 논의를 이끌고 있는 브라이도티(Braidotti, 2015), 사이버페미니즘의 관점을 견지하면서 디지털 사회의 여성의 위치에 대한 장밋빛 미래 제시에 지속적인 견제의 의견을 제시하는 발사모, 그리고 사이버펑크와 인터페이스 안의 다양한 정체성에 대한 논의를 이끌고 있는 스톤(Allucquére Rosanne Stone,

1992; 1998) 등의 논의에서 육체 유물론이 사이버페미니즘 내지 테크노페미니즘의 이론적 근거를 제공하고 있음을 주목할 필요가 있다(이수안, 2015: 122).

젠더와 테크놀로지

정보사회의 다양한 과학기술 발달의 궤도에서 젠더 개념을 주체적인 관점에서 통찰하고, 과학기술의 발달이 여성의 삶과 연관되는 다양한 방식에 대해 탐구하여 여성의 삶을 긍정적으로 만들 미래를 전망하려는 노력은 젠더 관점의 기술사회학에서 꾸준히 경주되어 왔다. 사회과학과 인문학 분야에서 젠더와 과학기술을 깊이 있게 천착하는 저변에는 점차 복잡해지는 사회 현실에서 다층화되는 문제에 선제적으로 대응하기 위해서는 학제 간 벽을 넘어 다학제적(interdisciplinary & multidisciplinary) 지식 형성의 필요성이 깔려 있다. 급변하는 디지털 과학사회를 젠더 관점에서 분석하고 논의함으로써 여성과 과학기술이 얽혀 있는 현황에 대해 정밀하게 진단하고, 새롭게 등장하고 있는 인식론적 세계관의 전환, 즉 물리적 전회(material turn)가 여성학에 시사하고 있는 이론적 함의를 짚어 내고자 하는 학문적 노력은, 앞에서도 언급했던 와이즈먼같은 사회학자들로부터 꾸준히 있어 왔다.

근대 이후 '감정적인' 것과 '합리적인' 것의 구분이 공적 영역과 사적 영역을 나누고 학문영역을 갈라 놓았으며 성별에 따른 구분과 배치로 이어져 왔다. 이러한 이분법적 사유는 포스트모더니즘의 등장으로 현격하게 희석된 것으로 보이지만 유독 여성과 과학/기술 간의 보이지 않는 장벽을 유지하는 데 논리적 정당성을 부여하는 착시효과로 작용하고 있다.

그러나 사실상 여성은 오랫동안 과학기술과 긴밀한 관계를 맺어 왔다. 전통적으로 여성들이 담당했던 출산, 요리, 생활의료 등의 분야는 신비로운 과학의 영역이었다. 근대 이후 여성은 공장노동에서뿐 아니라 가사노동에서 기술 발달의 산물인 기계 및 가전제품과 긴밀한 관계를 맺으며 살아왔다. 더욱이 최근 들어 인공수정이나 시험관 아기, 성형수술 등, 여성의 몸과 생식에 관련된 과학기술의 발전은 여성의 현실적인 입장 및 경험과 무관하게 실질적으로 여성의 삶을 지배하고 있다. 여성의 몸과 노동에 직결되는 다양한 과학기술의 발달과 적용은 과학기술과 젠더 범주가 중첩적인 방식으로 연결되고 있음을 보여 준다. 나아가 휴머노이드 로봇이나 인공지능의 현실화로 여성의 몫이라고 여겨지는 돌봄노동 및 감정노동의 문제가 재고되고 있다. 해러웨이가 1980년대에 사이보그 선언문을 통해 예견했듯이, 이제 인간과 기계가 점차 혼종이 되는 사회에서 여성주의적 사유와 실천의 개입은 더 이상 미룰 수 없는 과제가 된 것이다. 그럼에도 불구하고 한국의 현실에서는 여성/기술의 분리가 여전히 모순적으로 작동되고 있다. 이는 직업적 선택과 지위에도 반영되어, 대학에서 여성 과학, 공학 전공자 수가 급격히 증가하고 있음에도 이들의 현실적 입지는 남성들에 비해 턱없이 좁은 실정이다.

최근 한국사회에서 급부상한 융합학문에 대한 요구와 기대는 여성학이 자연과학이나 과학, 공학, 과학기술, 그리고 의학기술에 대해 좀 더 치열한 문제의식을 가지고 접근해야 할 필요성을 대두시키고 있다. 기본적으로 여성학의 탄생 자체가 기존의 당연히 받아들여지던 고정관념을 깨뜨리는 데서부터 출발했던 점을 상기해 보면 페미니즘의 문제의식이 날로 새롭게 발전하는 첨단 과학기술에 대한 날카로운 비판 기능과 시사점을 담당할 수 있다는 사실은 시사하는 바가 크다.

2011년 한국 교육과학기술부의 통계에 따르면, 과학기술 분야에서 여성이 차지하는 비율은 17% 정도로 여전히 낮다. 뿐만 아니라 전체 과학기술 연구 개발인력 중 정규직 남성의 비율이 61.9%인 데 비해 정규직 여성의 비율은 8%에 불과하다는 사실은, 과학기술계의 젠더 불균형 문제가 여학생이 과학 및 공학에 흥미나 소질을 갖지 못하는 문제로 환원될 수 없는 사회적 현상임을 보여 준다. 즉 이것은 과학 및 공학이 그 자체로 남성적이라는 본질주의적인 시각에서 벗어나 과학 및 공학교육이 갖는 남성 중심적인 문화를 문제시하고 여성 과학기술인을 길러 낼 새로운 교육학이 필요함을 뜻한다.

서구에서 페미니즘의 영향으로 80, 90년대에 그랬듯이 한국에서도 대학에서 과학과 공학을 전공하는 여학생들이 급증하고 있는 데 비해 현실적으로는 이들이 전공지식을 사회에 펼칠 만한 환경이 적절하게 주어지지 않고 있다. 한편 IT 발달로 인해 과학과 공학의 새로운 패러다임이 형성되는 과학세계가 전개되면서, 예를 들어 인공지능 개발에 있어서 여성의 감수성이 요구되는 상황 등을 통해 역설적으로 여성의 과학계 공헌 가능성이 현저하게 높아가고 있다. 이러한 점을 감안할 때 여성학에서, 보다 적극적으로 젠더와 테크놀로지의 관계를 전반적으로 재검토하고 숙고하고 구체적인 비전을 제시해야 할 필요성이 대두되고 있다.

이 필요성은 다음과 같은 문제의 답을 찾는 데 적절한 동력으로 작용할 것이다. 여성과 관련한 과학, 여성에 의한 과학기술의 발달, 저해 요인으로 표지화되었던 물질적 몸을 벗어날 가능성으로 제시된 사이보그는 이제 인공지능의 개발을 통해 현실이 되고 있다. 그렇다면 과학기술의 발달이 과연 해러웨이가 전망했던 것처럼 우리를 거추장스러운 인종과 성별로 억눌렸던 물질적 몸의 역사로부터 해방시키고, 오랫동안 고착화되었던 성별 이분법으로부터 벗어나는 유토피아를 도래케 할 것인가? 과연 여성의 주체적인 행위와 개입 없이 대상화되던 과학적 합리성이 지속되는 한 그러한 유토피아는 여성이 함께 열어 가는 미래가 될 것인가?

최근의 IT를 필두로 하는 과학기술은 근대적인 이분법적 사고방식을 넘어서 새로운 인식론을 필요로 하면서 여성학의 인식론적 차원에서도 '물질적인 전회(material turn)'를 사유할 필요성을 제기하고 있다. 인공지능형 로봇 개발에 있어서도 오랜 역사 속에서 여성의 고유한 특질로 평가받던 감성과 감수성을 적용하는 감성로봇에 대한 사회적 요구가 적극적으로 수용되어야 하는 단계에 이르렀다. 그렇다면 여성의 과학에 대한 감수성을 고양하고, 과학과 공학에 종사하는 여성 인력에 대한 차별적 현실이 개선되어야 하며, 나아가 '젠더 혁신(gendered innovation)' 같은 적극적 개념을 도입하여 과학계 전반에 대한 기술 개발과 연구의 환경을 혁신해야 할 필요성이 대두된다.

젠더 혁신이란 개인, 문화, 그리고 과학과 공학 분야에서 젠더 편견을 제거하려는 노력을 통해 성취한 내용의 변화를 가리킨다(쉬빈저, 2010: 15). 쉬빈저에 의하면 젠더 분석이 엄밀하고 창의적으로 적용될 때 그것은 새로운 관점, 새로운 주제, 그리고 새로운 사명으로 나아가는 길을 열어 줌으로써 인간의 지식과 기술 시스템들을 고양시킬 수 있는 잠재력을 가지고 있다. 즉 여성 인력 규모의 변화와 제도 혁신을 가져오고 이는 지식 혁신으로 이어진다는 것이다. 유럽의회에서 2013년에 발표된 젠더 혁신 프로젝트는 기초 과학, 공학 및 기술, 환경, 식품 영양, 보건의학 및 교통 분야에서 새로운 통찰력을 제공해 주는 사례 연구 23건을 포함하고 있다. 기존 연구 분야에 성/젠더 분석을 접목하게 되면 새로운 시각을 갖게 되고 새로운 연구 질문을 개발할 수 있게 되며 새로운 연구영역을 발굴할 수 있으며, 궁극적으로 성/젠더 분석은 창의력을 일깨워 준다는 점이 젠더 혁신 프로젝트의 필요성을 대변해 준다. 이와 같은 젠더 혁신 프로젝트의 사례는 젠더 관점의 과학기술에 대한 분석과 지식으로서의 과학기술에 대한 여성학적 진단의 필요성을 확실하게 보여 준다.

근대 이후 최근까지 여성과 과학, 또는 과학기술은 그리 편하게 연결되는 범주가 아니었으나 시간과 공간의 압축으로 특징지어지는 디지털 정보사회가 시작되면서 과학기술과 젠더는 매우 친화력을 가지게 되었다. 테크노 페미니즘의 도래를 전망하는 와이즈먼에 의하면, 테크노사이언스의 시대에 들어서면서 전례가 없는 방식으로 인체를 리모델링하고 개인과 집단을 유형화하고 자연을 상품화할 수 있게 해주는 새로운 생의학 기술들이 인간적이라는 것의 의미를 바꾸고 있으며, 심지어 자아에 대한 인식까지도 바꾸어놓고 있다(와이즈먼, 2009: 14). 이런 변화들은 우리에게 기술 혁신 과정과 일상생활의 실천과 문화에 이들 혁신이 끼치는 영향 모두를 근본적으로 다시 생각하도록 요청하고 있다.

한 사회의 진보를 측정하는 지표로서 그 사회의 과학과 기술의 발전 수준을 합리적인 기준으로 여겨 온 것이 일반적이다. 즉 과학과 기술 그리고 의학은 진보를 상징하는 아이콘들로 규정되어 왔다. 그러나 지금의 정보과학기술과 테크노사이언스의 등장은 진보라고만 낙관할 수 없는 여러 가지 문제도 동반하고 있다. 환경이나 기후 문제가 그렇고 인공자궁이나 대리모의 윤리적 측면이 대표적인 예다. 테크노사이언스와 사회 사이의 연관이 근본적으로 재검토되는 것도 놀라운 일은 아니다. 그런데 페미니즘은 특히 IT의 발달이 여성의 미래에 유토피아적 전망을 갖게 하는지 아니면 디스토피아적 전망을 갖게 하는지를 놓고 논쟁을 벌여 왔다. 자동 인형 장치, 안드로이드 그리고 로봇과 인공지능으로 가득 차 있는 미래 시나리오 속에서 여성은 과연 테크놀로지와 어떠한 관계를 맺어야 할지 숙고해 보는 것은 미래에 대한 전망에서 필수적인 작업일 것이다.

바이오 테크노바디의 물질성과 탈신체화

그렇다면 테크노바디는 어떻게 규정될 수 있을 것인가? 그리고 테크노 페미니즘 관점에서 테크노바디의 해방적 지위는 물질성과 어떠한 상관관계를 가질 것인가? 테크노바디가 탈신체화하는 방식은 정보로서의 신체로 가능할 것인데 과연 이를 사이보그로 규정할 수 있을 것인가? 이러한 의문은 오를랑의 테크노바디의 다양한 외연 확장을 분석하는 데 있어 중요한 시사점을 제공해 줄 것이다. 여기에서는 오를랑이 보여 주는 다양한 테크노바디의 스펙트럼을 따라가면서 그중 특히 바이오 테크노바디와 디지털 테크노바디에 초점을 맞추어 이 두 종류의 테크노바디가 육체 유물론과 사이보그적 특징에 어떻게 부합하는지 주목하여 살펴본다.

과학기술이 인간의 신체에 작용하는 방식에 따라 그것이 이식(implant)이든, 접합(articulate)이든, 변형(modification)이든 그 결과로 테크노바디가 생성된다. 해러웨이가 기계와 유기체의 혼종으로 사이보그를 제시한 이후 30여 년이 지나면서 본래적 의미의 사이보그가 갖고 있던 혁신적인 이미지는 그동안 발달한 테크놀로지에 힘입어 풍성한 인간-기계 결합의 유형으로 확장되었고, 테크노휴먼 내지는 포스트휴먼의 대표적인 이미지가 되었다. 그렇다면 사이보그로 명명되는 테크노휴먼 내지 포스트휴먼은 '인간'이 아닐까? 인간과 기계의 결합은 단지 신체적인 변형, 즉 인간의 몸에 기계가 결속되거나, 보완되거나, 삽입되는 물질적인 보철 추가방식으로만 이해되는 것이 아니고 해러웨이가 이념적 출발점으로 전제했던 인간의 존재조건 변혁을 위한 원대한 전망에 따라 인간의 의식과 자아 정체성, 그리고 성 정체성 등까지 함유하는 총체적 존재로서 이해되어야 한다.

모라벡이 로봇과 인간 지능의 연구에서 인간의 실체가 본질적으로 신체화된 행동이 아니라 정보 패턴이라고 주장하면서(Moravec, 1988:

109-110), 인간의 의식을 컴퓨터에 다운로드함으로써 이를 증명할 수 있다고 제안한 바에 의하면 기계가 인간 의식의 저장소가 될 수 있고, 더 나아가 모든 실용적 목적에 대해서 기계도 인간이 될 수 있으며 역으로 인간도 사이보그가 될 수 있다(헤일즈, 2013: 14). 최근 들어 신체의 말소화를 기본적인 전제로 하면서 역설적으로 물질적인(corporeal) 몸을 지속적으로 문제 삼는 영상 재현물들, 예를 들면 〈엑스 마키나(Ex Machina, 2015)〉 같은 영화가 등장하고 있는 것도 이러한 맥락에서 볼 수 있다.

육체 유물론은 해러웨이의 저서 『유인원, 사이보그 그리고 여자』(2002)에 수록된 1984년 발표한 논문 "사이보그 선언문: 20세기 말의 과학기술, 그리고 사회주의-페미니즘"(1984)을 기점으로 하여 사이버페미니즘으로 접목되었다. 이에 더해 와이즈먼이 지향해 온 현실적 차원의 테크노 페미니즘을 기반으로 하여 헤일즈의 정보로서의 신체를 매개로 한 테크노바디와 연결됨으로 해서 이론적 차원을 확장하고 있다.

해러웨이는 성차별의 역사가 각인된 여성의 몸이 테크놀로지를 발판으로 하여 비로소 산업사회적 굴레로부터 벗어날 수 있다고 보면서 사이보그 논의를 시작하였으며, 특히 유색인종 여성이 긴 차별의 역사로부터 벗어날 수 있는 방법은 외피적인 신체조건을 벗어나는 것밖에 없다는 점을 주지시킨다. 해러웨이의 사이보그는 그러므로 상징적 은유로 해석해야 할 개념이며, 따라서 젠더를 초월한 존재로서 여성적 총체의 체험을 부정함으로써 사이보그의 정체성은 상황에 따라 유동적인 특성을 지닌다(장정희, 2009: 275).

발사모(2012)는 혼종성(hybrid)에 초점을 맞추어 사이보그의 개념을 정의하고 있다. 사이버네틱 유기체의 줄임말로서 사이보그는 일반적으로 인간과 기계의 결합, 특히 남성과 기계의 하이브리드를 묘사하고 있다는 점을 강조하고 있다. 발사모는 또한 사이보그를 '인조인간

(androids)', '복제물(replicants)', '생명공학적 인간(bionic humans)'으로 바꾸어 부르기도 한다는 점을 들어 사이보그의 다양한 스펙트럼을 보여 준다(2012: 43)고 지적하고 있다. 이러한 관점에서 다양하게 변조되고 있는 오를랑의 테크노바디를 개념 규정할 수 있는 논거를 제공한다고 볼 수 있다.

사이보그 이미지가 '인간'이라는 용어와 '인공물'이라는 용어 모두의 의미를 규정하면서 인간성(human-ness)의 기호들과 기계성(machine-ness)의 기호들은 하이브리드의 이중적인 본성을 지닌 '본질'의 표식자들로서뿐만 아니라 인간과 기계의 불가침적 대립 기호들로서 기능한다는 것이다. 그러나 사이보그는 양자 모두의 '본성'을 동시에 체현하기 때문에 그 결과인 하이브리드는 순수한 인간도 순수한 기계도 아니(발사모, 2012: 65)라는 지적 또한 유의할 만한 것이다. 이로써 결국 사이보그의 몸들이 문화나 자연 둘 중 하나에 전적으로 속하는 것으로 이해될 수 없으며, 전적으로 기술적이지도, 완전히 유기체적이지도 않다는 점을 강조하는 발사모의 이론(2012: 66)은 사이보그 이해에 있어서 양쪽을 포괄하는 관점을 요구한다는 점에서 적극 수용할 만하다.

비물질적 몸의 편재와 감각의 확장

가상공간에서 물질적 몸을 떠남으로써 얻는 자유로움은 몸으로부터 자유로운 환경, 즉 젠더와 인종의 육체적 체현에서 도피하는 장소로 선전된다고 보는 발사모(2012)는 한편으로는 가상현실에 대한 분석을 통해 몸에 대한 개념적인 거부가 물리적인 몸에 대한 물질적인 억압을 통해 성취된다는 점을 들어 비판적인 관점을 드러낸다. 이를 통해 발사모는 페미니즘 관점에서 물질적인 몸에 대한 억압은 분명히 탈체현되고 젠더로부터 자유롭다고 가정되는 가상현실이라는 세계에서 젠더 편견을 나타내고 있다고 역설함으로써(발사모, 2012: 204) 사이버페미니즘의 일각에서 보여 주는, 가상현실에서 여성의 해방을 점치는 낙관적 미래 전망에 대해 좀 더 신중하게 접근할 필요성을 제기한다.

발사모는 가상현실이 긍정적인 미래를 선사할 것이라는 낙관론에 의문을 표하면서 그 비판점으로 가상현실에 대해 가장 자주 반복되는 주장 가운데 하나로서 가상현실이 몸에 기반한 '현실의' 정체성의 결정으로부터 자유로운 개인적인 현실을 구축할 수 있는 기술적 수단을 제공한다는 점(발사모, 2012: 206; 이수안, 2015c: 125에서 재인용)을 들고 있다.

몸과 감각의 문제에 있어서 프리즈(Amanda du Preez)는 퐁티(Ponty)의 감각된 몸(the sensed body)과 감각 인지된 몸(the sentient body)이 사이버페미니즘 관점에서의 성차 인식에 있어서 중요한 개념이 된다는 것(Preez, 2009: 27)을 강조함으로써 디지털 테크노사이언스 시대에 인간의 감각 활용이 결국 지금의 몸 인식이 "감각들로의 회귀(return to the senses)"(Paterson & Dodge, 2012: 4)로 귀결되며, 이는 확장된 감각 범주와 연결될 수 있음을 시사한다. 또한 육체 유물론이 강조하는 물질적 육체성이 감각성과 직결된다는 점에서 육체 유물론으로부터 진화하고 있는 사이버페미니즘의 디지털 미디어 기반의 감수성 형성과 긴밀한 연관을 맺게 된다는 점을 확인할 수 있다.

이리가라이와 그로츠의 육체 유물론이 섹슈얼리티라는 개념을 중심에 놓고 전개된다고 한다면, 해러웨이는 한편으로는 고전적인 유물론의 틀을 놓치지 않는 방식으로, 또 다른 한편으로는 테크놀로지와 육체 개념이 결합되는 방식으로 여성의 몸을 통한 주체 형성을 논한다(해러웨이, 2002). 해러웨이는 인종이나 계급 등 정치경제학적 성차별을 타파하고 기존의 재생산의 고리를 끊기 위해 사이보그를 위한 선언을 함으로써 사회주의 페미니즘의 유물론적 관점을 연결하면서 '포스트모던한 인공적 사회에서 상상력과 물질적인 실재가 모두 농축된' 사이보그 이미저리를 적극적으로 끌어들인다(해러웨이, 2002). 해러웨이의 이론적 상상은 물질성을 중심에 놓고 있기 때문에 사이버페미니즘의 이론적인 힘을 여전히 발휘하고 있다.

한편 헤일즈는 실재와 가상의 육체, 생명과 무생명, 주체와 환경/타자의 관계를 둘러싼 다양한 철학적 문제들을 제기하고, 데이터화한 신체를 고정된 자아가 아니라 끊임없이 재구축 상태로 자아의 개념을 전환시켜 서로 이질적인 것들과의 하이브리드화를 꾀한다(조윤경, 2011: 311)는 점을 지적한 바 있다. 이상에서 정리한 테크노바디에 대한 이론적 이해를 바탕으로 하여, 특히 몸의 물질성이 테크놀로지의 발달과 함께 등장하는 다양한 탈신체화 양상과 맞물려 변형되어 가는지, 그리고 그 과정에서 감각은 어떻게 확장되는지 오를랑의 테크노바디를 중심으로 들여다본다.

오를랑의 테크노바디: 바이오 테크노바디에서 디지털 테크노바디까지

여성의 몸이 갖는 문화적 의미에 천착하는 예술작품에서 몸에 대한 성찰을 실천함에 있어서 테크노 페미니즘의 스펙트럼을 넓고 또 깊게 만들어 가고 있는 대표적인 행위예술가로 오를랑을 손꼽을 수 있다. 2016년 서울 성곡미술관에서는 50년 이상 자신의 몸을 대상으로 작업을 하고 있는 프랑스 예술가 오를랑의 회고전 [오를랑 테크노바디 1966-2016 (ORLAN Technobody Retrospective)]가 열렸다. 이 전시 제목에서도 알 수 있듯이 50년 동안 오를랑이 실험적으로 진화시켜 온 '오를랑의 테크노바디'를 모두 펼쳐 보여 준 것이다. 1990년대에 일종의 시리즈 형태로 이루어진 〈수술 퍼포먼스(Surgery-Performance, 1991~1994)〉로 세계적 명성을 얻기 시작한 오를랑은 〈카널 아트 메니페스토(Carnal art manifesto, 1989)〉를 통해 카널 아트의 창시자로서 수십 년 동안 다양한 방식으로 몸의 실험을 '과거로부터 현재까지의 진행형'으로 해오고 있다. 카널 아트는 오를랑이 창시한 미술 개념으로 문자 그대로 번역하자면 '육체적 예술'인데 단순히 몸을 이용한 예술이라기보다는 육체에 깃든 욕망이라든가 몸에 대한 담론 등을 모두 포괄하는 예술적 행위를 일컫는 개념이다.

자신의 몸을 성형수술대에 올려놓고 수술 장면을 위성을 통해 세계 여러 도시로 생중계함으로써 퍼포먼스 아트로서도 매우 충격적인 방식을 구사하였고 이로써 엄청난 반향을 일으킨 바 있는 〈수술 퍼포먼스〉를 통해 오를랑은 다양한 문제의식을 제기하고 있다. 이수균 전시기획자의 말을 원용하여 표현하자면, 여성의 몸과 정신에 가해 온 기존의 관습과 낡은 담론을 거부하면서 생명과학과 의학, 인공지능과 같은 기술을 통하여 인간의 몸 자체를 변형시킴으로써 첨단 기술 시대의 새로운 개념의 신체를 제시하고 있는 것이다.

오를랑이 제창한 카널 아트가 표방하는 기본전제의 출발점이 기존에 뿌리 깊게 존재해 왔던 여성의 몸에 대한 관념과 관습의 전복이었다는 점은 성형수술이 갖는 일반적인 통념을 깨기 위한 행위예술로서의 면모를 웅변적으로 보여 준다. 전통적인 인체조각에서 변형과 왜곡을 꾀하는 방식이 아니라 테크놀로지의 발전을 그대로 몸을 통해 예술적으로 확장시킴으로써 몸을 이른바 예술의 본래적 기원인 테크네(technē)의 경지로 끌어올리면서 테크노바디의 다양한 스펙트럼을 보여 주고 있다. 즉 "오를랑에게 예술은 우선적으로 기술인데, '예술'이 그리스 어원으로 테크네, 즉 기술이라는 사실은 그녀에게 전적으로 적용되는 말"(이수균, 2016: 14)이라는 해석에 주목할 필요가 있다. 테크네는 테크놀로지의 그리스어 어원으로, 하이데거(Heidegger)는 테크네에서 테크놀로지와 예술의 밀접한 연관성을 발견함으로써 테크놀로지에만 테크네라는 명칭을 부여하지 않고 예술 역시 "그저 테크네라고 불렀음"을 의미한다는 점을 강조하고 있다(러츠키, 2004: 11).

오를랑의 '몸'은 〈수술 퍼포먼스(Surgery-Performance, 1991~1994)〉시리즈에서 활용한 의료기술과 세포조직을 다룬 〈SK 인터페이스전〉의 생명공학과 만나면서 바이오 테크노바디로 출발하여, 3D 애니메이션으로 구상한 비디오와 증강현실을 사용한 최근작 〈북경 오페라 가면들, 얼굴 디자인들 그리고 증강현실(Masques Pekin Opéra, Facing Designs et Réalité, 2014)〉의 첨단 미디어 앱 활용을 통한 디지털 미디어 기술(IT) 등 다양한 테크놀로지 활용을 기반으로 한 디지털 테크노바디로 점차 진화하면서, 현재 이론적으로 거론되고 있는 테크노바디의 거의 대부분을 망라하며 테크노 페미니즘의 이해의 폭을 넓혀 주면서 폭넓은 스펙트럼을 보여 주고 있다.

테크놀로지와 여성의 몸을 성찰함에 있어서 카널 아트를 주창하면서 자신의 몸으로 직접적인 실험을 통해 자신만의 체계 속에서 테크노바디의 진화 과정을 보여 주고 있는 오를랑의 작품은 각별한 의미를 가지고 있다. 특히 최근의 포스트휴머니즘 논의에서 등장하는 테크노바디의 다양한 층위가 테크노 페미니즘의 예술적 실천 속에서 몸의 물질성이 변주를 이루면서 사회문화적인 의미와 저항을 함축적으로 보여 주고 있다. 이러한 맥락에서 볼 때 '오를랑 테크노바디' 개념을 고안하여 기획, 전시한 2016년 [오를랑 테크노바디 1996-2016]은 풍부한 해석의 지평을 제공하였다는 점에서 매우 의미 있다. 90년대 〈수술 퍼포먼스〉를 통해 바이오 테크노바디의 의미를 새롭게 하였다면 이로부터 시작하여 최근작인 증강현실 속의 디지털 테크노바디의 출현까지 예술작품에서 재현된 다중적인 테크노바디의 등장은 테크노 페미니즘에서 몸이 갖는 의미와 감각의 확장에 집중하여 분석해 볼 만한 문제의식을 제공하고 있다.

테크노바디를 보다 더 세분화해서 분류하면, 바이오 테크노바디와 디지털 테크노바디로 분류할 수 있다. 오를랑의 작품에서 등장하는 테크노바디는 크게 두 가지로 나뉠 수 있는데 첫째, 바이오 테크노바디, 둘째, 디지털 테크노바디가 그것이다. 우선, 초창기의 성형수술로 변형시킨 몸이 비교적 단순한 의미의 바이오 테크노바디라고 한다면, 이후 디지털 테크노바디로 이행하는 중간 과정에는 바이오 테크노바디가 좀 더 확장된 차원으로 수술의 부산물로 나온 피와 살점을 이용한 작품, 그리고 생의학술에 의한 세포 증식 등 순수한 몸의 물질화 과정이 삽입된다.

바이오 테크노바디와 물질적 몸의 파장

[오를랑 테크노바디 1996-2016] 전시장 월텍스트(wall text)에 의하면 오를랑의 〈수술 퍼포먼스〉는 외과수술을 예술 도구로, 수술실을 작업실로 삼아 수술대 위에서 작가 자신이 수술받는 전 과정을 위성 중계하는 퍼포먼스이다. 작가는 절개되고 변형된 자신의 몸을 창작을 위한 실험적 재료로 삼아 아홉 번에 걸친 수술 퍼포먼스를 시도하였다. 오를랑은 수술의 전 과정이 사회적 공론의 장으로 작동하길 바라며 2011년에 브뤼셀에서 발간한 한 화보의 서문에서 다음과 같이 고백한다.

> 처음부터 내 작품은 신체에 가해지는 사회적, 정치적, 종교적 압력들에 대한 질문이다. 또한 신체를 작업하기, 그리고 내 몸 위에서 작업하기, 그것은 사적인 것과 사회적인 것을 함께 나열하기 위한 것이다(Orlan, 2011: 11; 박문순, 2016: 8에서 재인용).

이와 더불어 "오를랑은 예술의 지평을 인류의 역사와 전 지구적 문화 그리고 인간을 넘어 동식물계, 생명 창조의 초기까지"(박문순, 2016:

8) 넓혀 나간다. 전시회 도록의 '오를랑 전기'에도 언급되듯이 오를랑은 이렇게 변형된 자신의 몸을 '수정된 기성품(modified ready-made)'이라 부르며, 더 이상 성형수술을 자신의 몸에 실행하기 어려워진 이후에는 생명공학, 디지털 합성기술, 증강현실, 게임 등 다양한 첨단 기술들을 활용하여 오늘날 예술과 기술의 관계, 그리고 미래의 인간 정체성에 대해 질문하는 방식으로 지속적인 신체의 변형을 진행하고 있다.

그의 대표작 〈수술 퍼포먼스〉는 바로 이러한 맥락에서 자신의 몸에 과감히 현대 의학기술을 도입하여 정체성을 변형시키고자 하는 시도이다. "그의 변형된 신체는 기존의 신체 담론으로 둘러싸인 과거에 대한 명백한 도전임과 동시에 새로운 인류의 도래를 예고한다. 이것이 바로 오를랑이 제안하는 인류 해방의 길이다. 기술 앞에서 벌거벗겨진 인간, 과거 인간의 정체성으로부터 탈피, 새로운 인류의 모색이 바로 오를랑 예술의 핵심"(이수균, 2016: 18)이라는 전시기획자의 표현은 이 점을 명확히 하고 있다.

오를랑이 〈수술 퍼포먼스〉를 시작하게 된 계기 또한 이 퍼포먼스가 테크노 페미니즘을 토대로 하여 구축된 것임을 보여 준다. "1990년부터 1994년까지 총 9회에 걸쳐서 진행된 퍼포먼스의 단초를 제공한 사건은 1979년에 리옹에서 발생했다. 자신이 참여하는 심포지엄 참가 도중에 자궁 외 임신으로 인한 응급수술을 받게 된 오를랑은 자신의 수술과정을 녹화하여 심포지엄에서 공개했던 것이다."([오를랑 테크노바디 1966-2016] 월텍스트) 어쩌면 매우 우연하게 발생한 응급수술의 상황이 하필이면 자궁 외 임신에 의한 것이었고, 이로 인해 신체의 절개와 복원, 그리고 실질적인 몸의 분절을 의도적으로 감행하게 하는 단초가 바로 여성의 섹슈얼리티와 직결된 임신의 한 형태였던 것이다. 이러한 연유에서인지 오를랑은 카널 아트 선언문에서 출산으로 인한 극단적 고통 수용을 시대착오적이고 터무니없는 것으로 여긴다는 점을 분명히 하면서 "이제부터 우리는 경막 외 마취제, 국소 마취제 그리고 여러 진통제들을 가져야 한다! 모르핀 만세! 고통을 내려놓아라!"라고 선언하고 있다. 국소 마취제와 모르핀은 수술하는 동안 오를랑을 깨어 있도록 하면서 동시에 고통을 잠재워 줌으로써 지속적으로 말하고 응시할 수 있는 상태를 만들어 주는 효능이 있기 때문에 오를랑에게는 매우 효과적인 작품의 보조자 역할을 하는 중요한 요소다.

성형수술이 가져올 효과에 대해 클리셰로 작용하는 '아름다운 몸매와 얼굴'은 숱한 성형수술 비판 연구에서 다루어져 왔다. 페미니즘 관점에서는 사회적 강제가 투영된 젠더화된 몸 이미지의 남성 중심적 기준과 몸 전형을 여성들이 수용하는 다양한 과정을 비판하고 이 내재화된 기준을 외형적으로 실행하는 성형수술에 대해 비판하고 있다. 한편 포스트페미니즘에서는 자신의 마음에 들지 않거나 못생겨서 심리적 고통을 주는 몸의 부분이나 얼굴을 성형수술을 통해 변형시키는 과정이 고통으로부터 자신을 해방시키는 주체적인 행위로서, 일종의 권한 부여(empowerment)로 평가한다.

특히 텔레비전 리얼리티 쇼에서 메이크오버의 과정에 대해 주체적인 행위로 해석하는 연구들(Banet-Weiser & Poerwood-Stacer, 2006; Tait, 2007)이 이를 뒷받침하고 있다. 성형수술이 아름다운 얼굴과 몸을 추구하면서 몸을 사회적 통념에 순응하도록 만드는 것에 반하여 오를랑의 몸은 성형수술에 순응하는 '유순한 몸(docile body)' 개념에 저항하여 주체적으로 '괴물'이 되는 시도의 예술적 장으로 작용하였다(이수안, 2016: 94). 오히려 일부러 그로테스크한 얼굴을 만들어서 일종의 여성주의적 대안이자 저항으로서 자발적으로 '괴물'이 되기를 선택한 오를랑의 몸과 얼굴이 그것이다. 이 점은 카널 아트 선언문 중 '자유'의 항목에서 강조되고 있다.

‘수정된 기성품’을 통한 저항과 전복

오를랑의 바이오 테크노바디의 전복적인 면모는 카널 아트 선언문으로부터 구체적으로 드러나고 있다. 그는 카널 아트를 고전적인 의미에서 자화상으로 개념 정의하면서, 그러나 오늘날의 테크놀로지를 도구로 하여 만들어진 자화상이라는 점을 분명히 하고 있다. 다음에 인용하는 오를랑의 카널 아트 선언을 보면 카널 아트가 단순한 몸의 예술(body art)이라기보다는 사회적으로 부여된 다양한 관습과 이데올로기적인 요소를 몸으로부터 제거하기 위한 저항임을 알 수 있다. 오를랑은 개념 정의에서 “카널 아트는 형상 해체와 재형상화 사이를 왔다 갔다 한다. 그것의 육체로의 기입은 우리 시대가 배태한 새로운 가능성들에 기인한다. 몸은 더 이상 한때 대표되었던 이상형으로 보이지 않는, 즉 고착되거나 승인되기에 충분하게 준비되지 않은 ‘수정된 기성품’이 되고 있다”*라고 명시적으로 규정하고 있다.

몸의 예술과의 구분에서 그는 자신의 공식 홈페이지에서 “전적으로 대조적인 카널 아트는 더 이상 고통을 열망하지 않고 더 이상 정화의 원천으로서 고통을 추구하지 않으며, 구원으로 생각하지도 않는다. 카널 아트는 성형수술의 결과에 관심 갖지 않지만 성형수술 퍼포먼스의 과정과 변환된 몸은 공공 논쟁의 주제가 되고 있다”고 제시하면서 자신의 몸을 성형수술 퍼포먼스를 통하여 공론의 장에 하나의 소재로 제공한다는 점을 분명히 하고 있다.

실제로 수술 퍼포먼스가 진행되는 동안 수술실 자체를 일종의 아틀리에로 만들면서 무대로 꾸미고, 비디오로 녹화를 하거나 직접 위성으로 생중계하기도 하였다. 시를 낭독하거나 수술을 집도하는 의사들과 담소를 하거나 음악을 듣기도 한다. 미셸 세르, 줄리아 크리스테바, 앙

* 오를랑 홈페이지, “MANIFESTO OF CARNAL ART”, http://www.orlan.eu/texts/.

토냉 아르토 등의 글을 읽음으로써 가장 내밀한 자신의 몸을 드러내면서 공론의 자리를 만드는데, 심지어 1993년도에는 뉴욕에서 수술받는 퍼포먼스를 행하면서 주요 도시에 생중계하기도 하였다([오를랑 테크노바디 1966-2016] 월텍스트 참조).

오를랑은 홈페이지에서 카널 아트가 예술가의 개인적 자유를 선언하고 강조한다고 주장하면서 그런 의미에서 그것은 편견에 저항하고 명령하는데 이것이 사회적인 것과 미디어에 관여하는 이유라고 밝히고 있다. 더 나아가 카널 아트는 성형수술에 반대하는 것이 아니라, 특히 여성의 살(flesh)에 새겨지는 지배적인 이데올로기의 기준들에 반대하는 것이라는 페미니스트로서의 입장을 밝히고 이로써 카널 아트가 페미니스트로서의 예술작업에서 절대적으로 필요한 과정이라는 점을 부각시킨다. 따라서 카널 아트의 스타일은 기본적으로 조롱이 전제되고 바로크적인 것, 그로테스크한 것이 선호되는데, 왜냐하면 카널 아트가 스스로를 인간의 몸과 예술적인 작품에 의해 수반된 사회적 압력에 대립시키기 때문이다. 이러한 점을 놓고 볼 때 카널 아트는 반형식주의적(anti-formalist)이자 반순응주의적(anti-conformist)이라는 것이다.

오를랑이 수술 프로젝트를 진행하면서 읽은 바 있는 라캉파 정신분석학자인 레모이네 루치오니의 글은 오를랑이 성형수술을 통해 이루고자 한 정체성의 전복적 혼융(hybrid)을 일깨워 준다.

> 피부는 늘 기만한다. …… 삶에서 가진 것이라곤 자신의 피부밖에 없건만 …… 인간은 '자신의 자신다움에 합당한 피부'를 결코 가진 적이 없다. …… 나는 천사의 피부를 가지고 있으나 나는 야생의 개이고 …… 나는 악어의 피부를 가지고 있으나 나는 강아지이다. 나는 흑인의 피부를 가지고 있으나 나는 백인이고, 나는 여성의 피부를 가지고 있으나 나는 남성이다. …… 이 법칙에 있어서 예외는 없다. 나는 그 어떤 경우에도 내가 소유한 그것으로 나

자신의 나됨을 말할 수 없기 때문이다(Moos, 1996: 69; 신채기, 2002: 59에서 재인용).

수술실을 무대화하면서 자신은 물론 집도 의사들 모두 유명 패션 디자이너, 예를 들면 파코 라반느(Faco Rabanne)나 이세이 미야케(Issey Miyake)가 디자인한 드레스를 입고, 수술실 내의 장식도 주의 깊게 설치함으로써 철저하게 무대 기획을 한 후 수술 과정을 비디오로 촬영하여 기록하고 중계하는 방식은 바로 그가 카널 아트에서 주장한 새로운 방식의 나르시시즘의 장을 만드는 과정이라고 할 수 있다.

수술의 과정에서 오를랑은 자신의 몸을 응시하는 과정을 통해 자기 자신을 소격시킬 수 있는 새로운 자신을 만들어 내겠다는 의도를 관철한다. 즉 오를랑에게 있어서 자신의 카널 아트는 '거울에 반영된 자신의 이미지'에 빠지지 않는 새로운 나르시시즘적인 공간, '새로운 거울 단계'를 가능케 하는데, 이는 '자신의 낡은 몸을 들여다볼 수 있는' 데서 가능해진다는 것이며 이를 다음과 같이 설명하고 있다.

> 나의 카널 아트는 거울에 반영된 자신의 모습에 빠지지 않는 새로운 나르시시즘적인 공간을 가능케 한다. …… 나는 내 자신의 몸을 고통 없는 상태에서 볼 수 있게 된다! …… 다시 보라. 나는 나의 모습을 창자까지 볼 수 있다. …… 이것은 새로운 거울 단계! 나의 낡은 육체를 깊이 있게 들여다볼 수 있는 바로 여기에서 우리의 동시대성은 이해 가능해진다. 〈카널 아트 선언문〉

바이오 테크노바디의 생의학적 물질화

라캉(Jacques Lacan)의 거울 단계를 끌어옴으로써 오를랑은 자신의 온전히 통일된 몸을 응시하는 동시에 파편화되는 신체의 내부를 들여다봄으로써 혼란스러운 경험을 통해 두 개의 세계가 충돌하는 것을 보게 된다. 그것은 수술의 결과뿐 아니라 수술의 과정을 관객에게 보여 주고 자신 또한 그 과정에 깊이 개입하면서 가능해진다. 즉 수술 과정에서 절개되고 젖혀진 수술 부위의 그로테스크한 광경을 드러내면서 물질화하는 신체를 관객에게 보여 주는 것이다. 즉 〈편재(Omni-presence, 1993)〉에서 보여 주는 바와 같이 절개된 피부와 그 안의 힘줄과 피 등을 보여 줌으로써, 또한 '안에 들어가 있던 것'들을 '겉으로' 드러냄으로써 신체의 표면과 내부의 경계가 허물어지는 지점을 보여 준다.

신채기는 미하일 바흐친의 언급을 인용함으로써 이 수술 장면의 그로테스크를 설명한다. 그에 의하면(2002: 60), 바흐친은 신체의 그로테스크를 설명함에 있어서 신체와 세상의 경계가 허물어지는 지점들, 예를 들어 임신, 분만, 교미 등과 관련된 신체기관을 언급하는데, 내부세계와 외부세계가 더 이상 구분되지 않고 상호 교환이 이루어지는 그로테스크한 양상은 오를랑의 절개되어 열린 피부에서도 적용된다는 것이다.

오를랑의 〈수술 퍼포먼스〉는 한편으로는 보철물을 이용한 사이보그를 연상케 한다. 오를랑은 뉴욕에서 일곱 번째 수술을 하는 동안 일반적으로 광대뼈를 두드러지게 강조하는데 사용하는 보철물을 관자놀이 양쪽에 삽입하도록 요청하여 돌출 험프를 만들었다. 보철물을 삽입함으로써 미인의 기준에 맞는 얼굴로 만들어서 미를 추구하는 효과를 노리는 것이 일반적인 성형수술의 목표인데 오히려 기괴하고 그로테스크한 얼굴 모양을 만듦으로써 여성에게 요구하는 순응하는 몸의 기준을 거스르는 행위를 한 것이다.

발사모에 의하면 사이보그의 몸은 베이트슨(Bateson)의 주장대로 "피부에 의해 경계 지어지는 것이 아니라 정보가 여행할 수 있는 모든 외부 경로를 포함한다(Bateson, 1972: 319; Balsamo, 2012: 30에서 재인용)." 그러므로 사이보그는 전적으로 기술적인 것도 완전히 유기체적인 것도 아닌 혼성체(hybrid entity)이며, 이것은 사이보그가 기술적으로 재주조된 몸과 자연적인 몸의 대립을 파괴한다는 것을 의미한다.

이에 따르면 몸은 물질체이자 담론적 과정으로 다시 사유할 수 있게 하는 잠재력을 가지고 있다고 할 수 있다. 또한 여성의 몸은 살과 피로 이루어진 실체로서의 상징적인 구축물이기도 하다는 점에서 문화적 중요성을 갖는다(Sleiman, 1985: 2; 발사모, 2012: 50)고 강조하고 있다. 이러한 맥락에서 오를랑이 자신의 피를 작품에 이용하고 또한 수술의 부산물로 떨어져 나온 살점과 지방, 피부조직을 작품화하는 과정, 그리고 세포분열을 시켜 시각화하는 작품 등은 바이오 테크노바디의 생의학적 물질화의 절정을 보여 준다.

몸의 물질성이 중요한 기준이 됨과 동시에 여성의 몸이 몸의 물질성을 유지하는 한 주체성을 견지하게 된다(이수안, 2015c: 124)는 점은 수술 퍼포먼스와 연관된 작품들에서 다시 확인된다. 수술의 부산물인 피를 이용한 작품, 1993년도의 손가락으로 그린 피 그림이나 수술 시 몸에서 채취한 살점들을 방부액에 넣고 방탄유리에 금속틀을 씌운 후 이를 성유물(relic)이라고 이름 붙인 작품, 〈작은 성유물(Les petits reliquaires, 1992)〉과 〈큰 성유물(Grands reliquaires, 1993)〉(이하 〈성유물〉) 등은 발사모가 언급한 정보, 즉 생물학적 정보인 DNA 샘플로서 신체의 물질적 일부로 좀 더 세분화되어 가는 것을 알 수 있다. 즉 '물질적인 몸'이 좀 더 세부적으로 '파편화된 몸'으로 이행하게 되는 과정에서 더욱 물질적인 '부분'으로 나뉘면서 오히려 '여성'과 '남성'이라는 구분을 무화시키는 효과를 가져온다.

이 〈성유물〉 프로젝트에서 오를랑은 자신을 '성 오를랑(saint ORLAN)'이라고 지칭하면서 자신을 부활시키는 것은 신의 구원이 아니라 방탄유리 속의 자신의 조직 샘플, 즉 그녀의 복제 시 사용될 DNA 샘플이라는 것을 공고히 하였다. 즉 '자기 신성화' 과정의 물질적 신념의 증거가 바로 〈성유물〉인 것이다. 이 작업을 좀 더 자세히 살펴보면 여기에는 식수가 여성의 몸에서 나오는 유체를 개념화한 비체(abject)의 적극적인 발현이 이루어짐을 발견하게 된다.

오를랑은 또한 90년대 초부터 성형수술 과정에서 제거된 지방, 혈액, 피부, 살점 등을 수집해 〈성유물〉 연작을 만들었는데 이 중에는 자기의 피, 수술 중 흘러나온 체액을 적신 거즈에 자기 초상 사진들을 '프린트'하기도 했다. 〈성유물〉 프로젝트가 생명공학적으로 더욱 확장된 작품은 2007년에 제작된 충격적 작품으로, 오를랑의 피부에서 추출한 세포들로 증식된 조직을 재료로 하여 옷을 만든 〈광대의 망토(Le manteau d'Arlequin, 2017)〉이다. 이 망토는 웨스트 오스트레일리아 대학 생리학과, 생물학과, 해부학과 부설 심비오티카 연구소의 초대를 받아 만들어진 것으로 다음과 같이 묘사된다.

> 오를랑이 재구성한 생물반응기가 포함되며 시험관에 배양 중인 피부세포가 담긴 생명공학 망토 시제품이다. 망토는 실물 크기인데, 문화적 이종교배를 상징하는 다이아몬드 꼴의 장식을 누빈 것이다(하우저, 2008: 83-89; 쿠아란타, 2016: 51에서 재인용).

쿠아란타의 설명에 의하면 이 작품은 연도와 기원이 각기 다른 다채색 세포들이 뒤섞인 생물반응기였다. 2007년 호주의 퍼스에서 생체 조직 검사를 하면서 떼어 낸 오를랑의 피부세포들은 (1990년의 성형수술 때와 마찬가지로) 다양한 퍼포먼스의 재료가 되는데, 이 작업으로 오를랑은 이종교배 탐구의 새로운 단계로 돌입하며 이는 마치 데이터베이스에서 나온 단편정보들처럼 그녀의 피와 살처럼 보이는 피부의 이종교배 세포들이 3D로 보는 그녀의 두상조각과 별로 다르지 않다는 것이다. 쿠아란타는 "스캐너로 분해한 3D는 디지털 자료로 옮겨지고 이것은 비디오와 3차원 모델링의 주제가 된다. 이 두상은 피부와 혈액과 살의 세포작업과 마찬가지로, 정보형태로 표현되는 몸의 물질적 자취로 보인다(쿠아란타, 2016: 52)"고 해석하고 있다.

바이오 테크노바디가 글로벌 하이브리드를 보여 준 작품으로는 아프리카 등 원주민의 이미지를 성형수술을 통해 형상화하고 이를 사진으로 남긴 작품, 〈자기 교배(Self-Hybridizations, 2000~2003)〉 연작을 들 수 있다. 아프리카, 인디언, 선사시대 콜롬비안 등의 인종적 특징을 자신의 얼굴에 수술적 변형을 통해 재현함으로써 문화적, 인종적 정체에 대해 물질적 증좌로 누구나 여러 요인들을 중심으로 혼종이 될 수 있다는 점을 강조한다.

디지털 테크노바디: 증강현실 속 하이브리드 몸의 현현과 감각의 확장

전통적인 비디오 작업 속의 '오를랑 바디'는 물질적 몸의 상태를 적나라하게 보여 주고 있으나 최근 들어 디지털 기법을 이용한 작품이 점차 비중을 차지하면서 테크노바디의 탈신체화 경향을 두드러지게 보여주고 있다. [오를랑 테크노바디 1966-2016] 전시에 소개된 바와 같이 증강현실이나 가상현실, 정보화된 신체, 압축 데이터 등이 활발하게 사용되는 것이 더욱 강력한 몸의 변형과 전이를 말해 준다. 〈변형-재현, 자가 혼성(Défigutation-refiguration: Self-hybridation, 1997)〉 연작이 3D 이미지로 구현된 것에 이어서 〈변검(Self-hybridation with Pekin Opera Mask, 2014)〉 연작은 기술의 진화와 함께 신체가 확장, 내지는 탈물질화하는 방식을 보여 준다.

이 연작은 디지털 매핑 기법을 이용해 작가의 얼굴 위에 변검의 가면을 덮어씌운 작업이다. 유진상(2016: 26)은 이 작업이 수없이 많은 다중적 인격과 그것들이 모두 한 사람의 얼굴이라는 점 두 가지를 함축하고 있다고 본다. 그는 이 작업이 오를랑의 작업에서 나타나는 정체성의 전이라는 주제를 매우 적절하게 떠올리게 한다고 보면서 여기에서 가면은 배경의 무늬와 이어져 있어서 정체성의 전이는 세계의 전이와 동시에 이루어진다는 점을 암시하고 있다는 것이다(유진상, 2016: 26).

나아가 오를랑은 어그먼트 앱을 활용하여 이 공간을 입체적인 사이버공간으로 재현한 뒤 그 안에 자신의 몸을 일종의 데이터로 나타나게 하는데 이는 오를랑이 증강현실 기법을 통해 또다시 윤회하는 것으로 볼 수 있다. 이렇게 데이터 값으로 바뀐 작가의 신체는 3D 프린터를 통해 조각으로 제시되거나 사진으로 출력되기도 함으로써 기술의 진화와 더불어 신체의 확장 역시 궁극적인 편재(omnipresence)를 향해 나아가는 것을 알 수 있다.

이미 1994년 작인 〈편재(Omnipresence No. 2)〉에서 자신이 비물질적인 도상들과 혼동되는 과정을 거대한 설치작업으로 보여 준 일이 있는바, 〈북경 오페라 가면들, 얼굴 디자인들 그리고 증강현실〉 작품에서 오를랑의 존재는 기존의 모든 정체성들을 개념적으로나 기술적으로 대체할 수 있는 가능성을 강력하게 제시한다(유진상, 2016: 27)고 보는 것이 적절하다.

대중문화나 예술작품에 나타난 사이보그 이미지는 크게 두 가지로 분류될 수 있는데 하나는 해러웨이(2002)가 개념 정의한 바대로 인간 존재와 전자장치 혹은 기계장치 사이의 결합이고, 또 하나는 사이버네틱 정보체계 내에 배태된 유기체의 정체성(발사모, 2012: 30)이다. 이러한 차원에서 본다면 오를랑의 〈북경 오페라 가면들, 얼굴 디자인들 그리고 증강현실〉에서 어그먼트(augment) 앱으로 불러내는 신체 이미지는 유기체 그 자체로서의 물질성은 없으나 여성 배역을 부정하는 경극을 비판하면서 여성의 몸 이미지를 증강현실 속에 형상화한 정체성이라고 할 수 있다.

디지털 테크노바디로 정보기술적 차원에서 주체성을 확장해 나가는 작업은 이 [오를랑 테크노바디 1966-2016] 전시에서 독특하게 선보인 작업으로 디지털 게임 안의 주인공으로 등장하는 〈MYO 팔찌를 이용한 오를랑 인터랙티브 설치의 게임 실험(Expérimentale mise en jeu installation interactive ORLAN avec Bracelet MYO, 2013)〉이라든가 다양한 데이터 기반의 형태나 분신들로 나타나는 것을 표현한 작품, 〈자유의 여신과 껍질이 벗겨진 몸을 한 두 명의 오를랑(La Liberté et deux ORLAN corps en écorchées, 2013)〉에서 볼 수 있다. 쿠아란타의 다음과 같은 작품에 대한 기술은 이 작품을 통해 오를랑이 디지털 테크노바디로 본격적으로 입문함으로써 이전의 바이오 테크노바디의 몸의 물질성이 여전히 정보체계 속에서 남아 있음을 일깨워 준다.

> 이 작품에서 오를랑은 데뷔한 뒤로 계속되는 〈분노 측정〉 연작과 마찬가지로 초기의 '슬로 모션'을 되살리는 듯하다. 비디오를, 하나는 가운데, 둘은 측면에 서로 마주 보도록 설치해 오를랑의 몸을 셋으로 보여 준다. 바닥은 텅 빈 추상적 공간이다. 비디오는 다양한 측정을 한다. 몸의 피부는 미술학교에서 흔히 사용하는 해부 모델을 연상시키는 조직으로 덮여 있다. 영상 속 오를랑의 몸에는 〈분노 측정〉을 공연할 때 사용했던 보철물, 성형수술 때 삽입한 이식용 보형물이 시퍼런 색으로 강조되어 뚜렷하게 드러난다. 이런 작업에서도 다시 한 번 '오를랑 바디' 개념대로 작가는 또 다른 필수요소나 참고모델로 변신한다. 즉 디지털 환경에서 필수품이 되었다고 은유한다. 정보를 충분히 담고 있어 누구든 원하는 대로 해석할 수 있도록 …… 멀티미디어

의 자료파일을 펼쳐 놓는 셈이다. 움직이지 않고 고정된 영상, 디지털 애니메이션, 양방향 대화형으로 변모하는 분신이자 한 점의 조각품이다. 오를랑 바디는 이종 교배될 뿐만 아니라 조작되어 〈범프로드(Bumpload, 2009)〉라는 양방향 설치물의 표면으로 재활용된다. 범프로드는 하이브리드, 변종이다. 작가의 모습을 차용하지만 삽입용 조직, 첨가물, 현실 속에서 생각할 수 없는 왜곡된 모습으로 연출했다. 반투명의 거무튀튀한 수지로 제공했는데, 유전자, 첨단공학, 문화적 참고를 극단적으로 뒤섞었다(쿠아란타, 2016: 52-53).

이 작업은 그 뒤에 이어진 〈북경 오페라 가면들, 얼굴 디자인들 그리고 증강현실〉에서 좀 더 발전된 증강현실 속 '오를랑 바디'를 이끌어 낸다. 비디오 게임 작업을 비롯한 일련의 디지털 작업들은 가히 '감각들로의 회귀'를 적용해 볼 수 있을 정도로 디지털 미디어와의 공감각(synaesthesis)의 차원까지로 감각을 확장시키는 것이 확인된다.

어그먼트 앱 활용은 관객이 직접 스마트폰이나 디지털 기기의 터치스크린을 햅틱작용에 의해 작동시키고 앱을 다운받고 직접 입체적인 오를랑의 모습을 이끌어 내는 전 과정의 시/공감각을 노정하고 있다. 즉 생물학적 몸이 아닌 증강현실 속 다양한 복장과 분장을 한 오를랑의 테크노바디를 시감각을 동원해서 경험하게 된다.

오를랑은 〈카널 아트 선언문〉을 통해 스스로를 페미니스트 예술가로 규정하면서, 지난 50년 동안의 작업에서 일관되고도 철저한 방식으로 몸에 근거한 자기 해석을 해나감으로써 명실상부한 테크노페미니스트 작가라는 평가를 획득하였다. [오를랑 테크노바디 1966-2016] 전시 도록에서도 확인할 수 있듯이 퍼포먼스 작품인 〈분노 측정(MesuRage, 1974)〉으로 자신의 몸을 거리 측정의 도구로 활용함으로써 남성 중심의 척도를 전복하는 일종의 상징적 저항으로 삼은 것으로부터 시작하여 오클랑의 몸은 〈수술 퍼포먼스〉 시리즈에서 처절한 바이오 테크노바디가 되고, 이제는 디지털 게임과 어그먼트 앱을 통해서 언제든 관객의 앞으로 물구나무서듯 돌아 나오는 디지털 테크노바디로 재현되고 있다.

〈수술 퍼포먼스〉 시리즈에서 오를랑은 여성 주체로서 몸의 물질성을 통한 정체성 인식이 의료기술이라는 테크놀로지에 의해 현재적 실체로 생생하게 드러냈다. 이를 통해 오를랑은 고통이나 정신적 희열 등의 몸을 통한 감각의 극단적 상태를 스스로 경험하면서 페미니스트로서 여성의 몸에 대한 사회적 통념에 저항하였다. 이 수술이 보여 주고자 하는 또 하나의 극단적인 문제의식인 '파편화된 몸'의 물질성 또한 주의 깊게 살펴보아야 할 부분이다.

즉 외모지상주의로 연결되는 성형수술에 대한 열광이 만연해 있는 한국의 상황에 비추어 볼 때 오를랑이 자신의 얼굴 성형을 통해 '아름다운 얼굴'이 아닌 저항의 몸짓으로서의 위악적 '추함의 지향'을 전면에 내세운 과정은 성형수술이라는 점에서는 동일한 테크노바디로의 변화이면서도 전혀 다른 차원의 결과를 보여 준다는 의미에서 성찰적으로 들여다볼 근거를 제공해 주고 있다. 또한 〈성유물〉 시리즈는 결국 바이오 테크노바디의 확장된 범주인 세포조직의 배양으로까지 연결됨으로써 육체 유물론에서 몸의 물질성에서 여성의 주체성을 확인하고자 했던 것보다 상징적 방식으로 훨씬 급진적인 물질성을 제시하고 있다.

오를랑이 여전히 몸에 집중하면서 진행한 최근의 디지털 테크놀로지 도입 프로젝트들이 상정하는 디지털 테크노바디는 자연스럽게 사이버공간의 탈신체화 과정의 여러 논제들을 불러일으킨다. 오를랑의 작업 계획에서 앞으로 스스로 사이보그가 되려 한다는 계획이 제시된 것으로 미루어 사이버공간에서의 탈신체화와 물질성의 문제는 지속적으로 제기될 것으로 보인다. 그렇다면 이는 해러웨이(2002)가 제안한 사이보그의 유토피아적 미래와 어떻게 연관 관계를 형성할 것인지, 테크노 페미니즘의 관점에서 좀 더 면밀하게 주시해 보아야 할 것이다. 왜냐하면 오를랑의 예술적 상상력이 끈질기게 테크노 페미니즘의 관점에서 주목할 만한 '몸의 테크네'를 구축하면서 끊임없이 '몸에 대한 성찰'을 제안하고 있기 때문이다.*

* 이 글에서 이루어진 오를랑의 테크노바디 분석에는 2016년 성곡미술관에서 열린 [오를랑 테크노바디 1966-2016]의 전시작품과 전시도록, 전시장의 작품해설(wall text) 등이 주요 참고자료가 되었음을 밝힌다.

3 탈물질의 인공지능과 체현의 양가성(ambivalence)

여성의 젠더 정체성 형성의 핵심으로 작용하는 몸의 물질성은 디지털 문화환경에서 탈신체화와 연동되면서 그 의미가 퇴색할 것으로 예측되어 왔다. 그러나 과연 몸이 사라지고 몸의 물질성이 가지고 있던 체현의 의미도 함께 사라져 버릴지, 아니면 오히려 물질적 몸의 중요성이 역설적으로 강조되어 회귀하는 것은 아닌지 살펴보아야 할 문제이다. 왜냐하면 사이버공간이나 가상공간은 젠더와 몸 개념의 이미지가 한 가지의 고정된 시각이 아닌, 다양하고 계속해서 변화하는 유동성을 전제로 한 이미지 생산의 공간이기 때문이다.

최근의 포스트휴머니즘 논의에서 진행되고 있는 사이보그의 탈신체화 서사 속에서 젠더는 점차 초월(transcendence)의 경지로 확산되어 포스트젠더(postgender)를 언급하기 시작하고 있다. 그런 가운데 여전히 사이버공간에서 여성의 몸이 완전한 해방의 이미지를 구축하고 있는지에 대해서는 회의적인 문화적 징후들이 만연해 있다. 이 논문에서는 포스트휴머니즘 논의 속에서도 끊임없이 몸의 물질성을 상기시키는 체현(embodiment)의 문제에 대해서 천착함으로써 포스트젠더와 사이보그의 본래적 해방적 젠더 초월과는 다르게 섹슈얼리티와 관련해서 여전히 잔존하는 이성애적 성애화가 주를 이루는 문화적 재현에 대해 사이버페미니즘의 관점에서 다시 생각해 보고자 한다.

해러웨이가 유기체와 기계의 혼종으로서 사이보그의 은유를 제안한 이래 사이보그는 디지털 시대의 다양한 신체 유형을 일컫는 상징적 형상이 되어 왔다. 인간 신체에 기계를 결합시키는 의학적 사이보그(Herr, 2014), 또는 이미 상용화된 로봇이 인간 신체의 보완이나 대체라고 한다면 컴퓨터 시대가 본격적으로 시작되고 인터페이스나 영화를 비롯한 다양한 영상이미지에서 신체화의 말소는 매우 빠른 속도로 이루어져 이론적 당위성을 얻는 것처럼 보였다. 더욱이 고전적 의미의 사이보그를 넘어서서 인공지능을 탑재한 컴퓨터가 물리적인 형체가 아예 존재하지 않는, 정보로서의 사이보그로 등장하고 있다.

모라벡이 로봇과 인간 지능의 연구에서 인간의 실체가 본질적으로 신체화된 행동이 아니라 정보 패턴이라고 주장하면서(Moravec, 1988: 109-110) 인간의 의식을 컴퓨터에 다운로드함으로써 이를 증명할 수 있다고 제안한 바에 의하면 기계가 인간 의식의 저장소가 될 수 있고, 더 나아가 모든 실용적 목적에 대해서 기계도 인간이 될 수 있으며 역으로 인간도 사이보그가 될 수 있다(Hayles, 1999: 14). 2014년에 개봉한 영화 〈그녀〉는 어떤 형태로든 몸을 이미지화한 기존의 SF 영화와는 달리 신체의 말소화를 기본적인 전제로 하면서 동시에 역설적으로 물질적인(corporeal) 몸을 지속적으로 문제 삼는 대표적인 재현물이라고 할 수 있다.

사이버공간의 탈신체화 과정을 몸의 물질성과 연관하여 페미니즘 관점에서 살펴볼 때 여러 가지 논제가 부상한다. 헤일즈도 지적했듯이(Hayles, 1999: 15), 정보패턴으로서의 인간의 진화 과정에서조차도 성별이 등장하는데, 동시에 발생하는 신체의 소멸, 그리고 그 결과 사이보그라는 형태로 결합되는 인간 지능과 기계라는 현상이 갖는 관계는 어떻게 설명될 수 있을까? 과연 인공지능이 발달하고 포스트휴먼이 인간 세계의 특징적인 존재 양식으로 자리잡게 되는 상황이 전개되는 과정에서도 성별의 의미는 지속적으로 존재할 것인지, 몸의 물질성과 구체적으로 체현되는(embodied) 몸의 의미는 어떻게 변화할 것인지, 물질적 몸이 부재하는 가상현실 속 인공지능의 세계에서도 여전히 섹슈얼리티와 젠더의 구분이 유효할 것인지, 그렇다면 이는 해러웨이가 제안한 사이보그의 유토피아적 미래와 어떤 긴장관계를 가질 것인지, 또한 발사모의, 가상현실에서 여전히 불평등한 젠더관계가 이어질 것이라는 디스토피아적 전망과는 얼마나 근접할 것인지 등의 질문이 필연적으로 제기된다. 그동안의 사이보그 논의들이 함축하고 있는 다양한 해방의 이미저리가 미래사회에서 전개될 가능성에 대하여, 특히 몸의 물질성을 중심축으로 하는 사이버페미니즘의 이론적 입장에서 살펴볼 필요가 있다.

가상의 시대, 유동적인 몸

지금과 같은 유비쿼터스 정보사회에서는 특히나 인간의 몸은 인터페이스나, 셰리 터클(Sherry Turkle, 1997)이 예시적으로 분석해 온 스크린 속에서의 '제2의 삶', 즉 게임이나 온라인 커뮤니케이션에서 시도하는 새로운 정체성의 가변적인 구축을 통해서 매우 유동적인 몸(volatile body)(Grosz, 1994)으로 변화하고 있다. 이 단계에서는 아직까지 현실 속의 체현된 몸이 중심을 이루기 때문에 인간의 본래적인 존재조건인 마음(mind)과 몸의 역동적인 교차점이 존재한다고 할 수 있다. 그러나 지금의 테크놀로지 발달단계로 볼 때 이미 물질적인 몸을 넘어서서 사이보그의 세계가 등장하고 이에 따라 탈신체화가 시작되고 있음을 예고하는 여러 가지 문화적인 징후들이 나타나고 있다.

그로츠에 따르면 육체 페미니즘은, 가부장적 구조를 전복시키고 자기-규정적인 표현과 재현방식을 형성하기 위한 페미니즘 투쟁과 양립할 수 있는 육체성에 대한 이해(Balsamo, 1996: 259)로서 "몸의 재형상화를 통해 몸을 분석의 주변부에서부터 중심으로 이동하게 함으로써 이를 통해 몸을 주체성의 '원료' 그 자체로 이해"하고자 하여(Grosz, 1994: 37) 전개하는 이론이다. 그로츠에게 있어서 몸은 "성차의 동맹군이며, 여성의 문화적·지적 소멸을 은폐시켜 왔음에도 외관상 양호해 보이는 이론들이 지니고 있는 남근 중심적 가정의 중심성을 심문하는 데 핵심적인 어휘"(Grosz, 1994: 38)이다. 정신/육체 이분법적 이성중심주의가 정신, 즉 이성을 중시하는 남성적 패러다임을 가지고 있다면 여성의 몸이 그 자체로서 주체성의 근원이 된다는 이론이 육체 페미니즘의 중심을 이룬다.

육체 페미니즘은 해러웨이의 사이보그 선언문을 기점으로 하여 사이버페미니즘으로 접목되었다. 해러웨이는 성차별의 역사가 각인된 여성의 몸이 테크놀로지를 발판으로 하여 비로소 산업사회적 굴레로부터 벗어날 수 있다고 보면서 사이보그 논의를 시작하였으며 특히 유색인종 여성이 긴 차별의 역사로부터 벗어날 수 있는 방법은 외피적인 신체조건을 벗어나는 것밖에 없다는 점을 주지시킨다.

해러웨이의 사이보그는 젠더를 초월한 존재로서 여성적 총체의 체험을 부정하며 사이보그의 정체성은 상황에 따라 유동적인 특성을 지닌다. 대중문화에 나타난 사이보그 이미지는 크게 두 가지로 분류될 수 있는데 하나는 해러웨이가 개념 정의한 바대로 인간 존재와 전자장치 혹은 기계장치 사이의 결합이고 또 하나는 사이버네틱 정보체계 내에 배태된 유기체의 정체성(Balsamo, 1996: 30)인데 인공지능 사이보그는 후자의 경우다.

사이버공간이나 가상적 재현 공간에서 젠더 정체성은 아바타나 게임 캐릭터 등 몸의 형상을 띤 이미지로 구체화되는 반면 정작 몸은 물질성을 상실하면서 체현(embodiment)으로부터 멀어진다. 더욱이 젠더 정체성은 생물학적 몸에 따라 고정된 젠더를 나타내는 정체성이라기보다는 종종 채팅에서의 아이디 선택이나 아바타를 통해 임의롭게 선택적으로 묘사된다. 이는 사이버공간에서 젠더 정체성이 더 이상 생물학적 성별에 구속력을 갖는 상태로 표현되지 않음을 말해 준다.

이 자유로움은 몸으로부터 자유로운 환경, 즉 젠더와 인종의 육체적 체현에서 도피하는 장소로 선전된다고 보는 발사모는, 한편으로는 가상현실에 대한 분석을 통해 몸에 대한 개념적인 거부가 물리적인 몸에 대한 물질적인 억압을 통해 성취된다는 점을 들어 비판적인 관점을 드러낸다. 이를 통해 발사모는 페미니즘 관점에서 물질적인 몸에 대한 억압은 분명히 탈체현되고 젠더로부터 자유롭다고 가정되는 가상현실이라는 세계에서 젠더 편견을 나타내고 있다고 역설함으로써(Balsamo, 1996: 204) 사이버페미니즘의 일각에서 보여 주는, 가상현실에서 여성의 해방을 점치는 낙관적 미래 전망에 대해 좀 더 신중하게 접근할 필요성을 제기한다. 발사모는 가상현실이 긍정적인 미래를 선사할 것이라는 낙관론에 의문을 표하면서 그 비판점으로 가상현실에 대해 가장 자주 반복되는 주장 가운데 하나로서 가상현실이 몸에 기반한 '현실의' 정체성의 결정으로부터 자유로운 개인적인 현실을 구축할 수 있는 기술적 수단을 제공한다는 점(Balsamo, 1996: 203)을 들고 있다.

탈물질의 몸과 섹슈얼리티, 그리고 감각

스톤은 가상적인 몸을 분석하면서 사이버공간에서는 젠더화된 방식의 탈육화와 재육화가 동시에 일어난다는 결론을 통해 논의의 불을 지폈다(Balsamo, 1996: 243).

> 인간/기계의 경계를 횡단하고, 통과하고 융합하려는 사이버공간에서 발생한 욕망은 …… 여성에 대한 남성의 불확실한 열망을 허구적으로 끊임없이

불러일으키면서, 특정한 개념적이며 정서적인 특성들을 공유하고 있다. …… 사이버공간에 들어가는 것은 사이버공간을 물리적으로 입는 것이다. 사이보그가 되는 것, 즉 드레스처럼 매혹적이면서도 위험한 사이버네틱 공간을 입는 것은 여성성을 입는 것이다(Stone, 1992: 109).

발사모는 이와 같은 언설을 인용하면서 스톤이 사이버공간 접속의 젠더화된 측면을 자세히 설명할 때조차 물질적인 몸의 사실성과 연관된 사이버공간 기술들에서 본래의 모호함을 인식한다고 보고 있다. 또한 사이버공간 기술들이 새로운 형태의 가상적 결합 기회를 제공하는 만큼, 테크노 주체의 시대에서조차도 삶은 몸을 통해 살아가게 된다고 주장(Stone, 1992: 113; Balsamo, 1996: 243)함으로써 가상현실과 같은 새로운 소통 기술들이 한편으로 인식하고/말하고/기호화하고/성교하는 몸에 대한 새로운 억압형태들을 가능하게 한다고 지적하고 있다. 영화 〈그녀〉에서 발견되는 성적 연상은 이러한 새로운 억압형태로 해석 가능하다.

사이버펑크가 인간 주체성의 탈근대적인 해체에 참여한다는 홀링거의 중심적인 주장에 따르면 사이버공간의 가상현실이 현실에 대한 전통적인 인본주의적 관념을 문제가 없는 현실로 탈중심화하는 작동방식과 유사하게, 사이버펑크 서사는 본질적인 자아의 신성한 아이콘인 인간의 몸을 발본적으로 탈중심화한다(Hollinger, 1990: 31; Balsamo, 1996: 226). 홀링거(Veronica Hollinger)에 의하면 사이버펑크는 여전히 형성 과정에 있는 기술적인 현실에 '인간이 재개입하는 것'에 관한 것이라고 주장한다.

탈물질의 몸이 감각을 느낀다는 것은 기본적으로 불가능한 일이다. 더욱이 그 몸이 완전한 탈물질의 차원으로 넘어가서 순수한 시뮬라크르로서 존재하는 가상공간의 아바타이거나 아예 컴퓨터 속의 OS라면 인간의 감각을 경험한다는 것은 상상하기 힘들다. 왜냐하면 이는 몸의 물질성이 전제되어야 비로소 성립하는 명제이기 때문이다. 그런데 사이버페미니즘의 관점에서 체현을 이해하는데 있어서 이리가라이의 '감각하며 초월적인(sensible transcendent)', 또는 '감지할 수 있고 초월적인(tangible transcendent)' 개념은 서로 모순적인 의미의 조합으로서 성차(sexual differences)의 윤리를 위한 조건을 구성한다(Preez, 2009: 27).

프리즈는 이리가라이의 '감각하며 초월적인 것' 개념을 퐁티(Merleau Ponty)의 살(flesh) 개념과 유사한 것으로 보고 퐁티의 감각된 몸(the body sensed)과 감각 인지된 몸(the sentient body), 그리고 이리가라이의 개념이 모두 체현에 대한 사이버페미니즘 관점을 발전시키는 데 유용하다고 평가한다(Preez, 2009: 30). 앞에서도 언급했듯이 '감각들로의 회귀(return to the senses)'는 이전의 감각적 차원보다 훨씬 더 정교하고 복합적인 감각의 활용이 이루어지고 있는 지금의 미디어 환경을 환기시킨다. 또한 육체 유물론이 강조하는 물질적 육체성이 감각성과 직결된다는 점에서 육체 유물론으로부터 진화하고 있는 사이버페미니즘의 디지털 미디어 기반의 감수성 형성과 긴밀한 연관을 맺게 된다. 디지털 미디어가 지배하는 환경에서 지금의 인간은 디지털 미디어의 융합적 인공지능과 얽히면서 이전의 인간 개념과 의미로부터 차별화하여 정의될 정도로 광범위한 차원에서 감각의 융합을 이루고 있다.

가상공간의 젠더 정체성에 있어서의 다양화는 다른 성별로 인식시키는 ID 선택, 고의적으로 다른 성별의 언어 사용방식을 통해서 상대방으로 하여금 성별을 다르게 인식하도록 하는 행위, 또는 원래와는 다른 젠더의 아바타 선택을 통한 젠더 스와핑 등을 통한 성 정체성의 분절화 내지 다양화로 의미화될 수 있을 것이다. 이 과정에서 현실세계의 자기의 생물학적 몸과 별개의 젠더로, 또는 동시에 여러 개의 젠더로 증식시킴으로써 젠더 매스커레이드(mascarade)가 등장하기도 한다. 젠더 정체성의 임의로운 선택 가능성은 물질적 육체를 넘어서는 상상력을 통해 포스트젠더 논의를 촉발한다.

포스트젠더 논의는 테크놀로지가 침식하는 생물학적, 심리적 그리고 사회적인 젠더 역할의 방식에 대한 예측이다. 휴스와 드보르스키에 의하면(Hughes & Dvorsky, 2014: 2) 포스트젠더론자들은 젠더가 인간 잠재력의 자의적이고도 불필요한 한계라고 주장하며, 신경 기술, 바이오 기술 그리고 재생산 기술의 적용을 통해 인간 종의 비자발적인 생물학적 심리적 젠더링(gendering)의 제거를 예견한다. 또한 더욱 확대된 생물학적 유동성과 심리학적 양성성은 미래의 인간들에게 남성적이고 여성적인 인간성의 측면 모두를 실험하게 허용할 것으로 추정된다. 포스트젠더론자들이 보기에 모든 젠더 특성의 종말, 또는 보편적인 양성성을 주장하는 것이라기보다는 그 특성들을 어떻게 선택하느냐가 문제가 된다는 것이다.

포스트젠더에 대해 논의하는 관점에서 보자면, 우리의 포스트젠더 미래에서 몸과 인간성은 더 이상 젠더화된 특성에 의해 강제되거나 규정되지 않을 것이며 오히려 다양한 자기표현(self-expression)으로 인해 풍성해질 것이라고 보는 것이 포스트젠더론자들의 전망으로 '트랜스 또는 포스트휴먼들은 적어도 생물학적 섹스의 한계를 초월할 수 있을 것이고 생물학적 전체를 사이버네틱 또는 가상의 형태로 넘어설 수 있을 것'이라는 점이 이 담론의 초점이다. 여기에서 주의를 기울여야 할 점은 포스트젠더리즘이 젠더 초월을 논하고 있는데 과연 사이버페미니즘이 지향하는 젠더 이분법의 극복과 같은 차원에서 이해될 수 있을 것인가 하는 점이다. 이는 영화 분석에서 좀 더 구체적으로 지적될 수 있을 것이다.

탈물질의 인공지능과 몸의 물질성, 그 역설의 통합회로

영화 〈그녀〉는 스파이크 존즈(Spike Jonze) 감독이 직접 쓴 시나리오를 바탕으로 2013년에 만든 영화로서 배우 스칼렛 요한슨이 목소리만 나오는 사만다 역할을 맡았음에도 제8회 로마 국제영화제에서 여우주연상을 받아 화제가 된 바 있다. 영화는 '아름다운 손편지 닷컴(Beautiful Handwritten Letters.com)' 회사의 612번 편지작가 테오도르가 손편지 대필 내용을 구술하고 컴퓨터가 받아쓰는 미래의 한 사무실에서 시작된다. 테오도르는 어느 날 퇴근길에 우연히 'OS1' 광고를 보고 사만다라는 맞춤형 OS(operating system)와 만나게 된다. 처음에는 컴퓨터 속 사무정리 등 비서 같은 역할을 하다가 점차 교감의 폭이 넓어지면서 서로 사랑에 빠지게 된다. 컴퓨터 운영체계인 디지털 서비스 프로그램이 인간과의 교감을 통해 욕망과 감정을 표현하고 이를 체감하게 하는 사이보그로서의 존재 양식과 젠더 정체성의 다양한 스펙트럼을 분석함으로써 포스트휴먼적 상황에서의 몸의 의미와 젠더 정체성, 그리고 섹슈얼리티를 구체적으로 살펴볼 수 있을 것이다.

컴퓨터에 의해 자동 제어되는 사이버공간에서 등장하는 포스트휴먼 바디에 있어서 몸의 물질성을 논의할 수 있는 근거는 과연 존재하는가? 그리고 탈육화된 몸의 이미지가 상상적으로 부여하는 물질성이란 과연 현실세계에서의 여성의 몸에 어떻게 부합되는가? 또한 탈육화된 몸의 이미지에서 다양하게 생성되고 선택되는 젠더 정체성이 사이버공간과 현실세계 사이에서 어떠한 사회적 관계를 반영하는가? 이러한 맥락에서 젠더 정체성은 몸과 어떤 의미망으로 엮일 수 있을 것인가? 인공지능으로 프로그래밍된 사이보그는 감각과 감정에 어떻게 반응할 것인가? 인공지능 시스템과 인간을 매개하는 감정과 섹슈얼리티를 상상하는 감각은 몸을 떠나서 생성될 수 있는 것인가? 궁극적으로 인공지능의 개입으로 인하여 젠더 정체성과 몸에 관한 새로운 패러다임이 형성될 가능성이 있는가?

발사모는 깁슨의 『뉴로맨서』 3부작에서 남자 주인공 케이스(Case)가 여자 주인공 몰리(Molly)의 몸 안으로 들어가는 사이버공간 침투를 감행하는 과정을 묘사하면서 사이버공간의 안에서 또는 밖에서 이렇게 사이버네틱적으로 연결된 몸 사이의 관계는 종종 전통적인 이성애적 젠더 정체성을 재창출한다고 지적하고 있다. 이 부분에 대한 발사모의 분석을 영화 〈그녀〉와 비교하여 살펴보면 두 작품이 보여 주는 전형적인 이성애 양상이 놀랍도록 비슷하다는 것을 발견할 수 있다.

> 케이스는 몰리의 몸 '안에' 들어가자마자 '수동적인 상황이 짜증난다는 것'을 발견한다. 이러한 수동성은 그가 몰리의 몸을 통제하지 못함을 뜻한다. 그러므로 어떤 의미에서 케이스는 가상현실 기술의 도움을 받아 더욱 전통적으로 여성적인 몸의 상태를 경험한다. 그러나 그의 심스팀(Simstim)* '경험'은 지속적인 인상을 남기지 못했다. 또한 그것은 젠더화된 몸의 정치에 대한 통찰력을 발전시킬 수 있는 기회를 제공하지 않는다. 그의 수동성은 쉽게 성애화된다(Balsamo, 1996: 213).

영화 〈그녀〉에서는 미래적 상황이면서 인공지능 사이보그와 인간 간의 사랑을 다루면서도 전통적인 이성애적 성애화가 눈에 띄는데, 처음으로 테오도르와 사만다 사이에 피부 접촉과 함께 언어적으로 서로의 감정을 섞어 마치 성관계를 갖는 것처럼 느낌을 언어화하는 장면이 그것이다. 이러한 종류의 섹슈얼리티는 이른바 폰섹스와도 같은 맥락에서 이루어진다. 영화의 앞부분에서도 등장하는 폰섹스의 경우에는 어쨌든

* 깁슨이 소설에서 고안한 것으로, 스타의 모든 기억과 자료들을 데이터베이스로 만들어 놓고, 다른 사람이 그 스타의 기억을 즐기며 새로운 삶을 체험하는 것이다(Balsamo, 1996: 213 각주 참조).

전화 양 끝에 '인간'이 있고 비록 자동애적(autonomous eroticism)이라고 할 수도 있을지언정 절정에 이르는 상태도 실제 상황이라고 볼 수 있다. 자동애는 원래 이리가라이가 유명한 논문인 "하나가 아닌 성(This sex, which is not one)"에서 여성의 섹슈얼리티 특성을 설명하면서 타인을 필요로 하지 않는, 여성 성기관의 특수성으로 인한 자족적 성적 만족을 일컫은 용어인데 여기에서는 양 당사자가 물리적이고 직접적인 성적 자극을 통하지 않고 성적 만족을 얻는 상태에 대해 원용하여 설명할 수 있을 것이다. 테오도르와 사만다의 성관계 장면의 경우에는 인간인 테오도르는 실제로 절정에 이르지만 사만다는 학습된 감각 시뮬레이션이 작동한다고밖에 볼 수 없다는 점이 차이점이라고 할 수 있다. 여기에서 눈에 띄는 점은 발사모가 지적한 바와 똑같이 영화의 사만다는 성관계에서 수동적이며 전형적인 이성애적 행위로 일관한다는 점이다. 이 장면은 기든스의 '조형적 섹슈얼리티(plastic sexuality)'의 특성을 그대로 보여 준다.

조형적 섹슈얼리티는 이제 가상공간 안에서 자주 등장하는 현실이 되고 있다. 영화 〈여섯 번째 날(The Sixth Day)〉에서처럼 실제로 존재하지 않는 가상현실의 연인과 실제로 성관계를 맺는 것 같은 혼성적(hybrid) 감각의 공간이 생겨나게 된다. 이로써 물질적 몸을 갖지 않은 연인과 물질적 현존재인 남자 주인공이 성관계를 갖는 장면이 재현되는데, 이 재현의 장면이 바로 조형적 섹슈얼리티가 디지털 문화적 공간에서 실현되는 감각 시뮬레이션 상황이다.

영화 〈그녀〉에서는 감각 시뮬레이션이 〈여섯 번째 날〉을 비롯한 대부분의 영상에서 이미지화하여 나타나는 것과는 대조적으로 언어에 의하여 매개된다. 즉 청각적 느낌이 촉각적 느낌을 불러일으키고 이로써 조형적 섹슈얼리티를 완성한다. 테오도르와 사만다가 처음으로 서로의 대화를 통해 언어만으로 완벽하게 성적인 절정에 함께 도달하는 과정을 보여 주는 것이 그것이다.

사실 사만다의 감각 체험은 언어에 의해 축적된 언어기호학적 코드를 매개로 이루어진 것이다. 여기에서 우리는 크리스티앙 메츠(Christian Metz)가 영화기호학에서 영상기호를 언어적 기호와 동일시한 점을 주목하게 된다. 주지하다시피 움베르토 에코(Umberto Eco)가 영화의 도상기호를 영화기호학에서 중요한 요소로 간주한 것과는 대조적으로 메츠는 영화기호학에서 말하는 언어를 '시네마 랑가주(cinéma-langage)'(Metz, 2011: 56-57)로 명명하고 영화의 언어적 기호를 중시하였다. 물론 메츠가 개념화한 시네마-랑가주가 일상적인 언어 그 자체라고 할 수는 없다. 메츠가 지적했듯이, 흔히 언어라고 이해되는 인간의 음성언어(langage verbal)와 비유적 의미의 랑가주라고 이해되는 '기호(sémie)'는 다르지만 기호학이 모든 종류의 랑가주에 관여하는 것이 당연하며 그런 의미에서 영화는 일종의 랑가주라는 것이다(Metz, 2011: 57).

메츠가 지적했듯이, 흔히 언어라고 이해되는 인간의 음성언어와 비유적 의미의 랑가주라고 이해되는 '기호'는 다르지만 기호학이 모든 종류의 랑가주에 관여하는 것이 당연하며 그런 의미에서 영화는 일종의 랑가주라는 것이다(Metz, 2011: 57). 사만다는 비유적 언어를 구사하는 것이 당연한 사이보그임에도 불구하고 인간의 언어를 표방하여 영화언어를 구사함으로써 메츠의 시네마 랑가주로 의미 표현을 하고 있다. 더욱이 언어의 선택에서도 남성으로부터 성에 대해 알아 가고 성에 대한 감각을 깨우쳐 가는 여성의 수동적 젠더 정체성을 그대로 보여 주고 있다.

테오도르의 입장에서는 사만다와의 성경험은 영화의 초반부에서 나오듯 채팅을 통한 원거리 성관계의 좀 더 진화된 버전이라고 할 수 있다. 즉 물리적으로 반응하는 몸이 있고 언어를 매개로 이 몸이 반응하는 과정을 진행시켜 나가는 것인데 사만다의 경우에는 수많은 프로그래머들이 입력한 경우의 수를 조합하여 물질적 몸이 없는 가운데에서도 실재하는 몸이 반응하듯이 대응해 나감으로써 채팅으로 하는 성관계와 매우 유사한 상황으로 전개해 나간다.

여기에서 주목할 만한 점은 사이보그의 섹슈얼리티가 현실세계의 철저히 이성애적 관계를 그대로 재현한다는 점이다. 즉 앞의 대사에서도 볼 수 있듯이 남성과 여성의 현실 속의 이성애적 성관계를 그대로 묘사하여 재현하는 장면에서 포스트휴먼적 섹슈얼리티라기보다는 인간중심적 섹슈얼리티를 기본 바탕으로 하여 전개되는 양상을 보이고 있다.

물질적 몸에 대한 열망과 감각 시뮬라크르

욕망을 표현하는 감각이 디지털 환경에서는 어떻게 묘사될 수 있을까? 사이보그에 있어서 감각은 철저하게 디지털화한 정보와 지식으로 매개된 것이다. 영화에서 사만다는 언어에 의해 매개된 감정을 마치 실제로 피부에 와닿는 손길을 느끼는 것처럼 고조시킨다. 서로 사랑에 빠지는 여느 남녀와 같이 이들도 점차 몸을 통한 교감을 원하게 되면서 OS에게 결정적으로 결여된 단 한 가지, 즉 몸이 사만다에게는 절대적인 희구의 대상으로 다가온다. 시간이 지남에 따라 사랑의 감정이 깊어지면서 사만다는 바로 사이버공간에서는 절대 이루어질 수 없는 몸의 현현과 그 몸을 통한 감각적 사랑을 간절하게 원한다.

사만다: 아까 그 사람들 보면서 함께 걷고 있다고 상상해 봤어. 나도…… 몸이 있다고. 동시에 내 몸의 무게를 느끼며 등이 가렵다고까지 상상했고. 그럼 당신이 긁어 주는 거지. 얼굴이 다 화끈댄다.

테오도르: 너 생각보다 대단하다. 단순하질 않아. 프로그램된 걸 넘어서고

있어.

또한 "지금 그 방에 살아 있는 기분은 어떨까?"라는 말로 테오도르의 현실 공간에 존재하는 물질적인 몸과 그 현존을 부러워하는 표현도 한다.

사만다: 지금 그 방에 살아있는 기분은 어떨까?
테오도르: 인간이 느낄 수 있는 감정은 이미 다 느꼈지 싶어. 그럼 새로운 느낌 없이 덤덤히 사는 거지.
사만다: 실은 전에 짜증이 났었는데 그 사실이 너무 신나는 거야. 그래서 내가 느꼈던 다른 감정들도 떠올려 보니 막 우쭐해지더라고. 세상에 대해 나만의 느낌을 가질 수 있다는 게. 당신 걱정을 한다든가 맘 아파하거나 바란다거나. 그러다 갑자기 끔찍한 생각이 들었어. 이 감정들이 진짜일까? 아님 프로그래밍 된 건가? 그 생각에 맘이 많이 아팠어. 그러다 아파하는 내게 화가 나더라. 짠한 상황이지.
테오도르: 넌 내게 진짜야, 사만다.

사만다는 테오도르와 직장동료 커플이 함께 떠난 피크닉에서 다음과 같은 대사를 통해 몸을 희구하면서도 한편으로는 몸이라는 것이 굴레가 된다고 여기기도 한다.

사만다: 전에는 몸이 없어서 걱정했는데 지금은 너무 좋아요. 육체가 있다면 못 하는 성장을 하니까. 제약 없이 어디든 아무 데나 동시에 갈 수 있고 시간과 공간에 묶여 있지도 않아요. 몸에 갇혔다면 죽게도 될 텐데. 아뇨, 그런 뜻이 아니라 색다른 경험이란 거죠.

만일 이러한 감각 체험이 실제로 영화에서처럼 감정 이입이 이루어지는 것의 결과로서 가능하다고 한다면 OS는 인간의 지능뿐 아니라 감각까지도 모사해 내는 시뮬라크르가 된다. 인공지능으로 조작되는 OS에 모든 가능한 감각 시뮬레이션이 축적되고 내장되어 있다고 한다면 기존의 감각 연구와 디지털 문화에서의 감각하는 인간, 즉 호모 센수스를 아우르는 논의가 제공해 주는 관점이 유용하다. 이리가라이의 몸을 통한 '감각적이며 초월적인' 체현 개념은 사이보그의 감각 체험과 절묘하게 연결된다.

영화 〈그녀〉에서처럼 탈물질의 몸인 사이보그로서의 인공지능 OS가 실재적인 몸을 초월하여 감각 인지가 불가능한 상태이면서 역설적으로 감각 시뮬레이션이 철저하게 내장되어 작동되기 때문이다. 사만다는 인공지능이기 때문에 근원적인 차원에서 원본이 없는 시뮬라크르이다. 시뮬라시옹 현상이란 복제에 복제를 거듭하여 원본은 사라지고 복제된 이미지, 즉 시뮬라크르만 남는 현상을 일컫는다(Beaudrillard, 2001). 그런 의미에서 사만다는 인공지능 OS로서 처음부터 원본 자체가 없이 프로그래밍된 OS인 시뮬라크르이면서도 원본으로 상정된 '인간'을 지속적으로 열망한다.

영화 〈그녀〉에서는 인공지능과 인간이 소통하고 친교를 맺는 일이 매우 일상화되어 나타난다. 테오도르의 대학 친구인 에이미도 남편이 놓고 나간 기기를 통해 OS 친구를 사귀고 있고, 사만다가 동시에 8천여 명과 대화한다고 고백하는 장면에서 테오도르가 둘러본 주위에는 그때까지 인지하지 못했던 수많은 행인들이 각자의 스마트 기기를 통해 OS들과 대화를 나누는 것이 목격된다.

신체의 소멸이 기본적으로 전제되어 있으나 사이버공간에서도 튜링 테스트처럼 여전히 성별이 작동하는 것은 어떻게 설명될 것인가? 사실 사만다는 이 OS가 갖고 있는 수천 가지의 정체성 중 하나다. 젠더나 인종, 나이 등 그 어떤 정체성 요소라도 얼마든지 선택적으로 조합할 수 있는, n개의 젠더와 다양한 정체성의 조합이 가능한 정보체계다. 영화에서 사만다가 동시에 8천여 명과 소통 관계를 맺고 있으며 그중 6백여 명과 연인 관계에 있다는 고백 속에는 여러 요소가 조합된 무수히 많은 정체성을 하나의 인공지능 OS가 가지고 있다는 점을 보여 주고 있다. 그런 면에서는 테오도르도 사만다와 비슷한 유형의 정체성을 지닌 직업을 가지고 있다. 타인의 편지를 대필해 주는데 단순한 대필이 아니라 지속적으로 한 사람의 감정을 유지하면서 그 사람의 정체성을 가지고 대필하는 것이다. 어떻게 보면 자신조차도 감정의 대리자로서 정체성을 숨기고 있는 상황인데 막상 사만다가 떠나려 한다는 사실을 알았을 때는 엄청난 배신감과 상실감을 표출하는 것이다.

남자 주인공 테오도르의 사랑의 감정이 고조됨에 따라 오히려 물질적 신체가 아예 생성된 적이 없었던 정보체계로서의 사만다는 현실세계의 젊은 여성의 몸을 빌려 촉지적 사랑을 구현하고자 한다. 여기서 가상공간의 인공지능 존재가 간절히 느끼고자 하는 촉각이라는 감각이 몸의 물질성과 뗄 수 없는 관계에 놓여 있다는 점을 주지시켜 준다. 커즈와일은 미래에 사만다 같은 인공지능에게 가상이면서도 시각적인 현존을 가상의 청각적 현존에 맞출 수 있는데 그것은 디스플레이 이미지가 테오도르의 망막에 맺히는 방식으로 가능하다는 것이다(Kurzweil, 2014). 가상신체에도 촉지적 감각(tactile sense)을 제공할 수 있다고 전제하면서 촉각적 가상현실 시스템이 물리적 중개자를 활용하여 직접적인 경험보다는 다른 사람의 촉각적 현존을 경험하는 것이다.

이 영화에서 몸의 물질성은 사만다의 절실한 인정 욕구의 표현이다. 사만다는 자신의 가상신체를 대신하여 성적 욕망을 표현하고 촉지적 감각을 매개함으로써 욕망의 즉각적 실현을 시도한다. 즉 이사벨라라는 이름을 가진 여성을 테오도르에게 보내 자신의 대리자(surrogate)로 성관계를 갖도록 계획하고 이를 실행에 옮긴다.

> 사만다: 며칠 전 캐서린 만나러 간다고 했을 때 나 열받았었거든. 그분은 몸도 있고. 우린 다르단 생각에 힘들었어. 그러다 공통점을 떠올려 봤어. 우린 다 물질로 돼있잖아. 말하자면 '우주'라는 한 이불을 덮고 있달까. 포근하고 푹신하고. 그 밑의 물질은 그게 그거지 뭐. 다 130억 살 먹은 거야. 귀여워라. 이 얘긴 꼭 들어줬으면 해. 우리 사이가 예전만 못한 거 같아서. 요즘 섹스도 안하고 몸이 없으니까. 재밌을 것 같은 걸 찾았어. OS와 인간 커플을 위한 대리 섹스 파트너가 있더라.

사만다의 열렬한 희망에 따라 테오도르는 내키지 않지만 인간 대리자인 이사벨라를 만나기로 한다. 대리자인 이사벨라의 뺨에 소형 카메라를 부착하게 하고 귀에는 소형 이어폰을 삽입하여 이사벨라로 하여금 자신의 대리자로서 말하고 행동하게 한 것이다. 여기에서 주목할 점은 진짜 인간이 가짜 인간을 대리하는, 즉 물질적 몸을 가진 인간이 인공지능을 대신하는 역설적인 상황이다. 사만다로서는 '몸이 없는' 자신이 테오도르와의 촉지적 사랑을 실감할 수 있는 가장 적절한 대리 상황이 써로게이트의 개입인 것이다.

이사벨라는 보통은 기계가 대신하는 통상적 써로게이트의 역할을 자처하고 나섬으로써 자유의지(free will)를 행사하지 않고 OS의 대리 역할을 수동적으로 하게 된다. 자유의지는 로봇과 인공지능 연구에서 매우 중요한 지표로서 인간만이 자유의지를 가질 수 있다는 전제를 로봇이나 인공지능이 깰 수 있다면 아마도 이것은 진정한 의미의 포스트휴먼이 등장하는 출발점이 될 것(Dennett, 2014: 591-94)이라고 여겨질 정도이다. 영화에서는 자유의지를 가진 인간이 오히려 자유의지를 갖지 않은 인공지능 OS의 대리자가 되는 역설적 상황을 연출한 것이다. 이 영화에서 인간 대리자가 등장하는 내용은 매우 역설적이다. 대체로 기술이 발달하면서 써로게이트는 기계로서 인간의 능력을 대체하는 것이 일반적인데 이 영화에서는 이와는 정반대로, OS는 자유의지를 갖는 것으로 묘사되는 반면, 이사벨라라는 사만다 대리자는 로봇같이 사만다의 지시에 따라 움직여서 마치 사만다가 빙의한 듯한 형상을 보여 준다.

물론 사만다의 설명에 의하면, 이사벨라는 순전히 자신의 의지에 따라 두 주인공의 사랑이 아름다운 점에 감동을 받아 선의로 중개자 역할을 자처했다고 하지만 테오도르를 만나서 하게 되는 행위는 철저하게 사만다의 대리자로서의 역할이며 자신의 감정을 드러내면 안 되는 역할이다. 테오도르와 감정이 고조되면서 결국 이사벨라가 입술을 떨자 테오도르는 감정 이입에 실패하고 행위를 멈추게 된다. 영화에서 사만다가 물질적 육체를 열망하는 것을 표출하는 또 하나의 장면은 바로 테오도르가 사만다의 한숨 쉬며 대화를 시작하는 버릇을 지적하는 장면이다.

> <u>테오도르</u>: 왜 자꾸 숨을 깊이 들이쉬면서 말을 시작하지? 너는 인간처럼 산소가 필요한 것도 아니면서.
>
> <u>사만다</u>: 무슨 말을 그렇게 해. 내가 인간 흉내라도 낸다는 것인가?(화를 냄)

이러한 맥락에서 본다면 현실과의 경계도 불분명해지는 상황에서 육체의 물질적인 표면이라는 것도 점차 의미가 없어질 것이다. 사이보그가 실물로서의 인간의 육체를 제거하고 순수한 의식만을 추구하고자 하는 또 다른 신체로 정의된다면 끊임없이 육체를 상기시키는 멀티미디어 방법론에서 엄밀한 의미에서 젠더 초월은 이론적 논의에 그칠 것이다. 또한 젠더 정체성은 분절화와 다양한 유동성을 보여 주기는 하지만 여전히 기존의 여성성과 남성성의 클리셰에서 벗어나기 힘들 것으로 보인다.

젠더 초월 또는 포스트젠더

포스트젠더를 염두에 두고 보자면, 영화 〈그녀〉에서 젠더 인식은 본격적인 젠더 초월을 언급할 수 있는 상태라기보다는 오히려 과도기적인 양상으로서 매우 불안정한 형태로 제시되고 있다. 주인공 테오도르가 직업적으로 수행하는 일은 정서적으로 젠더를 넘나드는 일이다. 왜냐하면 의뢰자의 성별과 나이, 직업에 따라서 언제든 자신을 의뢰자에 정체화하여 감성을 이끌어 내는 것이 중요하기 때문에 이들 대필편지 작가들은 수시로 젠더 매스커레이드(mascarade)를 실천하는 사람들이다. 동료로부터 "당신이 쓰는 편지 스타일을 보면 반은 여성이고, 반은 남성"이라는 평을 듣는 것으로 보아도 테오도르가 매우 섬세한 성정을 가진 캐릭터라는 것을 알 수 있다. 마리아라는 여성 의뢰자가 남자친구에게 보내는 편지를 대신 써주는 테오도르의 편지를 읽어 보면서 손편지 닷컴의 동료는, "이런 편지는 세심한 남자가 써야 해. 너는 반은 남자, 반은 여자니까. 아마 네 속엔 여자가 사나 봐"라고 말함으로써 테오도르의 성향이 양성성(androgyny)에 가깝다는 점을 보여 준다. 하나의 고정된 젠더가 아니고 언제나 바뀔 수 있고 혼합될 수 있는 형태로서 인공지능의 양상과 유사하게 불안정하다.

OS인 사만다는 남자 주인공의 대화 상대자로 설정되면서 테오도르의 희망에 따라 '여성(female)'으로 설정되면서 자연스럽게 여성의 이름인 사만다로 불리게 된다. 그렇지만 이렇게 젠더가 선택되었다고 해서 이 OS의 젠더가 고정되는 것은 아니며 동시에 접속하는 수천 명의 대화 상대자와 소통할 때 선택하는 젠더 정체성은 'n개의 정체성'으로 확장될 수 있음을 보여 준다. 임의로운 젠더 정체성의 설정 가능성은 사실상 사이보그가 형체가 없는 것에 기인한다. 즉 성별의 표식이 있는 몸이 '없기' 때문이다. 다중적 젠더의 선택은 당연히 다중적 섹슈얼리티를 가능하게 한다. 이렇게 본다면 '물질적 몸'이 없다는 것은 해러웨이가 사이보그를 제안하면서 목표로 했던 젠더 이분법이 없는 사회를 구현한 것이라고 할 수 있을 것이다. 그렇다면 과연 가상공간의 사이보그 형상으로 설정된 OS는 몸이 현존하지 않는다는 점에 기반하여 젠더와 섹슈얼리티 형성에 있어서 완전히 기존의 몸 이미지와 무관한 방식으로 존재한다고 할 수 있는가?

이 영화에 한정하여 본다면 사이버공간에서 만들어진 사이보그의 젠더 정체성은 기존의 젠더관계에 기초한 방식으로 위계적인 젠더 의식을 반영한다고 할 수 있다. 사용자인 테오도르와 OS로 만나서 시작한 임무로 사만다에게 주어진 역할은, 도착한 메일을 읽어 준다든가 전체 컴퓨터의 서류를 정리해 준다든가, 테오도르의 업무인 대필편지의 교정이나 윤문을 해주는 일 등을 담당하는 일종의 사무비서와 같은 역할로서 전통적으로 하위직 여성 사무노동자가 수행하던 일이 주를 이룬다.

물론 컴퓨터로서 엄청난 속도와 능률을 보이면서 행한다는 측면에서는 인간이 수행하던 일과 비교가 어렵지만 일의 젠더적 속성으로 볼 때 남성 고용주의 사무 뒤치다꺼리를 여성 비서직이 수행하는 모양새를 갖추고 있다. 또한 채팅을 시작할 때마다 사만다는 테오도르의 기분이 어떤지 조심스럽게 살피는 언사를 사용함으로써 마치 아침에 출근하여 상사의 기분을 살피는 전통적인 여비서의 모습을 연상시킨다. 영화 제목인 〈그녀〉를 원제목에서 'She'로 하지 않고 'Her'라고 붙인 의미에 대해 주체로서의 그녀가 아닌, 사용자인 인간의 대상으로서의 '그녀'이기 때문이라고 해석하는 것도 바로 이러한 서비스 제공 OS라는 본래적 정체성 때문일 것이다.

해러웨이를 비롯한 사이보그 이론가들은 탈물질의 몸을 상정하면서 모든 젠더 구분의 구속으로부터 자유로운 이상적인 전망을 해왔다. 그러나 영화 〈그녀〉를 통해 인공지능 체계조차도 상상적 체현 과정에서 끊임없이 몸의 물질성으로 회귀하게 되면서 신체의 소멸화와 물질적인 몸의 존재조건이 뫼비우스의 띠처럼 엮이는 매우 역설적이고 양가적인 상황이 나타남을 알 수 있다.

인간의 몸이 정신과 분리될 수 없는 당연한 구조 속에서 포스트젠더론자들이 제시하듯 젠더구속력이 없는 이상적 미래에 대해서 막연한 낙관은 그리 현실적이지 않다. 왜냐하면 인공지능의 정보란 결국 인간의 젠더관계에 대한 사고 전반을 집적된 지식으로 축적한 것이기 때문에 신체의 소멸이라는 명제만으로는 기존의 불평등한 젠더관계가 끊임없이 재생산되는 고리를 끊을 수 없을 것이다.

주인공인 사만다를 통해서 탈물질의 존재가 조형적 섹슈얼리티의 개념하에 재현하는 성관계조차도 전통적인 이성애적 성애화를 그대로 답습하는 것도 같은 맥락에서 볼 수 있다. 물론 이 영화 하나로 모든 인공지능을 일반화할 수는 없지만 적어도 흥행에 성공한 영화로서 포스트휴먼 몸에 대해 성찰할 기회를 제공하고 있는 것은 틀림없다.

이리가라이와 그로츠의 육체 유물론이 섹슈얼리티라는 개념을 중심에 놓고 전개된다고 한다면, 해러웨이는 한편으로는 고전적인 유물론의 틀을 놓치지 않는 방식으로, 또 다른 한편으로는 테크놀로지와 육체 개념이 결합되는 방식으로 여성의 몸을 통한 주체 형성을 논한다. 해러웨이는 인종이나 계급 등 정치경제학적 성차별을 타파하기 위해 기존의 재생산의 고리를 끊기 위해서 사이보그를 위한 선언을 함으로써 사회주의 페미니즘의 유물론적 관점을 이으면서 '포스트모던한 인공적 사회에서 상상력과 물질적인 실재가 모두 농축된' 사이보그 이미저리를 적극적으로 끌어들인다. 해러웨이의 이론적 상상은 물질성을 중심에 놓고 있기 때문에 사이버페미니즘의 이론적 힘을 여전히 발휘하고 있으며 대중문화, 특히 영화적 상상력 속에서 대안적 페미니즘 관점을 적용시킬 여지가 많다.

헤일즈는 실재와 가상의 육체, 생명과 무생명, 주체와 환경/타자의 관계를 둘러싼 다양한 철학적 문제들을 제기하고 데이터화한 신체는 고정된 자아가 아니라 끊임없이 재구축 상태로 자아의 개념을 전환시켜 서로 이질적인 것들과의 하이브리드화를 꾀한다(조윤경, 2011: 311)는 점을 지적한 바 있다. 영화 〈그녀〉에서 등장하는 OS 사만다는 탈육체화하고 따라서 출처를 모르는, 또는 굳이 출처를 알 필요도 없는 상황에서 '어디든지 존재하는' 몸이다. 영화의 주인공이면서도 목소리만 등장하고 영상이미지는 한 번도 드러나지 않는 영화적 재현방식은 어쩌면 인공지능 사이보그가 공간적 초월성을 띤다는 점을 상징적으로 보여 주고 있는지도 모른다.

그것은 해체되고 재결합된 포스트모던한 집합적이고 개인적인 자아로서 "끊임없이 그녀와 그의 신체로 변화하며 개성을 창조하고 재창조하고 시간을 초월해 떠다니는 불확정한 성과 변화할 수 있는 성별의 신체"(이수안, 2012: 346)이다. 튜링 테스트에서조차 지속적으로 성별이 문제가 되는 상황을 헤일즈가 회의적 시선으로 바라보았듯이 미래사회에서 유동적으로 변화할 수 있는 젠더 정체성이 인공지능 사이보그의 '마음'에까지도 젠더 초월로 이어질 것인지에 대해 이 영화는 다소 비관적인 전망을 보여 주고 있다고 할 수 있다. 그러므로 대중문화에 대한 지속적인 사이버페미니즘적인 비평과 새로운 상상력의 출현이 영화 제작에 영향력 있는 반응으로 압력을 가하고 지속적으로 젠더 인식을 바탕으로 한 논의가 긍정적으로 작용할 때 대안적 미래를 앞당길 수 있을 것이다.

몸의 물질성이 디지털 문화와 만나고 사이보그나 인공지능의 출현과 연동될 때 앞으로의 페미니즘 관점에서의 포스트휴먼 연구에서 좀 더 깊이 있게 다루어져야 할 부분들은 다음과 같은 논제들이 될 것이다. 포스트휴머니즘과 포스트젠더(post-gender)를 미래의 디지털 문화 속에서 구현되는 인간의 근본적인 존재 양식의 주요 기반이라고 한다면 이는 지금의 인간이 지니고 있는 물질적 몸의 구성과 어떻게 충돌하는 양상을 보일 것인가, 디지털 기기를 통해 매개되는 인공지능과 현실세계의 몸을 가진 인간 간의 관계는 어떻게 구축될 수 있을 것인가를 질문해 보아야 할 것이다.

더 나아가 촉각이나 청각 등 전통적인 인간의 감각이 디지털 문화에서 더욱 집중적으로 진화하는 가운데 감각 비율의 변화가 어떻게 인간과 기계와의 소통을 촉진시킬 것인가, 인간이 인간에게서 확인하고 소통하고 교류하는 감정과 감성(affect)이 인간과 컴퓨터, 즉 인간과 인공지능과의 관계에서도 형성될 수 있는가 하는 문제는 젠더 정체성과 관련하여 몸 논의를 기반으로 하는 논의에서 중요한 논제로 등장하고 있다.

IV. 테크노 산책자의 문화 취향과 감각 활용의 행위성

1 대도시 산책자
도시 공간 향유 양식의 계보학

근대적 산책자에 대한 이해는 기본적으로 벤야민의 이론에 투영된 거리 산책자와 '구보 씨'를 중심으로 다루어지고, 테크노 산책자는 북촌과 서촌 등 서울이라는 대도시에서도 공간에 쌓인 문화적 기억이 아직도 남아 있는 도심에서 이 기억의 선택적 전유를 실행하는 산책자들을 예시적으로 살펴보자. 특히 서촌이라는 공간에서 산책하기를 임의로 선택하였는데 그 이유는 여기서 보고자 하는 각기 다른 유형의 산책자들이 시간적으로는 100년 넘는 간격을 두고 있지만 이들이 산책하는 공간은 서로 조금씩 겹쳐 있기 때문이다.

즉 벤야민의 거리 산책자와 맥락을 같이 하는 구보 씨는 소비자본주의가 도입되는 시기의 매혹과 우울이 공존하는 도시 공간의 산책자인데 비해 서촌의 테크노 산책자는 공간의 역사적 성격에 있어서는 구보 씨의 산책과 서울 도심이라는 공통점을 지니고 있다는 사실이 연결점을 제공한다. 구보 씨가 거닐던 경로와 완전히 일치하지는 않지만 작가인 박태원이 활동하던 시절의 문인과 예술인들이 거주하고 활동했던 지역이며 이상의 집이라든가 당시 문인들이 장기 투숙하며 집필하기도 했던 보안여관이 남아 있고 골목길의 정서가 아직도 그대로 있어서 공간적, 시간적으로 공통분모를 지니고 있다.

문학 비평계에서는 박태원의 소설 『소설가 구보 씨의 일일』에 나타난 산책자 모티브를 매우 중요한 의미로 해석한다. '모더니즘 = 도시 체험'이 일종의 대전제라면 모더니즘 소설의 한 전형으로서 산책자 모티브는 이를 뒷받침해 주는 소전제의 구실을 한다(박성창, 2009: 131)는 것이다. 박성창은 이 작품에 나오는 "경성 공간이 현실적으로는 당대 조선의 도시 공간의 최대치이자, 그 공간 체험의 소설화가 성립될 수 있는 도시적 기반의 최소치"라고 지적한 최혜실(1988)의 연구를 인용하면서 이 작품이 중요한 이유를 서술하고 있다. 즉 산책자는 여기서 모더니즘의 기반이 되는 경성이라는 도시 체험의 주체로 받아들여진다.

또한 조영복(1997)은 모더니즘 문학에 나타난 군중의 모티브를 중요하게 여기면서 군중과의 태도 혹은 관계라는 기준으로 산책자의 '계보학적 차이'를 구분할 것을 제안하면서 '보이는 것'으로서의 산책자, '보는 자'로서의 산책자, '자신을 바라보고 있는 자에 의해 보여지는 자'로서의 산책자라는 세 가지 유형으로 구분한다. 즉 "대상에 대한 놀라움이나 낯선 풍경에 대한 호기심만 있지 그 풍경들에 대해 일정한 '태도'를 견지하거나 반성적 성찰을 보여 주지 않는 '가짜 산책자'와 도시의 거리에서 문명 비판의 시선을 던지는 '진정한 산책자'를 구별한 다음, 진정한 산책자란 대상이나 풍경에 대해 일정한 거리 두기를 통해 단순히 거리 풍경을 묘사하거나 관찰하는 것으로 머물지 않고 도시 깊숙이 들어가 근대문명을 비판적으로 바라보는 시선을 유지한다는 사실을 강조한다(박성창, 2009: 134).

도시 공간의 비판적 해부라는 작품의 주제에 맞게 '도시 관찰자'라는 용어로 대체할 필요가 있다고 보는 입장에서는 산책자-도시 관찰자는 더 이상 현실을 방기한 채 부유하는 주체들이 아니라 도시 공간에 대한 적극적인 탐색을 통해 도시 공간 속에 놓여진 권력, 계급 자본 등을 현실과 관련하여 사고하는 것이 필요하다는 점을 강조하고 있다. 이상과 같은 해석을 토대로 작품에 나타나는 산책자로서의 구보 씨의 산책

양태를 살펴보자.

『소설가 구보 씨의 일일』에서 구보 씨는 청계천변의 집을 중심으로 하여 종로 일대와 지금의 소공동 일대를 산책하는데 그 경로를 살펴보면 다음과 같다. 즉 집(다옥정) → 천변길 → 종로 네거리 → 화신상회 → 전차 안 → 조선은행 앞 → 낙랑 팔라 → 거리 → 경성역 → 조선은행 앞 → 낙랑 팔라 → 거리 → 제비다방 → 거리 → 대청옥 → 광화문통 → 낙랑 팔라 → 거리 → 술집 → 카페 → 종로 네거리 → 집이다. 이 경로 상에는 조선인이 최초로 건립한 훗날의 백화점인 화신상회가 있다. 근대적 백화점으로서 당시의 조선의 현실에 비추어 소비자본주의의 환등상을 제공해 주는 통로 역할을 한다. 또한 작품에서 명시적으로 드러나지는 않았으나 조선호텔 근처의 카페 '낙랑 팔라(parlor)'를 드나들면서 식민지 조선의 현실 속에서 이를 인식하되 본인 스스로 보다 적극적으로 전면에 나서지 않는 당시의 암울한 현실 속 나약한 지식인을 보여 주고 있다.

원작자인 박태원은 자신을 투사한 소설 속의 구보 씨를 통해 '모데르놀로지(modernology)'라는 용어를 등장시킴으로써 산책의 방법론을 구체화하고 있다. 박태원이 "구보는 포도 위에 서서, 문득 자기도 창작을 위하여 어디, 예(例)하면 서소문정 방면이라도 답사할까 생각한다. '모데르놀로지'를 게을리한 지 이미 오래다……"라는 귀절에서 명시한 모데르놀로지는 현대(modern)와 고고학(archeology)의 합성어로 우리말로 고현학(考現學)이라고 한다. 변동이 격심한 현대의 풍속세태를 조사·기록하여 자료화하는 학문의 통칭인데 박태원은 이를 소설 속에서 명시적으로 지칭함으로써 자신의 방법론으로 제시하고 있는 것이다. 다른 글에서 박태원은 다음과 같이 자신의 고현학을 설명하고 있다.

> 가만히 생각하여 보면 작가로서의 나의 '상상력'은 다른 이들에게 비하야 확

실히 빈약한 것인 듯 싶다. 내가 한때 '모데르놀로지', 고현학(考現學)이라는 것에 열중하였던 것도 이를테면 자신의 이 '결함'을 얼마쯤이라도 보충할 수 있을까 하여서에 지나지 않는 일이다. 나의 작품 속에 나와도 좋음 직한 인물이 살고 있는 동리를 가령 나는 내 마음대로 머릿속에 그려 보고 그리고 이를 표현함에 있어 나는 결코 능한 자가 아니다. 나는 그럴 법한 골목을 구하여 거리를 위선 헤매지 않으면 안 된다. 가령 어느 전차 정류소에서 나려 바른편 고무신 가가 옆 골목으로 들어가 국수집 앞에서 다시 왼편으로 꼬부라지면 우물 옆에 마침 술집이 있는데 그 집서부터 바루 넷째 집 - 파랑대문한 집이니까 찾기는 쉬웁다든지 그러한 것을 면밀하게 조사하여 일일이 나의 대학노토에다 기입하지 않으면 안 된다. 그러나 결국 그뿐이다. 나는 내가 노력한 분수의 십분 일도 작품제작의 실제에 있어 활용하지는 못하였다. 가위 노이무공(勞而無功)이나 곧 그것을 그대로 작품에 써보지 못하였달 그뿐이지 역시 은연중에 얻은 바가 결코 적다고는 못할 것 같다[『조선일보』, "옹노만어(擁盧萬語)", 1938년 1월 16일자; 조이담, 2005: 187에서 재인용].

최혜실(1988)은 "작품 전체의 도회 감각을 효과적으로 묘사할 수 있게 한 박태원의 '모데르놀로지-고현학'의 창작 방법 및 도시의 제도와 의식의 흐름 기법과의 관계"를 살펴보면서 "'의식의 흐름'은 근대인의 도회 풍물에 대한 대응 양상, '산책자'의 정신구조로 파악될 수 있을 것"(최혜실, 1988: 205)이라고 기술함으로써 이 방법론이 드러내는 '산책하기'의 양상을 보여 준다. 박태원의 고현학 방법론을 통해 이 작품에서 드러나는 것은 짐멜이 지적했듯이 근대적 대도시가 갖고 있던 속성, 즉 거대한 군중의 형성으로 인해 개인과 세계 사이의 균형이 무너지고 개인과 타자 간의 소통 불가능성이 대두된 것과 대도시 환경 속에 혼자 있으면서도 동시에 번잡한 교통과 끊임없는 움직임과 변화의 인상이 가장 섬세한 기분과 가장 신속한 자극의 교체를 결합시키게 하는 점이다. 따라서 대도시 공간에서 연속적 세계관보다는 '지금, 여기'라는 일시적 시간성과 공간성이 강조되고 청각보다는 시각이 강조된다(최혜실, 1988)고 보는 것이다.

이 작품의 '산책'이라는 배회의 형식과 이를 묘사하는 고현학적 방법론은 '관찰'과 '의식의 흐름'을 효과적으로 드러내기 위한 장치이다. 관찰되고 있는 것은 당시 경성의 여러 풍물, 경성역을 중심으로 한 지게꾼, 유랑민, 시골 노파, 바세도우씨 병에 걸린 노동자 등 암울한 풍경과, 다른 한편으로 종로통의 카페를 중심으로 한 휘황한 풍경을 보여 주면서 근대화의 양면성을 드러내 주고 있다. 그러나 보다 중요한 것은 내면의식의 흐름이다. 그것은 여러 풍경에서 발견하고 있는 그러나 자신에게는 결여된 '일상적인 행복'과 일본 유학을 다녀왔음에도 불구하고 경제적인 활동을 못하고 있는 '지식인의 고독'이 두 축을 이루고 있다.

구보 씨가 하루 동안 산책한 동선에는 당시 서울의 유명한 근대 건축물과 '낙랑 팔라' 등 당대의 지식인들이 아지트로 삼았던 카페도 포함

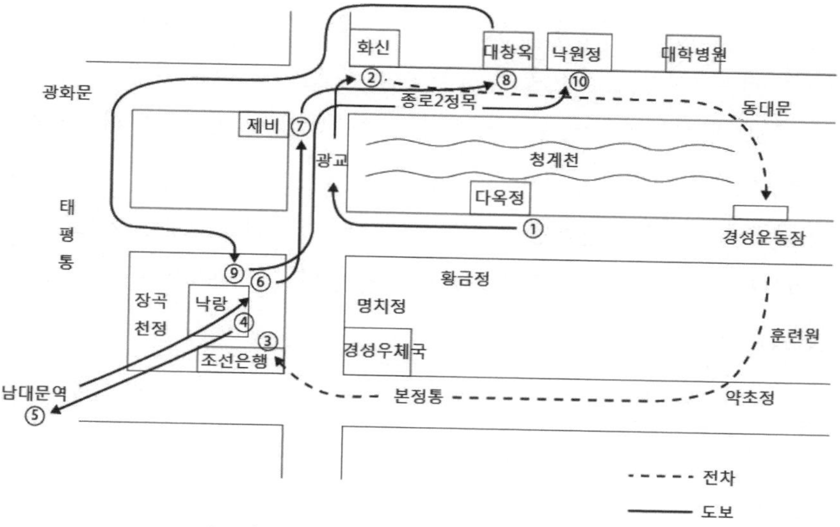

[그림 1] 구보 씨가 하루 동안 산책한 동선

된다([그림 1]은 최혜실(1988: 199)의 그림을 참조하여 다시 그린 것임). 구보 씨의 산책 여정을 살펴보면 최소 24군데의 장소나 거리명이 나온다. 첫 번째 출발점인 구보 씨의 집은 광교 천변(지금의 청계천)의 다옥정(①)에 위치해 있다. 광교를 거쳐서 화신상회(②)에 도착한 후 전차를 탄다. 전차는 종묘, 대학병원(현 서울대학병원), 경성운동장, 훈련원, 약초정, 본정통을 지나 조선은행 앞에 세워진다. 종로에서 장곡천정(지금의 소공동)까지는 걸어서 10분 안에 갈 수 있는 거리임에도 순환선인 전차를 타고 감으로써 동대문 옆의 경성운동장(구 서울운동장, 현 동대문디자인 플라자)까지 돌아보고 도착하게 된다. 이로써 산책하기에 덧붙여 단시간에 경성의 도심 공간을 감지할 수 있는 문화적 장치로서 전차타기가 추가된다.

구보 씨의 산책하기의 주요 구심점은 도표에서도 보듯이 '낙랑 팔라'다. 전차에서 내려서 조선은행(③)을 거쳐 들르고(④), 경성역(⑤)에 다녀온 후 들르고(⑥), 이상이 경영하던 다방 제비(⑦)를 거쳐 대창옥(⑧)에 다녀온 후 다시 황토마루 네거리(지금의 세종로 사거리)를 지나 광화문통까지 갔다가 다시 세 번째로 낙랑 팔라로 간다. 이때까지 집을 나온 지 거의 7시간이 지난 후며 그동안 총 세 번이나 들른 낙랑 팔라는 거의 구보 씨 산책하기의 구심점 역할을 하고 있음을 알 수 있다. 조이담(2005)이 『구보 씨와 더불어 경성을 가다』에서 구보 씨가 '벗'(시인 이상으로 추정)과 함께 산책한 거리를 지도(조이담, 2005: 290-291)로 표현한 바에 의하면 구보 씨의 산책하기는 거의 당시의 사대문 안의 도심 주요 거리를 총망라한 것이다.

테크노 산책자의 '산책하기'와 사회관계망 서비스

> 서촌의 야트막한 집들 사이 골목길을 걷는다. 한옥을 개조한 사진 갤러리로 향한다. 벽에 붙어 있는 사진전 포스터를 본다. 갤러리를 배경으로 인증 사진을 찍는다. 인스타그램 계정에 올린다. 가죽공방 진열장의 작은 손가방을 들여다본다. 새로 생긴 스시카페에서 식사하면서 음식 사진을 찍어 페이스북 계정에 올린다. 그새 '좋아요'가 쌓이기 시작한다. 마침 페이스북에 연결되어 있는 미국 유학 중인 친구와 채팅을 한다. 스마트폰 앱 지도에서 위치를 확인한 후 윤동주 시인의 언덕으로 향한다.

인스타그램이나 개인 블로그에서 흔히 볼 수 있는 이미지와 텍스트를 예시적으로 만들면 아마도 위와 같은 풍경이 될 것이다. 도시의 골목길 산책자들이 북촌이나 서촌의 골목길을 돌아다니면서 이미지를 채집하는 과정은 근대 파리의 거리를 산책하던 벤야민의 '산책하기'와 풍경의 '근대적'인 면에서 유사성을 보인다. 그런데 지금의 테크노 산책자들은 다양한 감각을 활용하면서 이미지를 사진으로 채집하여 짧은 코멘트나 해시태그를 곁들여 순식간에 타인과 공유한다는 점에서 벤야민과는 근본적으로 다른 방식의 공간 향유를 하고 있다고 할 수 있다. 벤야민식의 산책자가 행하던 직접적인 신체적 감각 활용, 주로 시선을 통해 텍스트를 생산하는 방식으로 공간을 향유하고 전달한다면, 테크노 산책자는 다양한 감각 활용과 더불어 이로 인해 파생하는 도시 공간 향유의 정서를 타인들과 SNS 네트워크를 통해 공유함으로써 공감과 소통을 이끌어 낸다.

도시의 공간을 향유하는 방식에서 가장 먼저 이루어지는 활동은 찾아갈 공간에 대한 정보를 획득하는 일이다. 특히 '볼 만한' 곳을 찾아갈 때는 그 공간에 대한 정보, 즉 소문이나 평판 등 담론적인 부분과 시각적 정보, 즉 사진이나 이미지를 찾아서 '보는' 행위를 하게 된다. 찾아갈

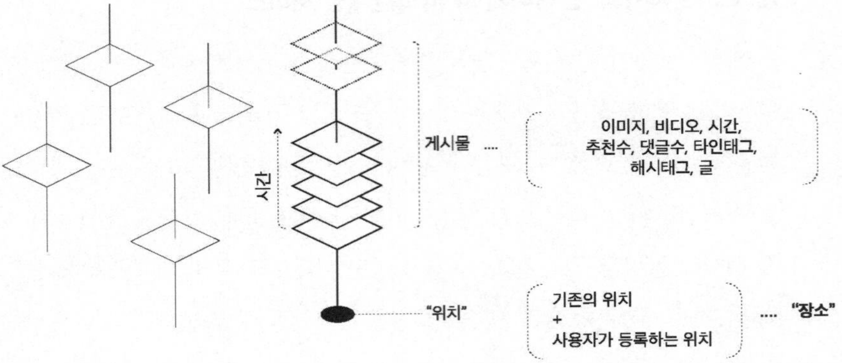

[그림 2] 인스타그램 포스트가 내포한 정보들

장소를 탐색하는 과정은 근대적 산책과 테크노 산책의 경우 매우 유사하면서도 결정적으로 다른 방식으로 이루어진다. 근대적 산책의 경우 견문록 같은 책이나, 신문기사 또는 잡지 등의 언론기관을 통한 타인의 추천 등이 정보를 제공하는 주된 채널이 된다. 이에 비해 테크노 산책의 경우에는 물론 이러한 아날로그적인 정보 채널도 작동하지만 장소에 대한 정보를 입수하는 기본적인 채널은 블로그나 SNS 등 사회관계망 서비스, 즉 온라인상의 정보 수집이 주를 이룬다.

예시적으로 테크노 산책자의 공간과 시간 감각 인지의 과정을 살펴보면 다음과 같다. 산책자는 용산구 이태원동을 출발하여 서촌의 한 북카페를 찾아가려 한다. 우선 목적지에 도착하기 위해 자동차를 이용하거나 대중교통을 이용하는데 자동차를 이용하는 경우 목적지 위치를 내비게이션으로 찾아서 알려 주는 대로 운전해서 간다. 혹은 버스를 타고 이동할 때 서울 시내 대부분의 정류장에 설치되어 있는 버스도착 안내를 알려 주는 GPS의 도움을 받는다. 지하철을 이용할 경우에는 경복궁역에서 내린 후 지상으로 나오게 되면 방향을 잡고 위치를 보다 정확히 파악하기 위해서 스마트폰의 지도를 이용, 거리뷰를 찾아서 현실 속의 거리 풍경과 대조하면서 카페를 찾아간다.

이 과정에서 증강현실과 현실을 함께 체험하면서 산책을 하게 된다. 드디어 지도 속의 풍경에 일치하는 카페를 찾는다. 색다른 카페 간판을 배경으로 사진을 찍어 인스타그램에 올린다. 카페에 들어가서 커피를 주문하고 스마트결제를 하고 자리에 앉는다. 노트북을 꺼내서 카페에 도착하기까지 찍은 풍경 사진과 커피와 케이크 사진을 인스타그램에 올린다. 테크노 산책자의 가장 핵심적인 산책 활동에 수반한 행위는 SNS를 통한 장소 향유와 이의 타인과의 공유다.

'공유'를 기본으로 한 테크노 산책자의 공간 향유 방식

테크노 산책자의 공간 향유 방식은 기본적으로 '공유'의 융합적 경험이다. 자아와 타자가 뚜렷이 구별된 상태에서의 주관적 시각 활동을 통해 상호성이 배제된 근대의 산책자와는 달리 기본적으로 팔로워들과 즉각적인 소통이 통용되는 테크노 산책자에게는 시간적으로 구애받지 않는 상태에서 친구들이나 가족들과 상호적 감각 교환이 이루어진다. 그렇다면 테크노 산책자를 호모 센수스의 면모를 갖춘 인간으로 보는 근거는 무엇인가? 현대 미디어의 시대에는 청각뿐만 아니라 매우 우수한 시각이 작동되어야 하며, 이 우수한 시각과 청각은 자연적인 인간의 감각을 뛰어넘어 정세도가 높은 카메라로, 이어폰으로 확장되고 터치스크린의 촉지적 감각(haptic)과의 연계로 인해 더 큰 감동으로 전이된다.

결론적으로 현대 디지털 미디어 스케이프 속에서 감각 집중(sense-concentrated) 인간의 등장은 산책하기에서 테크노 산책자 개념을 탄생시키는 배경이 된다. 지금까지의 인간(human)과 다른 차원의 포스트휴먼으로 이행하는 단계의 주요 계기가 감각과 몸이라는 사실에 대한 확인이 바로 여기에 전제되는 조건이다. 이러한 사회관계망 서비스를 통해 유통되는 정보는 이들이 주로 방문하는 지역의 상권을 변화시키는 데 작용하고 나아가 의도치 않게 젠트리피케이션의 주요 작동요인이 되고 있다.

소위 '뜨는' 장소와 동네의 기존 임차인이 점차 밀려나고 임대료가 폭등하면서 애초에 사람들을 불러들였던 향수 어린 골목길의 생활 밀착형 가게들은 사라지고 프랜차이즈 카페 등이 그 자리를 메우게 된다. 역설적이게도 이러한 젠트리피케이션이 발생하는 근저에는 이들 지역의 고즈넉한 정서를 아끼고 찾았던 방문객들의 디지털 기기를 이용한 방문 후기와 게시한 이미지들이 큰 몫을 한다. 즉 블로그나 SNS를 보고 사람들에게 점차 알려지면서 소위 '핫한' 장소로 거론되기 시작하면 2~3년 이후에는 젠트리피케이션이 진행되면서 예술가들의 작업실과 소소한 가게들은 더 이상 버티지 못하고 임대료가 더 저렴한 곳을 찾아 떠나게 된다.

여기에서 문화경관 연구에서 언급되는 행위자와 매개체에 주목할 필요가 있다. 테크노 산책의 경우에 있어서 지리학적 관점에서 경관 연구의 핵심인 경관을 물질적 요소들로 보는 것과는 다소 상이한 것이라고 할 수 있다. 사우어(Carl Sauer)가 문화경관을 개념 규정하면서 내세운 명제, "문화는 행위자(agent)이고 자연 그대로의 지역은 매개체(medium)이며, 문화경관은 그 결과"(Sauer, 1968: 343)라는 도식을 다소 수정해서 표현해 보자면, "지역은 대상이고 문화풍경은 과정이며 미디어이고 이 과정의 결과로 문화가 발생한다." 즉 서울의 서촌을 예로 들어 설명하자면 서촌이라는 지역은 방문의 대상이고 이 방문의 과정은 GPS를 통한 지도 탐색, 정보 검색을 출발점으로 하여 방문하면서 찍는 사진을 매개로 한 SNS 활동 — 대표적으로는 인스타그램, 페이스북, 블로그 등 — 의 과정으로 이루어지며 이러한 활동을 전체적으로 문화풍경이라고 할 수 있다. 그리고 이 과정에서 형성되는 서촌의 다양한 변화를 독특한 하나의 문화가 형성된 결과로 볼 수 있다.

이를 서울 서촌의 테크노 산책의 경우에 대입해 보면 일맥상통하는 점을 발견하게 된다. 즉 풍경화가 블로그의 사진이나 인스타그램의 이미지로 대체되었을 뿐 사실상 맛집 방문을 가장한 광고들이 순수한 방문객의 탐방기에 섞여 있는 경우가 많고 소위 파워블로거들이 이러한 홍보에 대가를 받고 동원되기도 하는 것을 보면 더욱 이러한 자본주의적 이데올로기들이 강력하게 힘을 발휘하기도 한다. 식당을 홍보하기 위한 차원을 넘어서 이러한 홍보전은 결국 상인들의 권리금 인상과 건물주의 임대료 상승을 이끌어 내면서 그 지역의 부동산 가격 상승 요인이 되며 이는 매우 자주 젠트리피게이션으로 연결되고 있다. 삼청동이 대표적인 사례이고, 홍대, 이태원, 서촌 등 그 사례는 흔히 찾아볼 수 있고 서울의 경우 젠트리피케이션의 과정과 속도는 SNS의 발달과 그 속도를 거의 같이한다.

근대 산책자와 테크노 산책자: 감각 활용의 차이

산책자 개념으로 근대적 주체를 개념화한 벤야민이나 이러한 산책자가 소설 속에서 재현된『소설가 구보 씨의 일일』에서 나타나는 산책자와 테크노 산책자를 비교할 때 '산책'에서는 공통점을 찾을 수 있지만 그 산책으로부터 추출된 정보를 개인의 기억 속에 담아 두느냐, 동시대의 수많은 사람들과 공유하느냐 하는 정보의 축적과정과 축적된 정보의 확산 방식에서 근본적인 차이가 발생한다. 감각은 또한 몸과 관련되고 그런 의미에서 몸은 벤야민 시대의 근대적 휴먼 바디로부터 테크노바디로 변화하고 여기에는 미디어를 통한 인간의 확장(매클루언, 2013)이 적극적으로 개입한다. 지금의 SNS 사용자들의 산책의 방식을 이전의 방식과 구분하여 '테크노 산책'으로 명명하고 테크노 산책자의 산책이 근대적 주체로 등장하는 산책자의 산책과 어떻게 구별되는지 비교해보자.

'산책'이기 때문에 기본적으로는 두 발로 걸어야 하며 이 행위는 인류의 역사 이래 변함이 없다. 다만 산책자로서 감각을 통하여 포착하는 도시 공간에 대한 정보를 어떻게 축적하고 표현하여 타인에게 전달하는가에 있어서는 차이가 있다. 벤야민이 포착한 거리 산책은 도시풍경을 시각이라는 인간의 일차적 감각을 통해 포착하고 이를 문학적 상상력과 결합하여 글로 표현하는 방식으로 이루어진다. 거리 산책자에게서 발견되는 도시화된 감수성에서 가장 중요한 감각기관은 시각이다.

벤야민의 미메시스 이론에 의하면 시선이야말로 인간이 미메시스 능력을 배운 최초의 지각작용이다. 벤야민은 미메시스를 유사성을 생산하거나 인식하는 능력으로 정의한다. 시선의 교환은 내가 보고 있는 사물과 나와의 사이에 유사성의 관계가 성립하는 것은 우리가 "다른 사함을 받아들이는 시선 속에서 동시에 우리 자신을 드러내기" 때문이다. 짐멜이 말한 것처럼, "인간관계의 전 영역에 걸쳐서 가장 완벽한 상호성은 바로 시선에서 달성된다"(Simmel, 1993: 280; 윤미애, 2003: 218에서 재인용). 벤야민은 내가 바라보고 있는 사물과 나와의 사이에 유사성이 성립할 때 서로의 시선에는 충만한 아우라의 경험이 주어진다고 말하고 있다(윤미애, 2003). 이로써 근대 거리 산책자에 있어 시각은 일차적인 감각으로써 우월적 감각이었음이 분명하다.

최혜실(1988)은 경성의 도심지를 걸으면서 과거를 회상하는 구보씨의 산책 과정이 표면적으로는 단순한 일상사를 보여 주는 것으로 비추어지지만 여기서 도시 체험과 과거 회상이 자극과 반응의 구도 속에서 함께 이루어짐에 주목하고 있다. 시각뿐 아니라 청각적 체험이 과거를 회상하게 하는 계기로 작용하는 것이 좋은 예이다. 예를 들어 광교 연변에서 지나가는 자전거의 경적 소리를 듣고 과거에 귀의 이상을 느껴 병원에 갔던 일을 회상하게 되는 것이 그것이다. 도심의 여러 가지 자극에 대한 반응으로서 긴 회상을 하는 식의 구성은 작품 전체에 반복되어 나타남으로써 이 작품이 자극-연상-반응의 편린들의 모임으로 이루어짐을 보여 준다. [표1]은 최혜실이 정리한 구보 씨의 경험에서 비롯된 자극과 연상, 그리고 반응의 연쇄고리를 보여 주는 도표이다(최혜실, 1988: 202).

이로써 구보 씨는 가장 도시적인 요소인 군중(2, 6, 7, 8, 11)과 교통기관, 건물의 세 요소로부터 받는 자극에 의해 반응을 일으키는 산책자임을 알 수 있는데 이는 짐멜이 근대 대도시의 거리 산책자가 모험을 찾아 마치 자장 속으로 끌려 들어가듯이 군중 속으로 끌려 들어간다고 묘사했던 것과 일맥상통한다. 이에 따르면 구보 씨에게 도시는 다채로운 도시적 삶을 반사하는 거울 혹은 만화경에 그치는 것이 아니라 자신의 고독을 타자에 대한 관심으로 채우려는 의지를 통해 자극과 반응의 의

[표 1] 구보 씨의 경험에서 비롯된 자극, 연상과 반응

자극	연상	반응
1. 자전거	귀	병원에 갔던 일 회상
2. 행인	눈	병원에 갔던 일 회상
3. 전차노선도의 교외명	한적함	자신의 고독
4. 대학병원 건물		연구실에서 정신병 공부하는 친구
5. 승객	혼담	생활, 행복, 과거 연애 회상
6. 카페 손님		대인관계에 대한 미로
7. 행인의 건장함	자신의 몸의 쇠약	어린 시절 독서 체험
8. 어린애 울음	죄악의 자신	벗의 애정행각 회상
9. 전보배달 자전거	편지	집에서 편지 받을 어머니 회상
10. 경성우체국		좋은 소식
11. 여급의 이름		여급 모집광고를 보고 온 아낙네

식적 작용을 고양시키는 '의식의 세계'라고 할 수 있다.

구보 씨가 자기 속으로 침잠하는 방식으로 산책하면서 기껏해야 대학노트에 단상을 적는 정도로 소극적인 습작의 자료를 모으는 반면 테크노 산책자는 디지털 카메라, 스마트폰 등 디지털 기기를 동원함으로써 산책으로 포착된 정보를 자신의 위치정보와 함께 인스타그램 등 사회관계망 서비스를 통해 즉각적인 소통으로 연결시킨다.

이 두 가지 공간 향유 양식의 차이는 종이책과 전자책의 차이를 연상케 하는데 여기에서 주목할 것은 매클루언이 주장하는 바와 같이, 인간의 확장으로서 다양한 미디어를 장착한 지금의 테크노 산책자들의 몸이다. 인간의 몸이 적극적으로 미디어로 확장되어 다양한 감각을 활용함으로써 정보를 포착하여 자신의 손으로 자신의 감각에 충실하게 SNS를 활용한다는 점, 즉 유저가 직접 정보를 다루고 유통시킨다는 점이 전자책과는 다른 점이다.

페이스북이나 유튜브, 그리고 인스타그램 등을 통해 시공간을 초월한 공감이 확산되는 지금의 테크노 문화의 시대에 공간 향유의 이미지 생산자가 제공하는 이미지에 대하여 소통에 참여하는 수용자들이 즉각적으로 공감하면서 풍경의 관찰자인 수용자의 위치는 언제든 이미지 생산자로 즉각적으로 순환하게 된다. 이 과정에서 이들 SNS 참여자들은 감각의 공동체적 질서를 따르고 있다는 것을 발견할 수 있을 것이며 '이들은 미디어와의 상호작용을 통해 당대의 생성적 주체이자 행위자'로 재구성된다는 점을 알 수 있다.

SNS를 통해 '포착'하고, '인지'하고, '감동'하고 '반응'하는 소통 참여자의 궤적을 살피는 것은 이들이 만들어 내고 실어 나르고 반응하는 이미지 데이터가 단순한 사진이나 내러티브가 아니고 소통 참여자들의 감각기관과 문화자본이 개인적 삶은 물론 여론, 오락, 여가 등의 사회적 담론과 행위, 의미 결정 등과 밀접하게 연관되어 있기 때문에 중요하다.

카메라가 발명되기 이전의 산책자가 시각적 이미지를 문자 언어로 묘사했다면, 그리고 카메라가 보편화된 이후에는 개인이 보관하는 사진의 형태로 그쳤다면, 지금은 디지털 카메라나 스마트폰으로 찍은 사진을 바로 인스타그램에 올리는 방식으로 이미지가 즉각 소통의 도구이자 정보가 된다.

테크노바디로 장소와 감응하는 테크노 산책자

19세기로부터 지금의 디지털 시대로 이행하면서 산책자의 특성은 벤야민의 근대 주체로서 '보는' 산책자에서 디지털 미디어를 장착하고 다양한 감각 활용을 구사하는 테크노바디를 가지고 장소와 감응하는 테크노 산책자로 진화하고 있다. 근대적 '보는' 주체를 산책자 개념으로 탁월하게 개념 정의한 벤야민의 근대 주체의 시각 중심 감각이 지금에 와서는 테크놀로지의 발달로 인하여 산책자의 다양하고 중첩된 감각으로 발전 내지 전이하고 있다.

이를 포착하고 비교하는 것은 산책자를 총체적 감각 활용의 호모 센수스로 상정하면서 근대와 포스트휴먼 시대의 인간 감각의 전면적 활용을 비교하는 흥미로운 층위로 전개된다. 즉 '보는' 주체로서뿐 아니라 '감응'하고 이를 즉각적으로 다른 사람들과 공유하여 자기 속에 침잠하는 고독한 산책자가 아닌 소통하는 과정에 놓인 매개자로 전환되는 과정을 대비시켜 살펴봄으로써 지금의 산책자를 '테크노 산책자'로 명명할 수 있다는 가설을 확인해 나가는 과정이며 또한 이들을 네트워킹하는 행위자로 자리매김하는 과정이다.

벤야민 시대의 근대적 산책자와 비교해 보았을 때 지금의 테크노 산책자는 행위성에 있어서 뚜렷한 차이를 보인다. 근대적 산책자가 근대적 건축양식에 의하여 이미 형성된 아케이드에 새로이 등장하는 근대 주체로서, 그러나 상당히 '방관자'적 산책을 하고 있었다고 한다면, 테크노 산책자들은 자신들의 산책하기의 기록을 초창기에는 블로그를 통해, 지금은 인스타그램, 페이스북 등 SNS에 게시함으로써 매우 역동적인 방식으로 행위성을 발휘한다. 테크노 산책자의 산책 행위에는 행위자 네트워크 이론으로 독해할 만한 요소들이 등장한다. 인스타그램을 통해 사진 등을 포스팅하면서 산책자라는 행위자 외에 다양한 행위소가 산책의 과정에 등장한다.

이러한 논의가 의미 있는 점은 우리가 의식하지 못하고 있는 사이에 우리의 주변 공간, 특히 도시 공간이 디지털 테크놀로지를 이용한 정보화에 의하여 벤야민이 산책하던 가스등 불빛 아래의 근대 도시 풍경을 향유하던 산책자의 감각에 포착되는 것과 유사하면서도 매우 복합적이고도 중첩적인 방식으로 산책하게 만든다는 사실을 대비적으로 포착하여 발견, 제시할 수 있다는 점이다. 특히 서울을 배경으로 하여 역사적인 전통이 그대로 남아 있는 서울 도심의 문화적 공간과 테크노 문화풍경, 그리고 이를 향유하는 방식이 벤야민의 파리, 구보 씨의 경성, 그리고 테크노 산책자의 서울 산책하기를 통해 벤야민과 짐멜이 의미화했던 '산책하기'의 근본적인 속성, 예를 들면 대도시에서 역사적 기억을 찾아내고 향유하는 행위가 갖는 근대적 주체의 행위성을 어느 한편 견지한 채 다양한 변주가 이루어지고 있음을 파악할 수 있다.

벤야민의 대도시 거리 산책자가 포착한 소비자본주의의 휘황찬란한 환등상은 구보 씨가 산책한 경성의 종로통에서, 파리의 야경처럼은 아니었을지언정 식민 조선의 그 어느 장소보다도 화려하고 이국적인 매혹을 보여 주었다. 특히 화신상회에 펼쳐진 지금의 백화점 식당가와 유사한 식당에서 소시민 가족의 행복한 모습을 본 구보 씨의 감상은 대도시가 아니면 체험하지 못할 광경에서 비롯된 것이다. 테크노 산책자의 다양한 변주는 이 글에서 실제 도시 공간을 산책하는 경우를 사례로 삼은 것을 넘어서 온라인상의 산책하기 등으로 이루어질 수 있고 이러한 변주에서 감각 활용의 중첩적 면모를 밝혀 볼 수 있을 것이다. 따라서 테크노 산책자의 산책하기는 개인의 고독한 걷기를 넘어 공유와 소통으로 새로운 감각의 공동체를 만드는 단계로 접어들면서 이전의 산책자 개념을 점차 수정해 나가고 있다는 사실을 발견할 수 있다.

2 젠더 문화이론과 도시인상학

서울을 하나의 문화텍스트로 해석하기 위해서는 다양한 프리즘이 필요하다. 무엇보다도 서울은 오래된 역사도시이면서 근대와 후기 근대의 문화적 혼종성을 고스란히 겪어 내고 또한 이를 표상적으로 드러내면서 끊임없이 다양한 요소들이 결합하고 이산하는 도시 공간이기 때문이다. 공간에 대한 연구의 최근 경향 중에서 문화와 연관되는 방식으로는 물리적인 공간과 사회적 주체 간의 관계에 주목하여 공간에 대한 해석과 의미 부여를 중점적으로 다루는 문화연구가 부상하고 있다. 공간에 대한 문화적 의미를 찾아내고 이 의미에 함축된 주체들의 사회관계의 연결망을 읽어 내는 작업은 문화연구에서 문화현상으로 체화되는 텍스트와 콘텍스트 사이에서 상징과 의미로 나타나는 권력의 움직임을 포착하고 이를 명명하는 문화정치학의 대표적인 형식이다.

근대적 도시 공간이란 기본적으로 자본주의적 생산과정에서 파생된 근대적 생활양식으로부터 탄생한다. 따라서 도시 공간의 문화사회학적 해석이란 근대적 생활양식이 정착하는 과정에서 도시 공간에 출현하는 자본주의적 욕망의 탄생과 분출의 다양한 맥락을 따라가며 읽어 가는 작업이며 동시에 이들이 어떻게 표상화되는지 해석해 내는 작업이다. 젠더 관점에서 공간과 주체, 공간과 권력의 역학관계를 주목하다 보면 사회공간의 주요 구성요소인 젠더의 작동방식, 특히 이분법적 젠더관계의 전형, 이분법적 영역과 공간 구분이 이미지로서 재현되는 방식과 연결되는 것을 알 수 있다. 따라서 이러한 성찰을 통하여 일상생활 공간에 재현되는 젠더관계 분석을 통해 젠더 무의식을 읽어 낼 수 있고 여성 존재의 비가시성을 지적하고 존재를 드러내어 공간의 성 정치학을 보다 적극적으로 구현해 낼 수 있는 토대 구축이 가능하다.

이무용에 의하면 공간의 문화정치에 대한 연구란, 공간과 장소를 둘러싸고 지배력과 저항력이 어떻게 부딪치고 교섭하며, 다양한 의미들이 어떻게 서로 경합하고 갈등하면서 공간에 표출되고, 공간을 새로 생성하는지에 대한 포괄적이고 맥락적인 연구이다(이무용, 2005: 37). 결국 공간, 주체, 권력의 문제가 서로 녹아든 연구 지형이 바로 공간의 문화정치학이라는 것이다. 이러한 개념 정의로부터 비롯하여 특히 문화연구에 초점을 두는 연구에서는 근대화가 진행되는 오랜 시간 동안 형성된 도시의 물리적 공간 구성과 더불어 건축적 이미지 등으로 다양하게 드러나는 공간의 표상을 읽어 냄으로써 하나로 규정되기 힘든 서울이라는 도시 공간에 대한 젠더문화론적 분석을 부분적으로나마 시도해 볼 수 있다. 특히 서울 도심의 성별적 표상을 읽어 내는 작업에 도시사회학적 접근이 시사점을 줄 수 있는 점은 역사적으로 도시사회학의 관심이 근대성과 그것의 자본주의적 측면에 집중하면서 공간적 개념과 변수, 그리고 공간적 요인을 강조해 왔기 때문이다.

이 글에서는 근대 도시 공간의 형성에 대한 이론적 논의와 방법론에 대한 성찰을 시도하는 차원으로서 특히 도시사회학과 인문지리학적 연구 경향에 젠더 문화이론의 접목이 가능한지 살펴본다. 근대성이 자본주의적 발전과정에서 도시문화로 발현되는 과정, 근대적 생활양식이 근대 도시 공간 형성과 맞물리는 연관성을 해석하면서 벤야민의 '산책자(flâneur)'와 '산책하기(flâneurie)' 이론을 적용하면서 근대 도시문화를 문화텍스트로 독해하는 데 있어서 '산책하기'와 '검경으로 들여다보기'의 은유적 방법론을 차용해본다.

도시를 젠더문화론적으로 읽는다는 것은 자본주의화와 근대화 과정을 거치며 형성된 글로벌 시티로서의 면모에 대한, 젠더 관점에서의 도시의 공간구조적 차원의 이해를 뜻한다. 특히 한국전쟁 이후 1960년대부터 본격화한 산업화 과정에서부터 후기 산업시대에 이르는 한국의 근대화 과정의 결과로서의 서울의 공간구조를 젠더문화론적 관점에서 보았을 때 근대적 생활양식과 이에 따른 영역의 젠더 이분법적 분할로 특징적인 문화현상이 두드러짐을 알 수 있다.

이와 더불어 도시문화와 특히 건축으로 표상되는 공간적 특성을 젠더 정체성에 대입하여 분석하는 차원이 필요하다. 서울같이 오래된 역사를 지닌 도시에서는 도시문화의 형성 자체가 대단히 복잡한 층위를 이루기 마련이다. 따라서 도시문화와 건축 이미지를 성별표상 체계에 대입하여 해석하는 작업에는 서울이라는 도시 공간의 근대성과 후기 근대성을 고려하면서 읽는 과정이 필연적으로 요구된다. 여기서는 특히 도시 공간이라는 문화텍스트의 이미지들을 다양한 콘텍스트에 따라 젠더 문화이론의 분석틀에서 해석하는 과정이 주를 이룬다. 이 차원에서는 시각성이 문화에서 갖는 헤게모니적 위치와 시선의 권력이 젠더 관점에서 도시문화를 보는 데 중요한 분석틀을 제공할 수 있다.

도시라는 문화텍스트가 지시하는 의미망과 '산책하기'의 전유

도시 공간과 그 안의 인간들, 그리고 사물세계가 서로 상호작용하면서 만들어 낸 도시의 흔적은 하나의 문화텍스트를 구성하는데 이 흔적을 찾아 가며 읽어 내는 것이 도시인상학이다(심혜련, 2008: 107-110). 서울의 도시 공간은 이러한 도시인상학적 기준에 따라 임의적으로 선택된 도시의 흔적이 있는 공간이며 문화텍스트로서 근대성의 흔적이 서울의 도심에 집중되어 있다. 서울이라는 도시 공간의 외양을 젠더 관점에서 분석한다는 것은 근대에서 후기 근대로 넘어오는 과정, 특히 산업화가 진행되는 과정에서 보여 준 외양상의 변모를 젠더적 표상체계의 프리즘을 통해 분석하는 것을 뜻한다. 이는 다시 말하자면 건축, 도시 구조와 이를 바탕으로 영위되는 생활양식을 젠더 정체성, 특히 여성성과 남성성이 은유적으로 표출되는 재현양식으로 이해하는 것을 의미한다. 더 나아가 지금까지 페미니즘 연구에서 거의 다루어지지 않았던, 오랜 역사와 근대성, 후기 근대성이 농축되어 있는 서울이라는 도시 공간을 페미니즘 문화연구의 중요한 영역으로 끌어들임으로써, 그동안 발전해 온 도시사회학과 인문지리학 연구에 페미니즘 이론을 접목하는 학제적 시도를 하고, 도시 공간 연구에 인문학적 깊이를 더할 수 있다.

윌슨(Wilson, 1992; Baldwin 외, 2004: 304)의 논의는 벤야민의 산책자 개념에 대한 비판적 검토를 가능하게 하는데, 이를 바탕으로 '산책하기'를 전복적으로 전유하기 위해 '검경으로 들여다보기'의 유용성을 검토해 볼 수 있다. 프랑스 페미니스트 정신분석학자인 이리가라이는 박사논문 "Speculum de l'autre femme"에서 남성 중심적인 서양철학과 정신분석학에서 제기된 주체의 문제를 전복적으로 읽어 냄으로써 검경을 포스트모던 페미니즘의 중요한 상징으로 부각시켰다. 여기서는 이리가라이의 검경이 갖는 의미와 '검경으로 보기'의 방법론을 통해 구축된 여성의 몸을 통한 여성성의 전복적 정의를 살펴보고 이로써 '검경으로 들여다보기'라는 은유적 방법론의 수용 가능성을 검토해 보기로 한다. 원래 검경은 여성의 자궁을 들여다보는 데 쓰이는 의학 도구로, 이를 통해 육안으로 볼 수 없는 자궁의 안쪽을 비추어 볼 수 있도록 고안한 것이다.

이리가라이는 여성 육체의 안쪽에 빛을 집중시켜 보게 하는 오목거울과, 남성에게 낯설지 않은 볼록거울을 대비시킴으로써(Irigaray, 1980:

183) 여성과 남성의 성적 기관의 차이를 은유적으로 설명하며 이로써 여성적 주체성과 남성적 주체성 형성의 과정이 다른 점을 강조하고 있다. 즉 그녀에게 있어서 검경은 여성의 몸을 들여다보듯이 페미니스트 시각으로 남성 중심의 세계를 꼼꼼히 재해석하는 데 사용하는 거울로, 여성성을 '기이한 두려움(das Unheimliche)'으로 규정했던 프로이트(Sigmund Freud)와 라캉의 정신분석학적 논의에 대해 반박하는 데 있어서 중요한 이론적 도구의 은유다.

이리가라이(Irigaray, 1980: 184)는, 검경이 반드시 대상을 필요로 하는 하나의 거울일 필요는 없으며 오히려 아주 간단하게 음순과 주름, 자궁벽들을 벌리는 도구인데 이를 사용함으로써 '내부(das Innere)'로 시선을 들이밀 수 있고 무엇보다도 그곳을 사색적 의도를 가지고 볼 수 있다고 설명한다. 이로써 여성 성기관의 내밀한 부분을 들여다보는 도구로서의 검경이 여성의 성적 주체를 성찰적으로 보게 하는 이론적 도구임을 드러낸다. 이러한 이론으로 육체의 물질성을 성별화된 존재로서 여성 주체의 주요 기반으로 전환시키는 포스트모던 페미니즘의 줄기를 제공하는 이리가라이는 결국 성차를 전면에 내세운 '차이의 정치학'을 구사하는 출발점으로 삼고 있는 것이다.

"하나가 아닌 성(This sex which is not one)"이라는 논문에서 이리가라이는 검경으로부터 출발한 여성성의 개념 정의를 발전시키고 있다. 이리가라이가 주장하는 본래적 여성성은 여성 몸의 독특한 다중적 구조에 그 기반을 두고 있다. 이러한 특성으로 인해 여성의 쾌락도 다중적이며 중첩된 성격을 지닌다는 것이다(Irigaray, 1996: 81). 여기서 언급되는 다중적이며 중첩된 것으로 특징지어지는 여성성이 몸의 구조와 연결됨으로써 탈육체화되지 않으면서 구체성을 띠게 되는데 이것이 바로 이리가라이가 여성성을 가지고 말하고자 하는 여성 문화의 특성을 단적으로 보여 준다(이수자, 2004: 103-104).

이로써 이리가라이는 여성의 몸의 특성을 들어 여성성을 중첩성과 다양성으로 정의 내리면서 지금까지 부정적으로 인식되어 온 여성성을 물질적(corporeal) 차이를 바탕으로 하면서도 본질주의적이지 않은 방향으로 규정하고 있다. 바로 여기에 이리가라이의 여성성과 여성 주체 형성의 전복적인 힘이 있는 것이며 포스트모던 페미니즘적 이론의 전개의 출발점에 '검경으로 보기'의 은유적 사유방식이 존재하는 것이다. 따라서 이 글에서 방법론으로서 검경을 언급하는 것은 이미 존재하고 있는 도시 공간의 표상을 지금까지와는 다른 방식, 또는 이리가라이 식의 전복적 독해로 읽어 내겠다는 의미가 된다. 여기서 전복적 읽기란 '산책하기'의 시각적 성찰성은 수용하되 몰성적 측면을 제거하면서 문화의 다양성과 중첩성을 은유적으로 읽어 내는 방식을 말한다.

근대적 공간의 성별적 이해

근대적 생활양식이 도시 공간에 젠더 이분법적 영역의 분리를 가져온 가장 두드러진 공간적 분할은 공적 영역의 전형적 영역인 사무실이나 공장과 분리된 사적 영역으로서의 거주 공간이다. 이는 자본주의와 근대화 과정과도 밀접하며 공적 영역과 사적 영역의 성별 이분법적 참여 양상이 바뀌고 성별 분업의 내용이 변화하는 것과 관련이 있다. 예를 들면 서울의 경우 소규모의 단독주택 밀집지역과 대단위 아파트 단지로의 분할이 그것이다. 거주지역에 있어서도 강남과 강북, 도심과 외곽, 그리고 사무실과 주거지역의 분할 등이 생활양식과 밀접하게 연관된다.

도시문화에 대한 고전적인 시도는 도시사회학의 주류학파인 시카고학파의 토대가 된 워스(Wirth, 1938)의 『생활양식으로서의 도시성(*Urbanism as a Way of Life*)』을 들 수 있다. 워스가 말하는 생활양식으로서의 도시성이란 개인적 다양성, 친밀한 인격적 교제의 상대적 결여,

대개 익명적이고 피상적, 일시적이게 되는 인간관계의 분절화, 그리고 이와 관련된 특징들을 가리킨다(Wirth, 1938: 1; Savage & Warde, 1996: 127에서 재인용). 이러한 도시성은 근대화가 진행되면서 점차 여러 하위문화 집단의 다양한 일상적 경험으로 확장되어 왔다.

이와 연관하여 페미니스트 연구자들은 공공 공간과 사적인 개인공간의 구분이 갖는 성적 의미를 지적하고 있다(Chaney, 2004: 164). 다비도프와 홀(Davidoff & Hall, 1983)이 대표적인 학자들인데, 이들은 많은 페미니스트들이 같은 논리에 따라 파악했듯이 공적 노동과 사적 노동을 담당하는 성별 이분법에 의거하여 공공 영역은 남성의 영역으로, 사적 영역은 여성의 영역으로 파악한다. 즉 근대 도시에서 새로운 도시 공간은 도시의 물리적 윤곽에 기반한 새로운 형태의 남성 지배와 관련된다는 것이다(Davidoff & Hall, 1983: 344; Chaney, 2004: 164에서 재인용).

근대적 생활양식이 반영된 도시 공간 구조를 젠더 관점에서 파악할 때 가장 대표적인 공간적 구조 변화는 아파트 등 집단 주거공간과 할인마트나 백화점 등 소비문화의 공간을 중심으로 살펴볼 수 있다. 한국에서, 특히 서울에서 근대화 과정을 거치면서 아파트는 여러 가지 상징으로 부상하였다. 우선 중산층이 생겨나는 60년대 말, 그리고 본격적으로는 70년대 이후에 아파트도 함께 탄생하면서 명실공히 대표적인 근대적 주거공간이 되었다(이진경, 2000; 박철수, 2006). 한국의 근대화 과정에서 아파트의 등장은 주거공간에 대한 주도권이 여성에게로 넘어오는 것을 뜻한다.

아파트의 일반화는 생활양식의 근대화와 직접적인 연관을 맺으면서 무엇보다도 입식부엌과 더 나아가 '주방' 개념의 도입과 맥락을 같이 한다. 침실, 욕실이라는 각기 특수한 기능을 가진 개인적 공간과 가족의 공동 공간으로서의 거실이 이전의 대표적 주거공간이었던 단독주택과는 확연히 다른 개념으로 새롭게 탄생하게 된 것이다. 한편 아파트가 일반화되기 이전의 가옥구조에 응접실이나 마당으로 대표되는, 공적 공간과 사적 공간이 만나는 접경 공간이 혼재해 있었다면 이제 아파트로 대표되는 주거공간은 온전히 핵가족의 사생활이 보장되는 근대적 생활양식의 징표로 공고해졌다.

전통 가옥에서는 사랑방으로, 좀 더 근대적 의미에서는 응접실이라는 이름으로 외부와 내부의 중간 매개 역할을 하던 공간이자 주로 남성 가장에 의해서 내밀한 공간과는 차단된 방식으로 존재하던 공간은 아파트에서 사라지고 대신 거실이라는 이름으로 가족들의 공동 공간이 됨으로써 가족 외의 사람들과의 접촉은 집 밖으로 완전히 밀려 나가 카페나 최근의 주상복합 아파트의 경우에는 공용 서비스 공간으로 따로 마련되는 상황이다. 그렇지만 아직까지도 한국에서의 젠더화된 공간성은 여전히 유지되고 있으며(Hyun-Mi, 2007) 이로써 공적/사적 영역의 이분화가 성별 분업을 공고화해 온 근대화 과정이 우리나라에서는 아파트의 공간적 특성과 분화로 재현됨을 알 수 있다.

도시문화와 표상 공간에 투영되는 젠더 정체성

근대에 들어서면서 공적 및 사적 영역의 제도화와 함께 공적 영역은 일반적으로 노동의 세계, 조직적 문제인 남성의 관심사로 이해되었다. 반면 사적 영역은 가족의 생활양식과 다른 가족 성원들에 봉사하는 가족관계와 여성의 관심사에, 즉 가정에 집중되었다. 최근 들어 페미니스트 지리학자들에 의해 제기되는 몸과 가정이라는 미시 스케일은 젠더 관계의 양상 연구에 새로운 자극이 되고 있다(정현주, 2008: 906). 영역 사이의 구별은 가정과 노동 사이의 차이에 육체적으로 각인되었으며, 이 구별은 직업과 거주 사이의 명확한 분리와 함께 도시 주변 거주지의 발전으로 분명해졌다.

한국에서도 산업화가 본격화되기 시작한 1970년대는 이러한 노동 시장의 성별 분리가 뚜렷하였고 이는 일부 여성들이 진출한 사무직에서도 직장 내 권한의 위계구조화로 영역적, 공간적 분리로 반영되었다. 미국 내 노동시장의 성별 분리와 사무실의 공간적 분리에 대한 스페인(Spain, 1992)의 연구에서는, 이미 사무직에 여성들의 비율이 높았으므로 오히려 여성들만으로 채워진 대형 사무실이 특이한 연구대상으로 등장하고 있는데 한국처럼 대형 사무실에 수십 명의 남녀 직원이 한꺼번에 사무를 보는 경우와는 대조적인 풍경이다.

80년대 초반 국내 S그룹 등 대기업에 근무했던 사람들의 체험에 의하면, 여성의 사무직/전문직으로의 진출이 전면적이지 않던 1980년대 대기업의 사무실 배치에서 공간의 분할이 산업주의적 노동 통제와 규율 시스템을 투영하고 있음을 알 수 있다. 당시 S그룹 본사는 서울의 도심에서도 다양한 권력이 집중되어 있는 세종로와 연결된 태평로에 위치해 있었기 때문에 외관상 당대로서는 고층에 속하는 28층짜리 직사각형 건물로 인한 근대적 위엄을 보임으로써 성별적 이미지를 표현하고 있었다. 건물 내부의 성별적 분할의 측면에서 S그룹의 경영 권력이 집약적으로 지배하던 그룹 비서실의 사무실 내 직원의 공간적 배치는 매우 상징적이라고 할 수 있다.

당시 사무실이 주로 들어 있던 대형빌딩들은 그 규모에 있어서 위압적이며 공간의 점유에 있어서도 남성이 압도적 우위를 점하고 내부공간의 분할에 있어서도 권력의 순서대로 공간의 크기는 나뉜다. 대부분의 대기업 사무실들은 엄청나게 많은 직원들이 하나의 대형 사무실 공간에서 근무하는데 가장 입구에 가까운 쪽은 제복을 입은 고졸 여직원들이 앞을 향하여 일렬로, 그 뒤로는 서열에 따라 차례로 대졸 남직원들이 배열되고 가장 뒷자리에는 그 부서의 책임자가 모두의 뒤통수를 쳐다보면서 언제라도, 무슨 움직임이라도 포착할 수 있는 위치에 앉는다.

근대적 시선의 권력체계가 노동과정의 규율체계로 공간에 그대로 투영된 예다. 즉 감시하고 통제하는 시선의 권력자가 가장 뒤에 있고 차례로 앞으로 보고 앉아 있는 형상은 푸코가 파놉티콘으로 설명하던 응시의 권력체계의 근대 산업자본주의적 실현이라고 할 수 있다.

파놉티콘에서는 감시하는 자와 감시당하는 자로 이원화되지만 근대적 사무공간의 구조는 서열에 따라 중첩적으로 감시와 통제가 이루어진다. 즉 가장 뒤와 가장 앞에 있는 사람들을 제외하고는 모두 감시하면서 동시에 감시당하는 위치에 있게 되는 것이다. 그 응시의 권력구조 가장 말단에 고졸 여직원이 위치함으로써 성별 분업이 시선의 권력 구조화된 공간에서 작동함을 알 수 있다. 유교적 사고방식이 남아 있던 당시의 남녀 간의 권력/위계구조가 자본주의적 노동통제 과정에서 그대로 혼합되어 공간적으로 재현되었다는 점이다. 즉 여성을 외부와 직접 대면하는 사무실의 전면에 배치시키는 것은 사실상 유교적 관념에 배치되면서도 여전히 남녀 간의 위계구조를 관철시키는 사고방식의 표현인 것이다.

공공기관이나 은행 등의 민원창구 담당자의 대부분이 여성이라는 점도 마찬가지여서 지위와 권한에 있어서 가장 낮은, 고객응대의 최전선에 포진됨으로써 조직 내에서의 공간적 위치 자체가 안과 밖의 경계에 놓여 있음을 보여 주고 있다. 특히 이의 현대적 직종인 텔레마케터, 대형마트의 계산원 등 공간적으로 최전선에 놓여 있는 사람들은 거의 예외 없이 여성이면서 비정규직 고용이 적용됨으로써 직종에 있어서의 수평적 성별 분업과 지위의 수직적 성별 분업을 공간적으로 보여 주고 있다.

르페브르(Henri Lefebvre)가 분류한 공간의 세 요소(triad)인 공간적 실천(la pratique spatiale), 공간의 표상(les représentations de l'espace), 그리고 표상 공간(les espaces de représentation)은 경험된 공간,

인지된 공간, 상상된 공간으로 등치되어 불리기도 한다(Lefebvre, 2000: 48-57). 르페브르는 이러한 공간이 더 이상 지리적이고 물리적인 속성으로 규정되는 것이 아니라 점차로 자본주의적 힘의 생산물이 된다는 점을 들어 공간의 사회적 생산을 주시하였다.

근대적 도시 공간을 표상으로 해석하는 데 있어서 중요한 개념을 미국의 도시학자 린치(Kevin Lynch)는 가독성(legibility)과 이미지성(imageability)으로 들고 있다. 린치가 말하는 가독성은 "도시의 각 부분이 통합된 형태로 쉽게 인식되고 구성될 수 있다"(Lynch, 1960: 2~3; Baldwin, 2005에서 재인용)는 것을 뜻한다. 가독성보다 더욱 중요한 개념으로 꼽는 이미지성은 "어떤 관찰자에게 강한 인상을 불러일으킬 가능성이 높은 도시의 물리적 속성"(Lynch, 1960: 9; Baldwin, 2005에서 재인용)을 의미한다. 이 의미성을 구성하는 요소는 통로, 경계, 구역, 결절점, 이정표 등이다. 물론 이러한 요소들은 다분히 물리적 도시 공간의 가시적인 부분을 가리키기 때문에 도시 이미지를 독해하는 데 있어서 중요한 일종의 보조적 개념으로서의 역할을 한다.

성별화된 표상으로서의 도시 공간은 우선 공간의 구획 또는 분할, 공간의 점유 방식, 공간의 성격, 그리고 공간의 이미지를 중심으로 파악된다. 사무실과 주거공간의 구획, 쇼핑몰과 카페를 중심으로 한 공간의 소비와 욕망의 발현, 노동과 욕망, 몸을 통한 젠더 정체성의 구현(doing gender), 아파트가 가지고 있는 상징과 광고에서 이미지화하는 성역할, 관계 맺기의 공간에 대한 성별화된 표상, 광장의 소멸 등은 근대 자본주의적 생산양식과 생활양식의 다양한 교차점의 가시적 결과들이다.

하드시티와 남성성

레이번이 정의한 바를 원용한 설명을 근거로 할 때(Harvey, 1994: 22), 근대적 도시는 하드시티로서 남성성이 전면에 드러나는 도시이며 포스트모던 도시는 소프트시티로서 여성성이 표현되는 도시라고 할 수 있다. 이러한 분류에 통상적인 젠더 정체성을 대입해 봄으로써 서울을 하드시티(hard city)와 소프트시티(soft city)의 범주로 구획 지어 보면 다음과 같은 해석이 가능하다. 하드시티로서의 면모는 대체로 산업화 과정이 진행되는 시점까지 구축된 도시의 부분들, 특히 위용을 자랑하는 건축물과 전통으로부터 근대적 시대정신의 구현이 이루어진 도시 구역이 해당된다.

서울에서는 급박한 근대화를 이룩하는 데 동원되었던, 이른바 '자본주의 산업화'의 상징물들인 삼일빌딩, 세운상가, 삼일고가도로를 비롯한 고가도로, 고속도로 등이 최대한 빠르게 물류를 운송함으로써 공장가동을 최대한으로 가능하게 하려는 목적을 실현하기 위해 구축되었고 이들은 전형적인 하드시티를 구성하며 이의 표상으로 각인되어 있다. 도시를 건축 텍스트의 산물로 이해하는 것은 설립자나 개발업자들의 의미를 지나치게 강조하는 것일 수 있으며 건축 형태에 대한 해석도 상당히 모호해질 수 있다는 비판도 있으나 오히려 건축의 의도를 제대로 파악함으로써 그 건축물이 건립된 맥락을 제대로 파악하는 토대가 될 수 있다. 세운상가나 삼일고가도로 등을 보면 산업 근대화 과정에서 서울의 산업화 촉진의 상징으로 내세우려는 권력층의 의도와 설립자의 의도를 짚어 낼 수 있다.

서울의 하드시티로서의 면모는 이른바 남성성으로 일반화되는 힘, 특히 근대 산업화의 상징인 망치를 내려치는 근육의 힘과 등치된다. 즉 코넬(Raewyn W. Connell)이 정의한바 '헤게모니적 남성성'이 하드시티의 구체적인 재현물인 건축 구조물로 표상되면서 동시에 경제성장 제일

주의적 산업자본주의를 구현해 내고 있다. 하드시티로서의 근대 도시의 표상으로서 대표적인 건축물 중 하나인 세운상가는 건축물의 외양뿐 아니라 장소성의 측면에서부터 건축 과정에 이르기까지 상당히 폭력적인 측면을 중첩적으로 가지고 있어서 남성성의 표상으로서 해독할 수 있는 요소를 여럿 가지고 있다. 즉 건립 전, 건립 과정 그리고 최근 도심 재개발 계획에 의해 일부가 일차적으로 녹지로 만들어지는 과정 등 전반적으로 공격성이 관철된 장소의 상징이다. 즉 장소성에 있어서 한국의 근대사가 그대로 용해되어 있는, 서울에서 몇 안 되는 장소로서의 특성을 가지고 있다.

세운상가가 건립된 장소는 원래 1945년 일제에 의해 태평양전쟁 막바지에 미군의 공습에 대비하여 소개(疎開)도로로 만든 폭 50미터, 길이 1,180미터의 공터였다. 1945년 3월 일제가 도시소개 대강을 내리고 경성의 열아홉 군데의 소개공지와 소개공지대를 고시하였는데 소개 전에는 초가와 기와지붕으로 장관을 이루던 '목조도시'의 중심이었다. 이로써 대대적인 철거를 거쳐 소개지가 되었던 것이다. 해방 후 한국전쟁을 거치면서 이곳은 전쟁으로 인한 빈민들이 모여들면서 '거대한 바라크 지대'가 형성되었으며 60년대 중반까지 무허가 판자촌과 사창가가 되어 이른바 '종삼'의 남쪽 부분이 되었다. 1966년 4월 서울시장으로 부임한 김현옥은 수많은 교량과 도로를 건설하고, 한강 개발과 여의도 건설, 시민아파트 등을 지음으로써 '불도저'라는 별명을 얻은 바 있다. 그는 "수도 서울 한가운데 이런 곳이 있어서는 결코 안 된다"는 신념에 따라 별명대로 '불도저'식 재개발을 시작하였다. 또한 당시 30대로 국회의사당 현상설계에 당선되어 한국의 근현대 건축의 중심인물이 된 건축가 김수근과 의기투합하여 지금의 총칭 세운상가가 건립되었다(권기봉, 2008: 110-120).

르 코르뷔지에(Le Corbusier)의 건축적 개념을 도입하여 입체 복합

도시를 실현한다는 취지로 김수근은 보행자 몰과 보행자 전용 데크, 학교, 하늘정원 등을 설치하였다. 설계가 1966년에 시작되었는데 다음 해 11월에 박정희 대통령도 준공식에 참석할 만큼 급속하게 건설되었고 이는 당시 정부가 근대화의 상징물로 삼고자 했던 건축물에 대한 조급한 성과주의적 열망이 어떠했는가를 짐작케 하는 결과다. 종묘 앞에서부터 남산에 이르기까지 1킬로미터가 넘는 길이로, 8층에서부터 17층에 이르는 높이의 주상복합 콘크리트 구조물은, 중간의 청계천, 을지로 등을 가로지르는 거리의 윗부분은 데크로 연결하여 거대한 배와 같은 위용을 자랑하게 되었다. 이로써 당시로서는 최고급에 속하는 아파트와 호텔, 상가가 함께 있고 서울 도심의 어디에서고 보이는 거대한 건축물로서 70년대 강남이 개발되기 전까지 서울의 근대적 상징물 중 하나로 존재했다.

애초의 계획대로라면 세운상가에서 서울 시민들은, 벤야민이 19세기 파리의 아케이드를 산책하면서 도시문화를 읽어 내었듯이 3층의 데크로 연결된 1킬로미터가 넘는 상가를 1층으로 내려가거나 건물을 나가고 다시 들어옴 없이 소요하며 상점을 구경할 수 있었던 것이다. 그러나 이러한 산책과 소요의 가능성은 차단되고 점차 주류를 이루던 전자 상권이 용산 전자상가로 이전되면서 각종 포르노 비디오테이프이나 잡지 등을 몰래 파는 소위 '삐끼' 아저씨들이 등장하게 되었다. 어떤 의미에서는 이들로 인하여 세운상가가 건립되기 이전의 '종삼'의 이미지가 다시 재연되었다는 점에서는 장소의 흔적이 쉽게 사라지지 않는다는 점이 놀랍다고 하겠다(『국민일보』, 2009. 3. 19. 검색). 세운상가는 전쟁의 흔적을 밀어 버리고 '세계의 기운'을 끌어모은다는 기치에 따라 지어짐으로써 박정희 식의 산업 근대화가 저돌적으로 밀어붙여 탄생시킨 '힘'의 건축물이자 산업주의가 재현해 낸 근대적 남성성의 대표적인 표상이다.

특정한 건물이 외화하는 전문적 그룹의 지위와 욕망을 사회학자 맥도널드(Keith MacDonald, 1989)는 런던의 공인회계사 홀을 예로 들어 설명하고 있는데 이는 한국의 70년대 산업계를 장악하고 있던 소위 '재벌' 그룹의 사옥들에 적용해 볼 때 매우 유사한 해석이 가능하다. 맥도널드는 회계사들, 영국 변호사협회를 대표하는 법조인들, 영국 로열 의과대학을 대표하는 내과/외과 의사들을 조사했다.

그는 공인회계사 홀이 공인회계사라는 직업의 지위를 상징적으로 명확하게 보여 주고 있다고 주장하면서 회계사의 지위는 "그들의 욕구에 어울리고 수요가 있는 비싼 건물 부지, 위압적이고 매우 비싼 건물 성격, 전문가에 의해 평가된 건물의 지명도, 건물 구입에 쓰인 자금에 의해 상징적으로 입증된다(MacDonald, 1989: 75; Baldwin 외, 2004: 344에서 재인용)"고 설명한다. 그런 건물을 구입하고 사용한다는 것은 눈에 띄는 소비를 하는 것이며, 자신들의 권력을 고양시키려는 일종의 전략적인 시도로 해석된다.

서울에서도 1970년대 지어진 대부분의 재벌 그룹들의 사옥이 이러한 설명에 조응하는데 예를 들어 서울역 건너편에 있던 대우빌딩, 태평로에서 오랜 기간 가장 현대적인 고층 건물로 위용을 떨쳤던 삼성 본관 등이 그것이다. 이제 이들 건물들은, 하나는 그룹의 몰락으로 매각되고, 다른 하나는 자본주의적 경제권력이 이동하여 지배하는 지역인 강남으로 이전하면서 처음의 맥락을 잃어버린 건물이 되었다.

한편 관공서 건물 중에서도 가장 권력과 맞닿아 있는 검찰청과 법원 건물, 그리고 국회의사당 건물이 외양상 갖는 위압적인 이미지는 당시의 사회적 분위기와 조급한 근대화에의 의지를 그대로 표현하고 있다. 이는 권위, 육체적 단단함과 강함, 이성애와 임금 노동으로 둘러싸인, 문화적으로 지배적인 남성성의 이상(ideal)이라고 지적한 코넬의 '헤게모니적 남성성'의 공간 구조적 표현이라고 해석된다.

젠더 이론의 한 부분으로 남성성에 관한 사회과학적 분석을 발전시켜 온 코넬에게 있어서, 젠더는 인간 육체의 재생산적이고 성적인 능력에 기초한 지속적인 해석과 정의의 최종 산물이다(Connell, 1995; 2000). 그러므로 남성성, 그리고 여성성은 육체에 관한, 인간성에 관한, 그리고 한 사회의 문화와 제도에 관한 이들 해석과 정의의 효과로 이해될 수 있다. 코넬의 논거에 의하면 남성성은 현대 서구사회의 '젠더 위계(gender hierarchy)'에 있어서 여성성보다 상대적으로 높은 위치를 차지한다(이수안, 2008: 144-145).

세종로를 광화문에서부터 서울역 방향으로 바라보자면 이 거리의 표상은 확연하게 권력지향적임을 알 수 있다. 청와대로부터 시작된 권력의 공간은 정부종합청사, 외교부와 맞은편의 미국대사관, 문화체육관광부 청사 등의 서로 견제하면서도 상호 간에 힘을 모으는 관계로 형성된다. 세종로 네거리를 지나면서 동아일보, 조선일보, 서울신문 등 언론기관의 사옥들이 서울 시청, 서울 시의회까지 함께하는 거리에 고층 건물로서 위용을 보이면서 늘어서 있다.

또한 세종로를 권력과 연상하여 볼 수밖에 없도록 하는 가장 핵심적인 상징적 요소는 바로 이순신 장군상이다. 군사정권에 정통성을 부여하는 무신상은 박정희 대통령의 특명에 의하여 만들어졌으며 조각상의 크기나 12미터나 되는 높은 좌대로 이 조각상은 엄청난 위용을 자랑하는 상징물이 되었다. 조각상을 세울 당시에는 일제가 건축한 중앙청이 아직 건재할 때이므로 역사적으로도 정치적 권력의 표상인 건축물들이 도열한 가장 정점에 이 조각상이 서있었던 셈이다. 최근 들어 교보문고의 외관에 다달이 바꾸어 다는 시구와 그림, 그리고 일민미술관과 금융박물관 등 일련의 갤러리, 그리고 청계광장(일명 소라광장)과 잔디를 깔고 다양한 공연 무대로 등장한, 또한 촛불시위의 근원지가 된 서울 시청 광장과 촛불집회의 상징인 광화문 광장 등이 그나마 부드러운 도시(soft city)의 면모를 갖추면서 여성적 표상이 혼합되기 시작하였다.

소프트시티(soft city)와 여성성

하비에 의하면 포스트모던 도시(soft city)는 '우리가 상상하고 있는 도시, 즉 환상과 신화, 열망과 악몽이 교차하는 부드러운 도시'로서, 벤야민이 산책자의 시각을 통해 본 19세기 근대 대도시의 환상적 이미지와 맞닿아 있다. 여기에는 공원, 녹지, 테마파크, 그리고 좀 더 확대하면 백화점 등 쇼핑몰이 속할 수 있다. 채니는, 상품세계를 찾아 헤매는 익명의 고객들에게 새로운 기회를 제공하는 거대도시 중심부의 변화에서 가장 명백한 요소가 백화점이라고 지적한다. 즉 백화점은 산책자들의 압축된 근대성의 거리로 기능하고 있으며 이를 통해 새로운 형태의 생활양식이 소비주의라는 문화적 형태의 폭넓은 서사(narrative), 즉 환상, 과도함, 스펙터클 등의 표제어로 요약될 수 있다고 주장한다.

이러한 주장과 더불어 소비주의에 대한 비판 중 특히 여성이 비합리적 설득에 특히 취약하다는 전제로부터 출발한 소비문화의 여성 독점을 도덕적 가부장제로 설명하고 있다(Chaney, 2004: 44). 채니의 설명에 의하면, 여성이 소비문화의 주요 고객이라는 가정은 최근 점차 낡은 것으로 치부되고는 있지만, 전통적으로 생산과 소비 사이의 구별에 기초한다.

대형 백화점의 경영방식이나 판매방식은 철저하게 자본주의적 경영전략에 의하여 남성적 합리성에 의하여 구성되는 데 반해 소비자는 여성으로 상정되면서 생산(남)과 소비(여)의 이분법이 통용된다. 소비를 주로 담당하는 여성들의 경우 백화점이나 쇼핑몰의 방문자의 대부분을 차지하는데 이렇게 백화점 내의 산책자로서, 그리고 소비의 최전선에서 시장에 포획되는 존재로서의 역할을 하여 벤야민의 산책자 역할을 연상시킨다. 서울에서 대표적인 대형 백화점인 L백화점과 S백화점, 그리고 H백화점은 산업자본주의의 산물인 재벌기업의 방계회사로서 이미 그 존재 자체가 근대적 물신주의의 표상이다.

건축적 측면에서 보면, L백화점 본점의 경우 파사드가 위압적이면서 고급스러운 자재로 이루어져 있다. S백화점 본점의 경우는 근대건축의 하나로서 향수를 자극하면서도 물자가 귀하고 백화점이 거의 없던 시절에 독점적 지위를 부여받음으로써 근대의 백화점이 갖는 귀족적 이미지를 그대로 보존하고 있다. 이러한 귀족적 이미지는 건물의 넓은 중앙계단의 우아한 난간과 넓직한 계단 폭 등을 통하여 유지되고 있다.

이는 이전의, 쇼핑몰이나 다른 대형 백화점들이 생겨나기 이전부터 갖고 있던 근대적 '백화점'이 갖고 있는 고급 이미지를 전략적으로 이용하여 상류층 여성을 주요 타깃으로 하고 있다는 점을 공공연히 표방하고 있다. 여성이 백화점의 산책자임은 1층이 으레 고급 여성용 상품 매장으로 사용되는 것으로 입증된다. 즉 화장품과 핸드백, 귀금속 매장 등을 배치하여 여성들의 눈길을 우선적으로 끌어 거리로부터 유인하여 내부로 이끄는 것이다. 근대 초기 일제시대의 백화점이 상류층의 전유물처럼 기능해 온 것과 비교해서 최근의 백화점은 쇼핑몰과 비슷한 위상을 차지하며 차별화된 백화점으로는 입구를 따로 만드는 명품관이 있다. 이곳이야말로 선택된 소수자들의 여유로운 산책이 가능한 공간이다.

한편 삼청동이나 인사동 등 북촌의 전통적 동네의 풍광이 남아 있는 지역은 아기자기한 상점들로 인하여 소프트시티의 면모를 많이 보여주고 있다. 이곳은 갤러리들이 포진하여 문화자본이 많은 사람들이 소요하는 장소로서 산책자들의 새로운 아케이드다. 그와 연관해서 가회동, 재동 등 북촌의 전통적인 지역뿐 아니라 경복궁 서쪽의 통의동, 창성동 등 새롭게 갤러리와 카페들이 들어서는 지역은 아기자기한 면모들로 여성 산책자들의 선호지역이 되고 있다.

이렇게 본다면 소비문화의 새로운 시대는 무엇보다도 백화점의 성장과 함께 시작되었다고 할 수 있는데 이는 대형 쇼핑몰로, 인터넷 쇼핑몰로, 그리고 다시 복고풍 소상점들로 이어진다. 이들 상품의 무한한 번

영의 장소는 해방을 위한 새로운 자유와 새로운 기회를 제공하였다. 구매행위는 더 이상 필요물품의 보충이나 새로운 물품에 대한 개인적 관심이 아닌 것으로 바뀌었다.

비인격적 익명의 이상적 전시 속에서, 구매자는 원하는 대로 헤맬 자유를 갖게 되었고, 개인적 취향을 추구하고 개인적 여가를 구성하기 위해 무한한 편의시설을 이용하게 되었다. 서울의 소비문화 경관에 대한 연구(심승희·한지은, 2006: 61-79)에서 주로 지역 특성에 따른 취향의 문제가 쇼핑몰이나 백화점 분석에 투영된 것으로 해석하여 포스트모던한 특성을 지적하고 있다. 즉 '생활양식'의 구매가 가능해졌고 표준화되었다(Rob Schields, 1992; Chaney, 2004: 44에서 재인용)는 점에서 포스트모던한 성격을 보여 주고 있는 것이다.

이는 서울의 경우 아파트를 통해 더욱 극명해졌으며 최근 들어 선풍적인 인기를 몰고 있는 주상복합 아파트는 바로 거주와 여가, 그리고 쇼핑을 하나의 건물 안에서, 그것도 가장 쾌적한 상태에서 향유할 수 있다는 점에서 생활양식의 구매를 고가로 하게 되며 이때의 생활양식은 표준화를 넘어 차별화된 포스트모던적 생활양식이 된다. 왜냐하면 홈오토매틱, 무인경비 시스템, 자동환기 시스템 등 최첨단의 자동시설과 언제나 취할 수 있는 여가 등이 보장되기 때문이다. 이로써 주상복합 아파트는 건축적 외양으로는 윌슨(1997: 281)이 지적하듯이 남성적 위용을 자랑하지만 그 내부의 공간은 사적 공간과 헬스클럽 등 커뮤니티 공간인 준(準)사적(semi-private) 공간으로 구성되기 때문에 근대성과 후기근대성이 혼재된 표상을 보여 준다.

전시와 오락의 스펙터클한 장소로서 도심지의 발전에 관해 언급했던 채니는 도심지가 도시주변에서 온 방문자를 위한 중심으로서 여성들도 점차 접근이 쉬워지는 새로운 형태의 공적 장소를 제공하는 역할을 하는데 특히 백화점은 여성 고객들에게 의존하며, 점차 여성 직원들로 채워진다는 점을 강조하고 있다. 즉 도시 주변의 여성적 성격과 소비주의의 여성적 강조 사이에는 공생관계가 있으며 또한 소비문화 발전에서 표현되는 보충적 상호 의존성이 있다(Chaney, 2004: 45)는 것이다.

같은 성별 내에서도 계층적, 인종적 차이가 공간분할의 기준으로 작용하거나 공간의 성격을 변화시킨다. 백화점은 전형적인 여성 공간이지만 그 안에는 서비스를 제공하는 여성과 '산책자'로서의 지위를 누리면서 내부와 외부를 자유자재로 드나들 수 있는 서비스 향유자로서의 상류층 내지 중산층 여성들 간의 계층적 차이가 존재한다. 물론 1970년대 사회계층이 보다 뚜렷하게 구분되던 시대에는 특정한 지역이나 공간이 바로 그 사람의 계층적 지위를 가리켰기 때문에 이와 비교하면 이제 공간적 차이는 많이 희석되고 있다.

대로와 골목길의 성별 대칭성과 호환성

짐멜의 분석틀을 정교화하면서 거리에서의 만남과 근대성의 문화가 관련되는 방식을 연구한 버먼에 의하면 근대적이 된다는 것은, 개인적, 사회적 삶을 거대한 소용돌이로서 경험하고 영속적인 해체와 갱신, 문젯거리와 고뇌, 모호함과 모순 속에 있는 자신의 세계를 발견하는 것이다. 다시 말하자면 "…… 모더니스트가 된다는 것은 …… 근대화가 만들어 내는 세계를 파악하고 직면하며 그것을 우리 스스로의 힘으로 만들고자 고투하는 것이다"(Berman, 1984: 115). 버먼은 또한 "나는 거리와 시위를 근대적 삶의 기본적 상징으로서 보게 되었다"(Berman, 1984: 123)고 토로하면서 거리를 근대적 삶에 대한 소우주로, 공공 공간에 대한 전장으로 보고 있다.

그는, 거리에서 우연히 만나는 사람들은 예상할 수 없고 알 수도 없다고 말하면서 거리의 역할을 폭넓은 관심사에 연결시킨다. 우리들은 도난당하고, 공격받고 모욕당할 수도 있다. 이러한 일반적인 불안정성은 우리로 하여금 통행인들의 위험성이나 우리에게 지니는 가치를 알기 위해 그들을 자세히 살펴보도록 함으로써, 도시문화에서 시각적인 것의 역할을 강화시키게 된다. 결국 시각적 심상의 극치에 이르게 되며, 패션과 스타일이 중요하게 되는 가운데 성적인 코드가 이러한 형태의 전시(display) 속에서 이용된다(Savage & Warde, 1996: 153).

버먼의 논의는 서울의 거리와 길, 즉 도로의 풍경을 살펴보는 데 유용하다. 산업화가 진행되고 지구화가 진행되면서 도시 공간의 거리 풍경은 서서히 변화한다. 도로의 폭이 클수록 위압적 파사드의 출현 빈도가 높아 남성적인 면모를 보이고 이면도로로 갈수록 폭이 좁아지고 경사도도 심해지면서 그 도로 주변의 공간은 여성적 공간이 된다. 즉 전형적인 남녀 이분법적 역할분담이 도로의 상태, 도로를 둘러싼 노점의 종류, 도로를 따라 들어선 건물들의 파사드의 상태에 반영되면서 이분법적 표상을 보여 준다.

삼청동 일대의 새롭게 형성된 상가들은 포스트모던한 취향과 복고취향을 적절히 소화해 냄으로써 풍성한 볼거리를 제공하고 있다. 근대적 상업자본주의의 대명사라고 할 수 있는 대형 백화점이 하나의 완벽한 스펙터클을 이루고 있다면 삼청동 일대의 골목길마다 들어찬 가게들의 경우 개별성과 중첩성이 눈에 띈다. 즉 가장 큰 길에서부터 이면도로, 엇갈린 골목길까지 아기자기한 상점이나 카페, 공방 등이 들어차 있으면서 의미들을 중첩적으로 생산해 내고 있다. 3차원적으로 레이어가 중첩되면서 이리가라이의 여성 몸의 중첩성, 여성 욕망의 중첩성과 연관해서 해석할 여지를 주고 있다.

대형 백화점의 파사드와 삼청동, 인사동, 홍대 앞 등의 가게들이 구성하는 외피를 비교해 볼 때 이들은 접근 가능성과 관계 맺기의 특성 등과 연관해서 성별화된 표상으로 나타난다. 예를 들면 아직 재개발이 본격화되지 않은 서울 도심의 단독주택가를 보면 골목의 조그만 공지에 화초 심기를 한다든가 평상 등을 놓고 이웃과의 교류가 이루어지는 것을 볼 수 있다(임석재, 2006 참조).

또한 동네 안쪽의 좁은 골목길은 점차 안쪽으로, 또는 산꼭대기로 올라가면서 여러 갈래의 실길로 이어지는데 마치 '실핏줄이 몸속 구석구석 뻗쳐 있는 것'(임석재, 2006: 33)과 비슷하다. 특히 서울의 좁은 골목길은 대부분 산등성이에 위치한 서민 단독주택들, 오랜 기간 자연적으로 형성된 재래식 가옥들을 연결해 주고 있기 때문에 그때마다의 편의에 의해 구불구불 이어지고 또 많은 경우 단면의 경사로 인해 계단으로 이어지는 경우가 많다. 이러한 동네 안의 골목길은 자동차가 몇 차선씩 지나다니는 계획도로가 갖는 공격적 남성성과는 달리 부드러운 곡선과 근대적 생활양식을 그대로 담고 있는 여성적 풍경을 보여 준다.

대로변을 구성하는 주요 요소는 산업자본주의적 과정을 표출한다. 예를 들면 기업체의 사무실이나 은행, 대형 상점 등 원자화된 개인이 필요에 의해 접촉하는 기능을 담당하는 건물들이 포진하게 된다. 그러나 그 이면도로에만 가도 식당가, 주점, 모텔 등 사람들이 살아가는 일상적 생활의 장소로 변화한다. 이렇게 대로로부터 중소로, 그리고 골목길, 실길로 연결되는 길은 마치 사람의 신체 속 핏줄처럼 대동맥, 대정맥에서부터 실핏줄까지로 의인화될 도시의 연결선이 된다. 그런데 이렇게 대동맥으로부터 실핏줄로 이어지면서 장소적 특징은 점차 후기 근대로부터 근대, 나아가 전근대로까지 역으로 전개된다.

대체로 평지보다는 구릉지에서 이러한 확연한 차이를 볼 수 있는데 예를 들면 사대문 안의 최근 재개발이 추진되고 있는 구릉지 지역, 예를 들면 신교동, 옥인동, 삼선동, 길음동, 북아현동, 사직동, 부암동 등은 점차 산 정상 쪽으로 올라갈수록 길은 좁아지고 가게는 규모가 영세해져서 급기야는 아주 기본적인 생필품만 살 수 있는 정도로 소규모의 가게만 남는 반면 군데군데 남아 있는 땅에 텃밭을 가꾸는 모습까지 보이면서 전근대적 생활양식까지도 발견할 수 있다.

이렇게 길을 따라 이동하면서 남성과 여성이 주로 생활하고 경제활동을 하고 있는 영역의 분포를 경제활동 영역과 대비하여 살펴보면 남성과 여성이 점유하는 공간과 장소가 차이를 가지고 구성됨을 알 수 있다. 다시 말하자면 길의 폭과 스케일에 따라서 남성과 여성의 공식 부문과 비공식 부문의 경제활동 참여, 그리고 이들 활동의 가시성, 비가시성이 성별 차이로 드러난다.

대부분의 서민주택지들에서는 70년대 이전의 산업화 초기의 풍경들이 곧잘 발견되는데 이를테면 동네 공터의 텃밭이나 계단참의 채소화분, 그리고 옥상의 텃밭이나 삼거리의 평상 등이 그것이다. 이러한 요소들은 대도시의 한복판에 위치한 '고향'을 연상시키고 실제로 70년대 초반에 정착한 거주민들에게 이곳은 '고향'이다. 현재 서울에서 진행되고 있는 100여 개의 재개발 구역에서 서민적 생활양식을 영위하던 '원주민'들이 서민주택과 함께 밀려나고 아파트를 건립하면 새로운 거주민 집단이 생겨나면서 일시에 생활양식은 변모한 주거문화에 걸맞는 후기 근대적 양식으로 변화하게 된다.

특히 옥수동같이 한강이 내려다보이는 전망 좋은 지역은 서민의 '고향이며 생활터전'으로부터 일시에 부자들의 거주지로 변화할 수밖에 없다. 즉 푸근하고 올망졸망하면서 계속 덧댄 부분적 증축으로 인해 장식성이 덧붙여져 용도와 이미지, 그리고 역사가 중첩적으로 더해져 이리가라이가 정의한 여성성을 보여 주는 소프트시티는 재개발을 통해 딱딱하고 구획 지어진 건물과 도로 등의 외형으로 인하여 남성적 하드시티의 면모로 변화하게 되는 것이다.

'서울'이라는 문화텍스트로서의 도시 공간

공간이 사회적으로 생산되는 것이라는 르페브르의 영향은 하비 등에 의해 새로운 도시 공간의 창출을 논하는 방향으로 발전한 바 있다. 오랜 역사를 가진 대도시이면서 주목할 만한 글로벌 시티 중 하나인 서울은 지속적으로 사회적 생산의 과정을 유지해 나가는 공간이다. 도심에 고궁과 그 주변의 전통 주거지가 후기 근대적 소비양식과 혼합되면서 새로운 도시 공간을 만들어 내고 있으며 불과 30여 년 만에 신 주거지역 강남의 생활양식은 근대성을 건너뛰어 강북의 옛날 동네와 재개발 예정지역의 생활양식과는 주거양태에서부터 사고방식에 이르기까지 그 구성원들 간에 현격한 차이를 보여 주고 있다.

서울을 문화텍스트로서 놓고 도시사회학과 인문지리학적 접근이 주목하는 도시 공간 구조와 생활양식, 자본주의적 발전과 소비문화가 공간적으로 투영된 양상 등을 도시의 이미지와 표상 공간의 상징과 이미지를 중심으로 페미니즘 문화연구의 관점에서 살펴보았다. 지금까지의 기존 연구들이 간과하기 쉬운 성별 역할 구분에 따른 도시 구역의 분할, 공간적 표상의 젠더 정체성, 그리고 젠더에 따른 공간적 비가시성을 도시 공간 연구의 새로운 분석틀로 제시해보는 시도라고 하겠다. 특히 벤야민의 '산책자' 개념과 짐멜의 도시문화에 대한 시각적, 유미주의적 성찰을 근대 도시 공간 분석의 주요 방법론으로 수용함과 동시에 이리가라이의 '검경으로 보기' 방식을 은유적으로 원용함으로써 도시 공간 분석에 있어서 페미니스트 관점을 투영해 보았다.

서울은 사실 산책하기에 적절한 도시는 아니다. 공간의 구조상으로 보아도 그렇고 그 안에 사는 사람들의 시간적 관념으로 보았을 때도, 벤야민이 파리를 산책하면서 도시문화에 대해 성찰하던 방식이 그대로 적용되기 어려운 연구대상이다. 그럼에도 불구하고 이 글에서 은유적 방법론으로서 '검경을 들고 산책하기'를 채택한 이유는, 찬찬히 들여다보고, 그것도 이리가라이식 전복적 독해가 가능한 방식, 즉 검경으로 들여다보는 것이 급격하게 변화하는 서울이라는 도시 공간을 일종의 문화텍스트로서 좀 더 섬세하게, 그리고 이전과 다른 새로운 시각으로 분석하고 음미할 수 있는 방법이라고 판단했기 때문이다. 또한 그러한 독해방식은 그 안에서 사라져 가고 있는 근대적 공간의 기억과 삶의 흔적들을 포착해 내는 데 유효하다. 특히 근대성과 후기 근대성이 혼재해 있고 여성성과 남성성이, 소프트시티와 하드시티의 특성이 서로 교차하는 면모들을 가지고 있는 특정한 지역과 공간, 이를테면 삼청동이나 청계천, 재개발 지역 등에서 더욱 그러하다.

이로써 르페브르가 제시한바, 공간의 사회적 구성은 장소의 가치가 차별화되는 담론 과정일 뿐만 아니라 사람들의 실제적인 장소 경험의 변화 역시 포함하는 것이라는 명제가 증명되고 있다. 르페브르는 공간의 사회적 생산을 탐구함으로써 구조와 행위, 담론과 실천 사이의 이분법을 극복하려 하였으며, 하비는 그로부터 '생성된 공간(created space)'이라는 개념을 빌려 와서, 생성된 공간이 지리적 조직의 총체적 원리로서 실제 공간(effective space)을 대체한다는 점을 들어 장소의 상징적 차별성을 강조한다(Harvey, 1988: 309). 이로써 우리를 에워싸고 있는 상징과 기호들이 강력한 영향력을 갖게 된다는 것이다.

하비와 마찬가지로 생성된 공간의 지배를 현대사회의 독특한 요소로 본 기든스(Giddens, 1991)는 공간의 배열마저도 고정된 것, 불변적인 것으로 여길 수 없다는 것이 현대사회에서 '존재론적 안정성(ontological security)'의 문제를 발생시키는 것이라고 역설한 바 있는데 이러한 존재론적 (불)안정성의 문제가 바로 서울에서 일상처럼 발생하는 재개발 지역의 철거민들이 겪는 문제이다. 롭 쉴즈(Rob Schields, 1991)가 '경관에서의 개입뿐만 아니라 사회적 이미지들을 통해 진행되는 공간적인 것(the spatial)의 사회적 구성을 설명하기 위해' 발전시킨 '사회적 공간화

(social spatialization)’를 통해 서울을 살 만한 도시로서 의미 있게 구성하는 것도 시민들에게는 하나의 중요한 과제임에는 틀림이 없다.

3 테크노 유목민과 취향의 공간사회학

도심을 걷다 보면 길가에 카페 한두 개쯤은 쉽게 발견할 수 있다. 그 길이 젊은 사람들이 선호하는 길이라면 거의 '한 집 건너' 카페로 이어져 있다고 해도 과언이 아닐 정도다. 이는 비단 한국의 대도시에서만 볼 수 있는 풍경은 아니고 특히 '카페'의 언어적이면서 동시에 장소적 연원을 이루는 프랑스 파리 같은 대도시에서는 도시를 대표하는 전형적인 경관으로 특징지어지고 있다. 그런데 파리의 카페와 지금 여기, 서울의 카페는 비록 그 기능은 유사할지라도 그것의 문화적 의미의 해석은 상이할 수 있고 이에 상응하는 실체적 존재 양식은 상당히 다를 수 있다.

외형적으로 서울의 카페는 대부분 매우 유행에 민감한 외양과 기능을 가지고 빠른 속도로 진화하고 있다. 카페의 문화적 의미는 카페가 탄생한 시대적 배경과 깊이 연관되어 있으며 또한 당대의 생활양식과 밀접하게 연관되어 있다. 도입기에 카페가 주로 사람을 만나고 커피라는 서구적 음료를 마시기 위한 장소로서 기능했다면 두 번째 단계는 커피 전문점이 들어서는 시기로 한국에서는 1990년대 이후가 될 것이고 지금의 단계는 대량 생산된 커피가 아닌, 각 카페마다 독특한 개성을 가지고 전문 바리스타가 만들어 내는 커피를 마실 수 있는 이른바 HD(high definition) 커피의 시대로 접어들었다. 그와 함께 카페의 공간적 특성 또한 다양하게 개성 있는 장소성을 발휘하며 진화하고 있다.

현대사회의 개인은 집이나 직장과는 또 다른 분위기의 편안함을 주는 공간에 대한 요구를 점차 많이 가지고 있고 이는 한국사회 특유의 '방 문화'와 함께 생활권 내의 상업공간들을 새로운 공간으로 인식하는 계기가 되었다. 카페 또한 공적 공간이면서 사적 공간인 이른바 경계공간으로 기능하면서 '방 문화'의 새로운 경향과 맥을 같이 한다. 카페는 도시를 중심으로 한 복합문화공간으로서 소비뿐 아니라 공간의 새로운 생산이라는 측면에서 근대 초기의 '다방'으로부터 분화, 탈분화해 온 과정을 문화사적으로 천착할 수 있는 중요한 문화적 지표로서, 현대 한국사회의 문화적 풍경의 가장 첨단의 위치에 있는 공간으로서 중요성을 부여받는 공간적 아이콘으로 급부상하고 있다.

이 글에서는 다방으로부터 찻집, 그리고 카페로 진화해 온 공간이 배태하고 있는 문화적 징후를 시간적 경험의 흐름을 따라 내시경으로 들여다본다. '현재'라는 시간의 한 단면에서는 다시금 카페의 공간적 외부와 내부의 경계를 넘으면서 산책객의 시선의 흐름을 따라 외부에서 내부로 객관에서 주관으로, 대상에서 자아로 점점 깊이 들어가 공간적 주체가 공간과 함께하는 과정의 문화적 의미를 포착하는 작업을 진행한다.

산책으로 시작되는 취향의 구성: 이미지와 트렌드

한국사회에서 카페는 사적 공간과 공적 공간의 중간 지점에서 출발한 근대의 대표적 여가공간인 '다방'으로부터 와이파이 인터넷이 가능한 복합문화공간으로서 기능하게 된 현재에 이르기까지 줄곧 문화적 풍경의 주요 초점을 이루어 왔다. 개인적이면서도 사회적인 공간으로서의 카페의 문화사적 의미를 산책자의 시선으로 들여다보면서 문화기술지 방식으로 서술하는 것은 매우 각별한 의미를 지닌다.

최종렬에 의하면 "사회학에서 말하는 탈분화란, 분화가 너무나 고도로 진행되어서 오히려 각 하위체계가 지닌 특수한 기능이 흐려지게 되고 결과적으로 다른 하위체계들과의 경계도 무너지게 되는 과정을 말한다. 분화가 경계를 세우는 것이라면, 탈분화는 경계를 무너뜨리는 것이다. 탈분화의 경우에는 하위 부분들이 너무 세밀하게 쪼개져서 그들 간에 실질적인 경계가 없이 자유롭고 예측 불가능한 흐름만이 있을 뿐이다. 한국의 근현대사는 분화와 탈분화가 중층적이면서도 압축적으로 이루어져 왔다는 점에서 세계사에서 유례가 없다고 할 정도이다(최종렬, 2009a: 73)." 이를 카페와 연결시킬 수 있는 가장 근접한 접근은 공간적 분화와 탈분화가 될 수 있을 것이다.

근대화의 역사가 비교적 짧은 한국에서 분화와 탈분화가 중층적으로 이루어진 양상은 카페의 도입과 다양한 유형화를 통해서도 살펴볼 수 있다. 우선 공간이 가지는 사회적 의미에 있어서 사적 공간인 전통가옥의 사랑방이나 근대식 응접실에서 공적 공간인 다방으로 나뉘었던 과정이 분화라고 한다면 다방은 또다시 공적 공간과 사적 공간의 경계 공간으로서 다양한 형태로 유형화하여 분화의 고도 단계에서 탈분화의 맥락 속에 미시적 문화현상으로 등장한다.

'카페'는 프랑스어로 '커피'를 뜻하는데 원래 커피는 아랍어로 'qahwa(카와)'로서 터키어로 발음하면 'kahveh(카베)'(Blogne, 1993: 18)이다. 이 아랍어는 에티오피아의 'kaffa(카파)'라는 말에 그 어원을 두는데 분명한 근거가 제시되지는 않았지만 커피는 에티오피아에서 처음 음료로 개발되었으며 이슬람 세력의 팽창과 더불어 아라비아 등지의 이슬람 세력권 국가로 확산되었다는 주장도 제기되고 있다. 16세기 초 이후 커피가 이슬람의 여러 도시에 급속도로 퍼지면서 바로 그 커피를 마시는 장소인 카페는 그 나라의 상황과 기질에 의해 정치와 철학만이 아닌 그 시대의 문화, 예술, 일상에 대한 담론 형성의 장이 되었다(이광주, 2002:

226).

커피가 아라비아에서 유래하기는 했으나 공공시설로서의 오늘날의 카페의 출발은 프랑스 파리에서 이루어졌다고 해도 과언이 아니다(피치, 2007). 파리의 카페는 오랜 기간 동안 예술가, 작가들이 모여서 생각을 키우는 장소이자 작업실로서의 역할을 해왔다. 1680년 파리에 프랑스 최초의 '커피 마시는 집'인 카페 프로코프가 열리자 몰리에르, 라신, 라퐁텐, 루소, 디드로, 몽테스키외, 볼테르 같은 사상가나 작가 사교계 사람들이 몰려들었다(르페브르, 2008: 16). 카페 프로코프의 성공에 고무되어 카페들이 우후죽순처럼 문을 열기 시작했다.

비록 카페에서 제공되는 커피 자체가 미흡한 점도 많았으나 일부 사람들은 카페를 거의 무의식적으로 찾았고 그중에는 예술가들 외에도 주거환경이 열악한 가난한 사람들도 많았다. "…… 그러나 화려한 카페를 찾는 선량한 파리 시민들은 비판 없이 모든 것을 마시고 모든 것을 삼킨다. —『파리의 풍경』, 루이 세바스티앙 메르시에(르페브르 2008: 22에서 재인용)" 그렇지만 무엇보다도 파리의 카페가 빛을 발했던 것은 프랑스혁명 당시 정치 현안에 대해 토론하는 공론장으로 기능함으로써다. 18세기 말 파리를 대표하는 카페들이 모여 있는 팔레 루아얄은 대표적인 구역이었다.

혁명 이후 서민층이든 귀족층이든 파리 시민들은 각각의 취향에 맞는 카페를 찾았으며 예술가들의 카페 애호는 더욱 강해져 이들에게 카페는 자유로운 영혼의 안식처였다. 즉 예술가들에게 카페는 다채로운 삶을 관찰할 수 있는 장소로서 예술적 영감을 주는 세상의 일부였고 또한 작업실이었다. 제1차 세계대전 이후 생 제르망 데 프레는 이러한 카페들로 각광을 받았다. 기욤 아폴리네르, 장 폴 사르트르, 시몬 드 보부아르의 '서재'가 되기도 한 카페 드 플로르(Café de Flore) 등이 대표적이다. 이러한 전통은 지금까지도 그 자리에 그대로 계속 있는 수많은 파리의 카페들이 존재하는 이유이기도 하다.

근대성의 발현은 실로 다양한 각도에서 포착되지만 특히 도시 공간에서 전통적 생활양식이 전면적인 근대화로 전환되는 경우는 외부적 영향력이 폭발적일 때 더욱 뚜렷하게 드러난다. 한국에서 카페의 기원을 찾자면 다방의 탄생, 그리고 이에 더하여 커피의 수입으로 거슬러 올라가야 할 것이다. 한국에 커피가 유입된 시기는 대략 1890년 전후로 추정되고 있다. '양탕국'이라고 불렀던 커피가 특정 장소에서 팔리기 시작한 것은 '다방'이 생겨나기 시작하면서부터다. 1888년 개항지인 인천에 우리나라 최초의 호텔인 대불호텔과 슈트워드호텔이 생겼고 여기에 커피를 파는 부속다방이 들어섬으로써 우리나라 최초의 다방이 되었던 것이다(강준만·오두진, 2005).

또한 1902년 손탁이 세운 '손탁호텔'은 서울에 생긴 첫 번째 호텔식 다방이 되었다. 조선 말기에 수입된 커피는 서양 문물과 분위기의 상징으로 아관파천 시 고종 황제가 애호하면서 황실뿐 아니라 중앙 관료나 양반층 등 상류층의 기호음료가 되었다. 1903년 10월에 설립된 기독교청년회(YMCA)도 커피의 전파 경로 중 하나였다. 한편 일제강점 직후에는 일본인들이 명동의 진고개에 깃사텐(끽다점: 찻집을 뜻하는 일본식 표현)을 지어 놓고 커피 장사를 시작하였다. 다방을 전업으로 하는 근대적 다방의 원조는 1923년경, 지금의 충무로 3가에 세워진 '후다미'라는 곳이며 이와 비슷한 시기에 조선 최초의 '카페'가 본정이라 불리던 지금의 충무로 2가 큰 길에 일본의 '아카다마' 경성지점으로 처음 문을 열었다(강준만·오두진, 2005).

커피가 일반 대중에게로 확산되면서 유행의 첨단을 걷던 소위 '모던보이', '모던걸'들은 당시의 소비와 유행을 선도하면서 일본인들이 운영하던 카페에 들어가 커피를 마시는 행위를 근대화의 상징으로 생각하게 되었다. 카페의 커피 값 또한 한 잔에 10~15전으로 당시 조선인 남자 노동자의 일당이 60~80전이었던 것을 감안하면 서민들의 카페 출입은 불가능했던 것을 알 수 있다. 당시 문화예술인들이 꼭 커피를 마시기 위해서라기보다는 하루 종일 지내면서 글도 쓰고 사람도 만나는 장소로 카페를 이용했던 것을 보면 지금의 작업실 개념의 카페와 크게 다르지 않다는 점을 발견하게 된다. 이는 이상 같은 문인들이 다방을 경영했던 사례를 보아도 알 수 있다. 이런 다방들이 바로 현민이 쓴 "현대적 다방"(『조광』, 1938. 6)이라는 글에서 분류한 바 있는, '차를 파는 다방'이 아닌, '차를 마시는 기분을 파는 다방(장유정, 2008: 26에서 재인용)'이었다. 이로써 이때부터 카페가 문화예술인들 간의 소통과 창작의 공간으로 분화되기 시작했음을 짐작할 수 있다.

한국전쟁을 치르면서 미군을 통해 보급된 인스턴트 커피는 한국인들에게 커피가 보다 친숙한 기호식품이 되는 데 역할을 하였고 이후 커피는 한국인들에게 가장 친숙한 기호식품이 되었다. 심지어 1980년대 초반에는 자판기 커피가 등장함으로써 비로소 커피는 다방이나 카페가 아닌 길거리에서도 마실 수 있는 음료로 확산되었다. 다방의 종류도 음악다방, 화랑다방, 클래식다방 등으로 다양해졌다. 한국의 커피문화는 1988년 서울올림픽 개최를 기점으로 획기적인 전환점을 맞이했다. 해외여행이 자유로워지면서 원두커피 애호가들이 늘어났고 이로써 커피전문점이 등장하기 시작했다.

이 시기에 등장한 원두커피 전문점의 시초는 '쟈뎅'으로 1988년 말에 압구정 1호점 오픈을 시작으로 명실상부한 커피전문점의 시대를 열었다. 커피전문점의 시대에 들어서서 전혀 새로운 유형의 커피전문점들이 생겨났는데 그 대표주자가 스타벅스다. 1999년에 이화여대 부근에 1호점을 개점한 스타벅스는 커피 맛보다는 인테리어 등에 더 신경을 썼던 기존의 원두커피 전문점과 차별화되는 전략으로 '천천히 오래 볶은' 고급 원두커피를 더 저렴한 가격에 판매한다는 마케팅 전략을 들고 나

왔으며 자유롭고 편안한 매장 분위기, 테이크아웃(take-out)의 활성화, 셀프서비스 등을 통해 새로운 커피문화를 주도해 나갔다.

이로써 한국인에게 스타벅스는 단순히 커피만 파는 곳이 아닌, 커피와 함께 이국적 분위기, 친절한 서비스, 재즈음악 등을 살 수 있는 장소가 되었다. 무엇보다도 주목할 점은 한국의 젊은이들이 테이크아웃 커피를 들고 바삐 움직이는 미국의 대도시 전문직 종사자들의 이미지를 일종의 기호상품으로 수용하면서 급속도로 테이크아웃 커피점이 확산되는 계기가 되었다는 점이다. 즉 한 손에는 휴대전화, 다른 한 손에는 커피전문점의 로고가 새겨져 있는 종이컵을 들고 거리를 활보하는 모습을 통해 디지털 시대 유목민과 같은 소비자의 양상이 눈에 띄게 되었다.

커피에 대한 기호가 다양하고 개별적인 취향과 접목되면서 대형 커피전문점과 더불어 아지트형 카페가 전성시대를 맞기 시작했다. 카페가 누군가를 만나는 공간에서 자신의 취향을 확인하고 혼자서 책을 읽거나 노트북으로 일을 하거나 또한 디지털 시대의 다양한 모바일 기기의 보급과 더불어 다양한 형태의 접속을 통하여 커뮤니케이션하는 장소로 진보하고 있는 것이다. 카페를 운영하는 운영자의 입장에서도 일종의 '놀이' 같은 형태의 일로 즐기는 소형 카페가 급속히 늘어나고 있다. 근대성이 도시 공간에 투영되는 것은 특정한 근대성의 경험이 일상생활에 골고루 스며들 때 가능하다.

버먼은 오늘날 전 세계의 모든 사람들이 함께하는 생생한 경험 — 공간과 시간의 경험, 자아와 타자의 경험, 가능성과 위험의 경험 — 방식을 '근대성'이라고 명명하면서 근대성의 양면적 경험은 덜 개방적이고 통제 가능한, 그리고 그렇기 때문에 더욱 사회적으로 안정되고 예측 가능한 전통적 생활방식과 대비되며 또한 도시생활에 영향을 미치는 자본주의 경제구조와 긴장관계에 놓여 있다고 보고 있다(Berman, 1983: 1). 근대 도시를 생활양식의 반영으로 보고 이를 해석하는 작업은 일단 그 생활양식이 겉으로 드러난 모양새를 파악하는 것으로부터 출발한다.

카페 선택은 이성적이고 합리적인 계산에 의해서 결정되는 것이 아니고 대부분은 시각적인 요소와 미각을 통한 경험적 취향이 결정적으로 작용한다. 벤야민이 『아케이드 프로젝트』에서 산책자라는 개념을 유포한 보들레르의 작품을 자세히 들여다봄으로써 이후의 도시문화 연구에 중요한 개념으로 등장한 '산책자'를 발굴하였음은 앞에서 언급한 바와 같다. 카페를 포함한 현대 대도시의 도시 경관을 산책하며 '읽어내는' 작업은 벤야민에게 있어서는 이성적으로 면밀하게 검토하는 것이 아니라 우리의 도시에 대한 인식 속에 담겨 있는 환상, 희망의 과정(wish-process), 꿈을 탐구하는 일(Savage & Warde, 1996)이라고 할 수 있다. 벤야민이 보기에 사람들의 기억은 건축 형태의 경험 속에 밀착되어 있기 때문에 다양한 의미를 가질 수 있다. 이에 대한 이해는 기존의 설명들을 흩어 버리고 새로운 조합으로 신선한 이미지와 조각들을 맞추어 숨겨지고 모호한 의미를 드러내는 작업이다.

결과적으로 나타나는 알레고리들은 모호하게 숨어 있는 객관적인 의미들을 포착하는 데 통찰력을 부여한다(Savage & Warde, 1996: 172). 카페의 외양(파사드)과 실내 디자인이 최신 유행의 서구적 이미지를 보여 주고 있다는 점에서 이미지네이션이 사회적 실천임을 주장하는 아파두라이(1996)를 빌려 글로벌라이제이션이 문화적 컨텍스트를 이미지와 연결시킨 소자(Soja, 2000: 208-209)의 논의에 맞닿아 있다. 최근에 카페의 디자인에 유행하는 '레트로(복고)'라는 경향은 카페의 역사적인 장소성(삼청동, 서촌 등)과 한옥이라는 건축적 특성, 음악이나 딱딱한 나무 의자 등 실내장식으로 표현되면서 그곳에 존재했던 역사적 기억과 환상을 무의식적으로 추적하게 함으로써 벤야민의 기억의 풍경과 연결시켜 해석할 수 있게 한다.

당대의 문화적 풍경을 포착하고 해석하는 데에는 다양한 방식의 원용이 가능하다. 카페는 사람들이 만나는 소통의 공간이자, 취향에 따라 선택하는 주관적 선택의 공간이다. 또한 다양한 '자기만의 일'을 하는 여가의 공간이면서 동시에 노트북 등을 통해 외부와 접촉하는 접속의 공간이다. 행인이 밖에서 카페의 안을 들여다보며 '산책'한다면, 거꾸로 카페 안에서 밖의 풍경을 감상하는 '시선으로 하는 산책'이 이루어지는 공간이기도 하다.

후기 근대의 산책자는 실재 도시 공간을 산책하는 것뿐 아니라 인터넷 블로그나 인터넷 카페를 서핑하는 산책자의 행위까지도 포괄한다. 이는 앞에서 테크노 산책자로 개념 정의한 바와 같이 하이테크 도시 공간의 호모 센수스의 한 유형이라고 할 수 있다. 이 부분은 근대 도시에서의 산책자의 시각적 경험과 후기 근대의 새로운 의미의 심미적 산책자의 경험이 서로 맞닿는 부분이다. 인터넷의 발달과 각종 매체의 발달로 직접 산책하면서 찍은 사진들을 포스팅하는 인터넷 블로거들이 급격히 늘어나면서 이제는 카페를 선택하는 데 있어서 타인의 간접경험의 장을 방문하여 취향이 맞는지 확인한 후 선택하는 과정을 거치기도 한다. 카페 블로그에 자료를 모았다가 이를 책으로 내기도 하고(이현주, 2009; 김효진, 2009), 직접 카페를 운영하면서 스스로를 '카페여행자'로 지칭하고 그 여행기를 책으로 내기도(김희정, 2009) 한다.

집단적 과거 기억의 파편을 발굴하는 고고학

서울에서 개성 있는 카페들이 몰려 있는 지역으로는 삼청동을 비롯한 북촌, 신사동 가로수길 주변, 홍대 주변, 이태원 경리단길, 최근에 부상하는 경복궁 서쪽의 통의동 및 부암동, 성수동 등을 꼽는다. 위에서 언급한 카페 관련 책들도 대부분 이 지역의 카페들을 중점적으로 소개하고 있다. 그렇다면 이 지역의 지리적 공통점과 이곳 카페들의 특징이 무엇이기에 많은 사람들의 관심을 끌고 있는가? 먼저 이곳은 지리적으로 회사원들이 많아서 바삐 테이크아웃 해가는 커피전문점들이 많은 대로변이 발달해 있는 곳이 아니고 전통적인 주택가였거나 예로부터 형성되어 온 마을로서 골목길이 발달한 '동네'라는 공통점을 갖고 있다. 산책하기에 좋은 '마을'인 것이다. 즉 산책자들이 산책하면서 카페의 외양도 구경하고 그 안의 사람들도 구경하다가 한 번쯤 들러 보게 되는 조건이 형성된 곳이다.

서울의 오래된 동네, 즉 삼청동, 서촌 등은 벤야민에게 베를린과 파리가 그러했듯이, 여러 시대의 시간 층이 미로처럼 얽혀 있는 도시 공간이다. 미로 같은 골목길과 그 주변의 70년대식 풍경 속에서 산책하며 취향에 맞는 카페를 찾는 것은 마치 벤야민이 도시 곳곳에 숨어 있는 기억의 흔적을 발견하기 위해서 집단적 과거의 의미심장한 파편을 발굴해내는 '고고학자'처럼 거리를 헤매는 산책자로서 유년기 체험의 편린을 찾는 것과도 같다. 이미 세련되게 단장을 끝낸 삼청동과는 달리 통의동이나 효자동, 부암동 등 서촌 일대는 이상, 윤동주, 현진건 등 근대의 예술가들의 흔적이 남아 있으면서도 북촌의 전통적 부촌 이미지와는 달리 조선시대 중인들의 동네답게 작은 집들과 차가 다니기도 힘든 좁은 골목들이 청와대 앞이라는 조건으로 인하여 그대로 세월 속에 갇혀 있었다. 이로써 이 일대는 조선시대의 긴 기간 동안 정궁의 바로 옆이라는 특권적 지리 조건과, 청와대 주변이라는 이유로 최근까지 개발이 억제됨으로써 압축적 산업화를 비껴간 시대적 아이러니가 합쳐지면서 독특한 분위기를 보여 주고 있다. 이러한 분위기는 자연스럽게 예술가들을 끌어모으고 개성이 강하면서도 작은 규모의 아지트형 카페들이 생겨나는 데 밑거름이 되었다.

서촌에서 골목 속에 숨어 있는 카페를 찾아다니고 또 그곳에서 '은둔'하면서 아지트 삼다 작업을 하는 행위는 바로 벤야민의 '집단의 잊힌 과거에 대한 기억'(윤미애, 2003)을 찾고 이에 오마주를 바치는 행위라고 할 수 있다. 이곳 방문자들이 인터넷 카페나 블로그 등에 색다른 장소와 공간 탐험에 대해 글을 올리면 즉각적으로 후속 방문자가 생기고 포스팅한 글들이 올라온다. 최근 1~2년 사이에 출간된 카페에 관한 책에서도 이러한 카페에 대한 인식의 변화는 바로 감지되고 있다. 본인이 직접 대학로에서 카페를 운영하고 있는 김희정은 독특한 외관과 개성 있는 인테리어, 새로운 컨셉 등을 가지고 출발한 카페를, 특히 아지트형 카페에 초점을 맞추어 살펴보고 있다(김희정, 2009). 대체로 카페 주인들이 자신과 카페를 거의 동일시하다시피 하는 경우를 중심으로 살펴본 이 책에서는 카페가 종류와 역할, 그리고 기능에 있어서 점차 세분화되고 있는 점이 돋보였고 이를 통해 분화와 탈분화 현상이 카페의 경우에서 드러나고 있음을 엿볼 수 있었다.

산책자에게 선택을 받으려면 무엇보다도 카페의 전면, 또는 전체적인 인상이 중요하다. 간판과 전면의 유리창 등 파사드는 그 안의 인테리어 못지않게 카페의 성격과 카페 이용객의 취향을 반영한다. 최근에는 우선 카페의 이름부터 시적이거나 무엇인가 이야기를 거는 방식으로 붙여진다. 하나의 문장으로 이루어져서 시적인 감성을 표현하는 이름들, 예를 들면 영화 〈베티 블루 37.2〉에 나오는 대사를 딴 "창밖을 봐. 바람이 불고 있어. 하루는 서쪽에서, 하루는 동쪽에서"처럼 긴 문장도 있고 "Life is just a cup of cake"같이 카페의 특징을 설명하는 제목도 있으며, 문법에는 맞지 않지만 시적인 표현으로 "Spring come, rain fall" 등이 있다. 이처럼 작은 골목카페의 제목은 모두 나름대로의 의미를 가지고 그것 자체가 하나의 독특한 얼굴을 표방한다. 이로써 산책객의 마음을 사로잡고 '나만의 카페'라는 의미를 부여하게 만들면서 카페 안으로 들어오도록 유인하는 것이다.

골목 안에 자리한 카페들이 우선 첫 번째 단계에서 개성 있는 얼굴을 카페 제목과 간판에서부터 보여 준다고 하면 인테리어와 테이블, 의자 등 필수적인 실내 가구는 카페의 성격을 보여 주는 중요한 콘셉트 지표이다. 비교적 젊은이들에게 인기가 많은 카페 실내장식의 공통점은 아날로그적 향수를 맛보게 하는 딱딱한 나무의자와 복고풍의 분위기 등이다.

카페는 일상생활에서 필수불가결하게 찾아가야 하는 곳이 아니고 어디까지나 편의에 의해서, 또는 기호에 따라 선택적으로 찾는 공간이기 때문에 이 선택에는 취향이 절대적인 기준이 된다. 오두진이 『고종, 스타벅스에 가다』의 서문에서 밝혔듯이 커피는 선택적 커뮤니케이션으로서 사람과 사람을 자연스럽게 이어 주는 매개체 역할을 하기도 하지만 또한 커피를 통해 다른 사람과 차별화된 구별 짓기를 시도하기도 한다. 이는 영화 〈유브 갓 메일(You've got mail)〉에서 톰 행크스가 "사람들이 스타벅스에서 커피 한 잔을 고르면서 지불하는 2.95달러에는 단순히 한 잔의 커피만 있는 것이 아니라 자신의 정체성을 확인받는 것도 들어 있다"고 한 대사에서도 함축적으로 드러난다.

특히 한국 사람들의 경우 사람 자체보다 맥락정보를 더 유심히 보는 경향이 있다는 점이 커피를 주제로 한 TV방송 프로그램에서 행한 실험에 의해 증명되고 있다. 즉 브랜드커피 컵을 들고 있거나 커피컵을 들고 있는 인물의 배경에 브랜드 커피점이 있는 화면을 보았을 때 사람들은 '저 사람은 '지적이고 세련된 은행원'일 것이다'라고 생각한다는 것이다(〈커피 앤 더 시티〉 SBS 스페셜, 2011. 4. 3. 11:00~12:00 방영). 그리고 이러한 판단은 무의식적으로 그를 따라 하게 하고 이를 통해 같은 계급으로 스스로를 인식하게 하는 기제가 작동하게 된다.

이로써 소비의 다양한 방식, 즉 무의식적으로 유행을 따라하는 소비와 이를 비판적으로 보면서 윤리적 소비를 선택하는 방식 등이 커피의 선택에서도 새롭게 발견되는 소비경향이다. 프랜차이즈 커피전문점의 등장은 각종 자판기 커피 판매와 함께, 광고를 동반하면서 자본주의적 상업성을 첨예하게 보여 줌으로써 윤리적 소비를 지향하는 소비자들로 하여금 새로운 형식의 소비, 즉 공정무역 커피를 찾도록 하면서 동시에 시오니스트 최고경영자에 대한 비판에서 기인한 스타벅스 불매 내지 기피 현상을 가져오기도 하였다.

장 보드리야르(Jean Baudrillard)가 명명한 파노플리 효과(panoplie effect)는 영화 〈악마는 프라다를 입는다〉를 계기로 스타벅스를 통해 가장 공공연하게 나타난 바 있다. 예를 들어 한국의 소비자들에게 스타벅스 커피를 들고 거리를 활보한다는 것은 트렌드세터인 메릴 스트립을 위해 스타벅스 커피를 테이크아웃했던 앤 해서웨이와 동일한 집단에 속하고 있다는 강렬한 표식이라고 할 수 있는 것이다.

파노플리란 집합(set)이라는 뜻으로, 판지에 붙어 있는 경찰관 놀이 장난감 세트처럼 동일한 맥락의 의미를 가진 상품의 집단을 뜻한다. 어린아이가 경찰관 놀이 세트를 사용하면 마치 경찰관이 된 것 같은 기분을 느끼는데 마찬가지로 파노플리를 이루는 상품을 소비하면 그것을 소비할 것이라고 여겨지는 집단에 소속한다는 환상을 준다는 것이다(정재승, 2009). 카페의 소비는 바로 이러한 파노플리 효과와 직결되어 있다. 어떠한 성격의 카페에 가느냐가 그 사람의 문화적 정체성을 보여 준다고 믿는 경향이 점차 뚜렷하게 나타나고 있다는 점이 이를 반영한다.

소통의 공간, 사유의 공간

카페는 기본적으로 소통의 공간이다. 여기서 소통은 세 가지 층위의 소통인데, 첫 번째는 카페 운영자가 카페를 통하여 자신의 주제를 적극적으로 표출하고 의사를 표명하는 방식의 소통이다. 두 번째는 카페 안에서 방문자들 간에 진행되는 소통이다. 세 번째는 카페 안에서 인터넷이나 휴대전화를 통하여 카페 밖의 누군가와 행하는 소통이다. 우선 첫 번째 소통을 살펴보자. 여기에서 주목하는 카페는 최근에 새롭게 등장하는 다양한 형태의 카페로서 카페를 운영하는 사람들 자신이 카페를 통하여 세상과 소통하고자 하는 의도를 가지고 있는 경우가 많다.

가끔 콘서트도 기획하는 홍대 주변의 음악카페, 예를 들어 '세상의 모든 음악'(마포구 서교동)이라든가, 일러스트레이터가 작업실 겸 카페로 개점하여 전시회도 기획 중인 [카페이야기](마포구 상수동), 사진작가와 조명 디자이너가 빈티지 가구를 사용하여 카페를 차리고 쇼룸으로도 사용하는 'mk2'(종로구 창성동), 문구류 소품 디자인 회사가 2층에 자리하고 그와 연계하여 상품 판매도 함께 하는 [Spring come, rain fall](종로구 통의동), 가구 디자이너가 자신의 가구를 기획하고 이를 전시하는 작업실 겸 쇼룸으로 연 '디자인 카페'(강남구 신사동)와 특이하게도 진료실에 차린 카페인 '제너럴 닥터'(마포구 서교동) 등이 대표적인 예다.

예로 든 카페들이 손님들과 보다 적극적인 소통을 꾀하고 있다고 한다면 북카페는 비교적 전통적인 방식으로, 즉 책을 매개로 한 소통이 전면에 등장한다. 카페 운영자가 잡은 콘셉트가 이런 방식의 소통을 전제로 한다고 할 때 이는 카페를 단순히 방문자에게 제공하는 공간으로 의식한다기보다는 일종의 적극적인 문화적 공간으로서 기획하여 내놓는 것이라고 볼 수 있다.

두 번째 소통 방식은 초창기 다방으로부터 시작하여 지금의 카페까지 공히 이루어진 방식으로서 카페라는 공간에서 사람을 만나고 그들 간의 소통이 이루어지는 방식이다. 이는 단순한 수다로부터 심각한 정치적 논쟁까지 다양한 내용이 담기는 소통으로서 공론이 형성되기도 하고 사적인 일상적 대화가 되기도 하여 카페에서 가장 흔하게 이루어지는 소통이다.

한 연구에 의하면 공론장으로서의 다방은 한국의 독특한 이중구조 문화를 응변해 주었다(강준만·오두진, 2005: 219). 즉 공적 논의는 의례적인 것이고 실질적인 결정은 사적 만남을 통해 이루어지는 커뮤니케이션 방식을 잘 보여 주는 것이 바로 다방문화라는 것이다. 이로써 다방은 공과 사의 경계가 희미한 한국 특유의 공론장을 대변해 왔는데 그런 면에서 오히려 사적이면서 공적인 공간으로서 동시적으로 기능해 온 것이다. 강준만이 이해하는 한국의 다방 공론장은 제도화 여부에 관계없이 '광장'과 '밀실' 또는 '양지'와 '음지'의 상호 소통 공간이었다(강준만·오두진, 2005: 219).

마지막으로 세 번째는 같은 공간에는 없으나 가상공간에 있는 누군가와 이루어지는 소통이다. 최근의 카페에서는 공론장으로서의 다방문화는 많이 쇠퇴해 가고 오히려 지극히 사적인 작업을 공과 사의 경계에 있는 혼성적 공간에서 행하는 방식으로 변화하고 있다. 특히 동반자 없이 혼자 카페에 앉아서 노트북을 가지고 작업을 하는 사람들의 경우는 혼자 있는 것으로 보이지만 사실은 노트북을 통해, 또는 스마트폰을 통해 끊임없이 누군가와 소통을 하고 있다. 즉 동반자와의 담소, 카페 주인과의 담소 등 카페에 함께 있는 사람들과의 의사소통뿐 아니라 '그 장소에 없는' 누군가와의 커뮤니케이션을 진행 중인 것이다.

따지고 보면 공간성을 초월하여 '수다를 떨거나 무선으로 만나는' 인터넷 카페는 실제로 커피숍을 사이버공간에 옮긴 것이라는 점을 다음과 같이 확인할 수 있다. 'SK 커뮤니케이션즈' 대표 유현오는 "커피숍에서 20대 여성들이 수다를 떨며 서로의 근황을 묻는 모습을 보고 이들을 타깃으로 온라인상에서 서로의 안부를 물을 수 있는 커뮤니티를 론칭해야 한다고 생각했다"(강준만·오두진, 2005: 217)고 말한 바 있다. 이로써 사이버공간으로 '수다'라는 활동이 분화되는 계기를 실재하는 카페에서부터 연유하게 되는 경우를 발견하게 된다.

소비와 향유의 형태, 그리고 카페의 공간적 구성을 중심으로 유형화한 한 연구(김홍규·오세정, 2008)를 중심으로 보면 카페의 유형을 다음과 같이 분류할 수 있다. 먼저 '의식의 공간(ritual space)' 유형이다. 영혼의 쉼을 얻는 안식처이자 축제가 펼쳐지는 '의식 공간'인 카페는 지치고 스트레스에 시달린 사람들의 영혼을 어루만져 주고 카페에 있는 것만으로도 긴장이 완화되며 서로 간섭하지 않는 분위기에서 누구나 편안한 휴식을 취할 수 있는 중립지대와 같은 '제3의 공간'으로 인식된다. 일종의 심리적 치유공간이라 할 수 있다.

두 번째, 집중의 공간 유형이다. 고요한 사색을 할 수 있는 '집중의 공간'으로서 이때 카페는 사람을 만나는 사교의 공간이기도 하지만 차를 마시면서 책도 보고 여러 가지 삶을 구상도 하고 노트북으로 업무도 보는 일의 연장 장소로서 기능한다. 북카페, 갤러리 카페, 가구 디자인 카페 등이 있다. 세 번째, 다기능적 공간으로 그림 감상, 음악 감상, 물품 구매(주얼리 카페) 등 다양한 문화를 즐기고 새로운 문화까지 창조해 내는 복합문화공간으로서의 카페가 대표적이다.

네 번째 유형은 지위부여 공간으로서의 카페이다. '자기만의 가치'를 중시하고 여유롭고 향상된 트렌디한 삶을 추구하는 사람들이 즐기는 카페 유형이다. 유럽의 한적하고 여유로운 카페 같은 한가로운 카페가 여기에 속한다. 이곳의 주요 이용자들은 물품 구매나 무엇을 배우고 체험하는 것 자체가 자신의 품위를 떨어뜨리는 것이라 생각한다. 다섯 번째로 열린 공간을 들 수 있다. 이 유형에서는 카페의 확 트인 유리창을 통해 바깥세상을 내다보는 소통의 공간이며 여기서는 사회적 관계를 맺으면서 커뮤니티 형성 등의 논의가 가능하다.

주로 무엇인가를 읽기 위해서 찾는 전통적 유럽식 카페나 최근 한국에서 젊은 사람들이 혼자서도 자주 찾는 카페로 새롭게 등장하는 유형으로 아지트형 카페가 있다. 아지트형 카페는 삼청동, 통의동, 효자동,

부암동 등 서촌 일대, 홍대 일원, 그리고 신사동 가로수길 등에 골고루 퍼져 있다. 아지트형 카페의 특징은 혼자만 오는 것이 아니라 누군가 함께 와도 혼자 와있는 누군가가 전혀 어색하지 않을 정도로 카페의 공간감 자체가 편안함을 제공한다는 점이다. 아지트형 카페가 급격히 늘어나게 된 배경에는 복고풍의 향수 취향이 자리 잡고 있다. 북촌의 한옥이 사람들에게 매력적인 공간으로 급부상하기 시작하면서 골목 안의 조그만 가정집들이 카페로 탈바꿈하기 시작했다.

카페의 주요 기능이, 사람들 간의 만남이 이루어지고 면대면 커뮤니케이션을 하면서 공적인 일을 수행하는 것이었던 시절에는 카페라면 으레 사람들 눈에 잘 띄는 대로변에 있어야 했다. 그래야 주변 지리에 익숙하지 않은 사람들도 바로 찾아서 소기의 목적을 효율적으로 달성할 수 있기 때문이다. 그런데 아직도 그러한 기능을 가진 카페들이 많이 남아 있지만 카페에서 훨씬 더 많은 사적인 일들이 벌어지고 있는 상황에서는 이제 카페가 반드시 대로변에 있을 필요가 없어져 가고 있다.

이메일, 전자서명이나 인터넷뱅킹, 스마트폰 앱을 통한 쇼핑이나 은행 업무 등 여러 가지 커뮤니케이션 기술이 발달하면서 제3의 장소에서 직접 면대면 커뮤니케이션을 해야 하는 직무적 기능이 필요한 상황은 많이 사라져 가고 있다. 또한 휴대전화, 스마트폰, GPS 등의 발달로 장소 검색이 실시간 가능해지면서 아날로그적 장소 찾기가 그리 필수적으로 요구되는 상황이 아니게 됨으로써 카페의 장소성은 훨씬 유연해지고 있다. 골목길에 숨어 있는 카페라 할지라도 인터넷 네트워크를 갖추어 놓는 것은 필수적이다. 오히려 아지트형 카페일수록 혼자 와서 작업하는 사람들이 많기 때문에 무선인터넷은 커피가 맛있는 것만큼이나 중요한 필수요소다. 무선인터넷 광고에서 삼청동, 가로수길, 정자동의 카페들이 모두 주요 고객이라는 점을 강조하는 것도 바로 이러한 맥락에서이다.

시공간을 횡단하는 자아의 풍경

왜 특히 젊은 여성들은 공적 공간이면서 동시에 사적 공간으로 이용하는 카페를 좋아하는가? 왜 이곳에서 작업의 집중도가 높아지는가? 대다수의 사람들에게 카페를 찾는 목적은 '누군가와 만나기 위하여', 혹은 단순히 '커피 한 잔을 마시기 위하여'이지만 특정한 범주의 사람들, 즉 젊은 여성들의 경우에는 친구들과 함께일 경우에는 '맛있는 커피를 마시며 친구들과 수다를 떨기 위하여'가 대부분이지만 혼자일 경우에는 '책을 읽기 위하여', '작업을 하기 위하여', '생각을 정리하기 위하여' 카페를 찾는다. 책을 읽거나 작업을 하기 위하여 도서관이나 집을 택하지 않고 카페를 택하는 다양한 이유에서 이 시대의 젊은 세대가 카페를 통해 구축하는 자아의 풍경을 유추해 낼 수 있다.

사람들이 단순히 커피를 마시기 위해서가 아니라 정체성과 관련된 일종의 존재 표시의 행위로서 카페를 찾는다는 점을 알프레드 델보는 『파리의 즐거움』이라는 책에서 다음과 같이 기술하고 있다. "내가 누구인지 다른 사람에게 보여 주기 위해서, 누군가와 이야기를 나누기 위해서, 행복이 무엇이고 불행이 무엇인지 알기 위해서, 내 꿈을 충족시키기 위해서, 웃고 울기 위해서, 화창한 날과 길이 필요하고 카페와 카바레와 레스토랑이 필요하다. 우리는 주인공이 되고 목격자가 되기를 좋아한다. 함께 어울릴 대중과 화랑과 우리 삶의 증인을 갖고 싶어 한다."(르페브르, 2008: 109에서 재인용) 이러한 지적은 필자가 수집한 자료로서 카페에서 행위자가 스스로 포착하는 자아의 풍경에 대한 A씨의 문화기술지에서도 여실히 나타나고 있다.

> 집이 아닌 카페에서 공부를 할 때 좋은 것은 다른 사람들의 시선을 어느 정도 느낀다는 데 있다. 그것은 나를 긴장하게 만들고 평소의 나보다 더 열심히 집중하게 한다. 지적으로 보이고 싶은 자아가 게으르고자 하는 자아를

이긴다. 그 이기는 힘에 순수한 의지보다는 타인의 시선을 의식하여 자신을 꾸며 내고자 하는 의지가 조금 더 많이 들어가 있다는 것이 비극적인 요소이기는 하지만, 결과적으로 시간을 효율적으로 활용할 수 있어 나는 카페에서 공부하는 것을 즐긴다.

집의 '내 방'은 온전히 나만을 위해 존재하는 공간이지만 바로 '내 방'에서 편안히 할 수 있는 일을 할 공간으로 카페를 선택하는 이유는 공공 공간과 사적 공간의 경계가 모호해지는, 또는 두 가지 상반되는 성격이 혼재하는 공간이 가져다주는 미묘한 긴장과 편안함의 혼성적 느낌 때문이다.

내가 카페에 가는 때는 친구들과 편히 수다 떨러 가는 경우 외에도 '자기만의 시간을 갖고 싶을 때'와 '공부를 하러 갈 때'이다. 뒤의 두 경우는 첫 번째 경우보다 나 자신과 직접적으로 연결되는 느낌을 갖는 경우다. …… 그때 내가 자주 갔던 카페는 충분히 넓고 2인용(1인용으로 써도 무난한) 테이블이 많은 광화문의 'A' 카페였다. 그곳의 커피 맛이 아주 뛰어났던 것은 아니었다. 솔직히 커피의 맛은 기억도 안 난다. 그 카페를 선택한 데에는 지리적인 이유, 감정적인 이유가 작용했고 카페의 분위기도 영향을 끼쳤다. 하지만 무엇보다도 혼자 가도 부담스럽지 않았던 것이 큰 이유였던 것 같다. 카페는 굉장히 큰 편이었는데, 그것은 내가 커피 한 잔을 시켜 놓고 두세 시간을 머물 때 으레 드는 죄책감을 덜어 주곤 했다. 익명성이 강화될수록 나는 더 자유로워졌다. 나는 거기에서 숙제를 하기도 하고 일기를 쓰기도 하고 책을 읽기도 했다.

이른바 '경계(문턱) 공간(liminal space)'이 갖고 있는 혼성성이 이들을 카페로 이끄는 요인이다. 주킨(Zukin)은 경계 또는 문턱으로 해석

되는 'liminality'의 의미를 '모든 사람들에게 열려 있지만 어떠한 지침 없이는 쉽게 이해되지 않는, 어느 누구의 영역도 아닌 것'(Zukin, 1991: 269)으로 규정하면서 경계(문턱) 공간을 공적인 것과 사적인 것을 가로지르고 결합하는 공간으로 설명한다(이무용, 2005: 47).

경계 공간의 내용적 의미를 고려한다면 이 공간에서 전형적으로 일어나는 일, 즉 '만남', '담소' 등 소통의 행위에서 나아가 독서, 작업 등 '개인적으로 몰두해 들어가는 작업'을 카페의 타인들이 빚어내는 공공의 분위기 속에서 수행한다는 점은 행위성에 있어서도 긴장과 내밀한 편안함 사이의 경계 감정이 자아 풍경을 만들어 내는 것으로 해석된다. 이것으로 공공 공간이면서도 일정한 부피와 넓이만큼의, 지극히 '사적인 공간'을 확보한 상태에서 완전히 혼자가 아님으로 해서 적당한 긴장을 가질 수 있다는 점을 포착하게 한다.

카페에 혼자 앉아 있는 것이 전혀 어색하지 않게 느껴지는 것은 그 공간이 공적이면서도 사적인 공간이고 무엇보다도 혼자 있는 것이 어색하지 않은 공간이기 때문이다. 그것은 또한 익명성을 보장해 주기도 한다.

> 오늘은 오랜만에 오후에 시간이 났다. 나에게는 네 가지 옵션이 있었다. 도서관, 설계실, 집, 카페. 도서관과 설계실을 포기한 이유는 혼자서 학교 식당에서 식권을 사서 밥을 먹는 일이 자신 없었기 때문이다. 반면, 카페에서 혼자 점심을 먹는 일은 괜찮다. 카페에서는 익명성이 더 강화되기 때문인 것 같다. 학교 식당에서는 혼자 밥을 먹는 초라한 광경을 내가 아는 누군가가 볼 가능성이 더 높기 때문이다. 결국 나는 설계실과 도서관을 포기했다. 점심 때문이었다.

작업실로 카페를 선택할 때의 기준은 작업에 방해받지 않으면서도 적절한 주변의 시선이 있는 것, 그렇지만 그 시선으로부터 자신의 익명성이 보장되어 자유로운 상태다. 즉 경계 공간으로서의 균형이 이루어지는 임계점이 유지되는 한 그 안에서의 작업이 보다 긴장감 있게 진행될 수 있는 것이다. 그렇지만 카페에서의 작업이 언제나 능률적이지는 않다. 특히 극도로 긴장해서 효율적으로 일을 끝내야 하는 순간에는 평소에 자극이 되었던 적당한 타인의 시선이나 혼성적 분위기가 오히려 방해가 되기도 한다.

> 나는 마감 때 카페에서 작업하지 않는다. 왜냐하면 정말로 중요한 것을 할 만큼 카페가 집중할 수 있는 환경을 주지는 않기 때문이다. 카페에 가면 나는 사람들의 시선도 의식하게 되고 자나가는 사람들에게 한눈을 팔게 되기도 한다. 사람들이 수다 떠는 소리는 음악소리를 아무리 높여도 들리고 오랜 시간을 앉아 있으면 왠지 음료나 빵을 뭐 하나 더 시켜야 할 것처럼 눈치가 보이기도 한다. 하지만 오늘은 크리틱이 끝난 지 얼마 안 된 시점이었기 때문에 카페에서 작업해도 무난한 날이었다. 즉, 오늘 내가 카페에 갔더라면 그것은 작업을 하되 아주 급한 일을 초집중해서 하기 위한 목적은 아니었을 것이라는 것이다. 갑자기 생긴 자유시간을 '비교적' 생산적으로 활용하기 위해서였을 것이다.

이 글에서도 나타나듯이 전혀 알지 못하는 타인들과 한 공간에 있으면서 익명성에 기대 자신의 세계로 빠져들 수 있는 이유는, 경계 공간이 은연중에 적당한 긴장을 즐기면서도 자유롭게 자기 속으로 유영해 들어갈 수 있게 지원한다는 데에 있다. 커피를 마시는 행위만을 위한 것이라면 집이나 사무실, 또는 이제 테이크아웃을 통해 길거리에서도 가능하다. 그러나 위의 A씨의 문화기술지에서도 읽을 수 있듯이 카페를 찾는 것은 누군가와 소통하기 위해서, 혹은 대중들 속에서 역설적으로 스스로를 차단하기 위해서이다.

혼자 있고 싶은데 완전히 아무도 없는 곳에서 혼자 있는 것이 아니라 다른 사람들 사이에서 자기만의 지극히 작은 공간을 만들고 때로는 타인을 관찰하면서, 때로는 자기 속으로 침잠하면서 일정한 공간을 특정 시간 동안 자기의 시공간으로 사유화한다. 유동적 주체를 만드는 것이다. 정신적 유목민들이 모여드는 곳이 카페다. 이들이 각자 노트북으로 무언가 작업을 하거나 혹은 인터넷 서핑을 하거나 할 때 이들은 물질적 몸이 카페의 한 테이블을 차지하고 있지만 이들의 정신은 사이버 공간으로 이동하면서 유비쿼터스 상황이 된다. 물질적 육체는 고정된 자리에 존재하지만 정신은 여러 개의 '접속하는 자아'로 확산되어 열려 있는 노트북의 여러 창에 각각의 수행적 주체로 순간이동하게 되는 것이다.

오늘날 한국사회의 카페는 열린 공간, 다중감각 중심의 체험공간을 요구하는 현대사회의 복합문화공간으로서 인간이 인지하는 신체적 감각인 오감을 두루 충족시킬 뿐 아니라 오감을 통해 다른 감각에 대한 자극을 가능하게 하는 공감각을 발생시키고 그에 따른 다양한 심리적 감각을 유발시키는 공간이다. 카페문화의 확산과 더불어 여가공간으로서 카페의 가치가 인정되면서 카페의 형태와 세부적 속성들이 다양한 분야에 적용되고 있으며 그 범위는 계속 확대되고 있다. 공간적 소비뿐 아니라 다양한 취향의 소비, 분위기와 음악, 디자인 등 미적 공감각 등 문화적 소비의 주요 토대가 되고 있다.

카페는 공적인 공간이면서 동시에 지극히 사적인 공간으로서, 같은 공간 내의 각각의 개인이 주체가 되면서 자신의 세계를 구축하고 침잠할 수 있는 내파(implosion)가 가능해지는 공간이다. 카페라는 공간의 분화와 탈분화 현상은 공간을 소비하는 이용자들의 취향과 선택을 통해 확인되었다. 군중 속에서 노트북이나 책을 통해 가장 내밀한 자기 자신과의 대면이 가능하기 때문에 카페가 단순히 하나의 일정한 패턴으로 존재하지 않고 북카페, 음악카페, 라이브카페, 공방카페 등으로 세분화되고 그 안에서 다시 커피의 종류를 선택하고 그 공간을 다양하게 향유하면서 공간 소비자들이 만남 또는 작업을 통해 개별적이면서도 창의적인 방식으로 시공간을 구성하고 생산해 내는 것으로 구체화되는 것이 그것이다.

카페의 문화 해석에 유목주의를 투영할 때 중첩된 해석의 스펙트럼이 펼쳐질 수 있다. 즉 한 개인의 특정한 시간적 지속 안에서 실질 공간으로서의 카페와 전 지구적 무역의 경로를 통해 선택적 미각을 제공하는 원두커피의 시공간을 초월한 유목성, 그리고 인터넷 카페가 융합되는 시공간적 교집합이 존재하는 것이다. 몸은 물질적 유목민으로서 커피를 파는 카페에 앉아 있으며 선택하는 커피는 아프리카, 남미, 동남아시아 등 다양한 원산지로부터 공급되어 미각의 유비쿼터스가 이루어진다.

한국 대도시의 카페가 보여 주는 문화풍경의 의미는 글로벌라이제이션과 소비사회의 스펙터클 속에서 개인이 임의로 점유할 수 있는 공간의 생산과 재현이 이루어지면서 후기 근대적 대도시 생활양식을 '정착된 삶'으로부터 유목민의 방식으로 변화시키는 문화적 징후를 보여주고 있다는 데서 찾을 수 있다. 이는 단순히 그 매개가 되는 커피의 전지구적 무역 경로라는 구체적인 현상에서뿐 아니라 이를 둘러싼 트렌드와 뉴욕 거리의 테이크아웃 커피의 라이프스타일이 서울 거리에 직수입되어 만들어 내는 시각적 장면이 일으키는 연상작용 등이 들뢰즈의 '사유의 이미지'라는 개념을 환기시킨다는 점에서 문화사회학적 해석의 가능성을 제공한다. 카페를 통하여 디지털 시대의 산책자로서 유목민의 문화풍경이 보여 주는 징후를 내시경적으로 파악하고 이에 포착된 파편화된 영상을 해석하는 작업은 벤야민의 도시인상학에 비견될 만하다.

맺는 글: 테크노 산책자와 문화 취향

우리 주변을 급격하게 변화시키고 있는 테크노 문화풍경의 성격을 파악하면서 이와 긴밀하게 연결되어 촉발되고 있는 호모 센수스의 출현을 주시하고 이해하는 작업은 오늘날 인간이 몸과 감각을 통해 테크놀로지와 결합 내지 융합하는 과정과 그 필수적인 결과로 드러나는 인간의 새롭게 정의되는 포스트휴먼적 존재 양태를 파악하는 데 있어 선결과제이자 전제 조건이다. 특히 디지털 기기 활용이 지극히 자연스럽고 이로부터 파생하는 문화의 적극적 행위자인 지금의 젊은 세대는 디지털 기기 등장 이전의 세대와는 문화적으로 전혀 다른 차원의 행위양식을 가지고 있으며 그런 의미에서 이들을 가히 '새로운 문화적 종(species)'의 원조 격이라고 칭할 수 있을 것이다. 이들의 시각, 청각, 촉각의 복합적 활용은 새로운 양식의 영상문화와 결합하면서 드보르가 언급한 바 있는 스펙터클 사회의 자연스러운 구성원이 되고 있음은 물론 새로운 방식의 문화 창조를 주도하는 창발성을 발휘하는 데 중요한 요소로 작용하고 있다.

디지털 미디어스케이프 속에서 출현하는 호모 센수스는 다양한 혼종적 감각을 신체에 기입할 뿐만 아니라, 미디어와의 상호 침투 및 감각적 공존으로 존재를 구성한다. 이렇게 호모 센수스를 단순히 홀로 떨어져 있는 개인으로 규정하지 않고 감각을 통해 사회적 존재로서 타자와,

그리고 세계와 상호작용하는 존재로 규정함으로써 테크노 문화 속 감각의 네트워크를 위상학적으로 그려 볼 수 있으며, 이로써 지금의 사회에서 문화를 소비/향유/생산하는 인간에 대해 중층적으로 이해할 수 있다. 디지털 문화가 일상화된 지금은 디지털 네트워크가 새로운 시공간을 창조하고 문화들을 융합하며 지구 지역화하는 양상에 대해 막연한 낙관론을 일단 미뤄두고, 디지털 현실에 대한 비판적 이해를 통해 한국의 일상문화(culture of everyday life)와 미디어의 풍경(mediascape)을 성찰적으로 들여다보는 작업이 필요한 시점이다.

몸이 학문적 주제로 인문사회과학에서 논의되기 시작한 것은 비교적 최근의 일이다. 인문학에서 정신과 마음이 물질적 육체보다 우위에 있는 개념으로서 오랫동안 인간의 존재조건으로 자리매김해 온 것은 주지의 사실이다. 더욱이 테크놀로지의 발달, 특히 디지털 기술의 발달로 인간과 기계의 조응으로 인한 새로운 형태로 몸, 즉 다양한 형태의 테크노바디가 등장함으로써 인간의 신체는 근대적 의미의 정신과 육체의 이분법적 논의를 뛰어넘어 인문학의 학문적 중심 개념이 되었다. 테크노 인문학의 관점에서 몸에 대해 성찰해 보는 것은 과학기술의 발달로 인해 인간과 기술과의 관계 속에서 형성되는 새로운 인간 유형을 가늠해 보는 과정의 주요 출발 과정이라 할 수 있을 것이다.

대도시 공간을 향유하는 호모 센수스의 출현은 앞에서 다루어지고 있듯이 디지털 기기를 매개로 하여 다양한 문화 취향을 형성하고 소비하고 또한 생산하는 테크노 산책자로 구체화되면서 테크노 문화풍경의 주인공으로 등장하고 있다. 디지털 시대에 첨단 테크놀로지화한 하이테크 대도시의 공간 향유 양식과 이로부터 유추되는 생활양식의 근저에서 작동하는 문화 취향을 이미지로 포집하고 유포하는 테크노 산책자에게 SNS는 일종의 신경세포와 같은 역할을 한다.

인스타그램 사용자의 포스팅 행위는 매우 사소하고도 즉각적인 행위이지만 어떤 대상을 포스팅하는지, 어떤 장소를 찾아가는지, 무엇에 '좋아요'를 누르는지, 어떤 디자인과 분위기에 열광하는지, 이 모든 것은 사실은 피부처럼 내재해 있는 문화 취향과 깊은 관련이 있다. 따라서 이들의 도시 공간 향유 양식은 이들의 포스팅 결과를 빅데이터로부터 추출함으로써 분석 가능하다. 이에 더 나아가 이들의 취향이 선도하는 문화풍경의 묘사, 나아가 대도시의 새로운 문화 창출 세대들의 문화 생산 양식을 파악함으로써 문화자본의 현장에 밀착된 취향의 사회학을 테크노 문화사회학으로 발전시켜 나가는 토대로 삼을 수 있을 것이다.

이 책에서 주목하고자 한 또 하나의 주제적 개념은 사회가 첨단 테크놀로지화하는 과정에서 형성되는 테크노 문화풍경 속에서 발현되는 문화 취향이다. 부르디외의 문화자본 이론에 의하면 문화 취향은 개인이 축적한 문화자본에 따라 구성되고 분화된다(부르디외, 2005). 부르디외는 아비투스 개념을 통해 문화 소비가 문화적 취향에 의존하며 취향은 '구분되고 평가하는 획득된 성향'으로서 '계급의 표시자'라고 보았다(부르디외, 2005: 36-42). 그는 문화자본이 취향을 구별하는 데 있어서 중요한 역할을 담당하는 것으로, "하나의 지식 형식, 내화된 코드, 또는 문화적 관계들과 문화적 가공물을 해독하는 데 있어서의 능력, 해독하기 위한 감상력, 해독하는 데 있어서 공감대를 지닌 사회적 행위자를 갖추기 위한 인식의 취득"(1984: 2)이라고 규정하고 있다. 물론 이 논의는 지금보다도 계급적 구조가 견고하게 구성되어 있는 산업사회를 기반으로 하였기 때문에 파편화되고 탈분화되면서 복잡하게 다양화된 지금의 사회에 그대로 적용되기에는 분명 한계가 있음이 지적되어 왔고 이에 대한 이론적 논의는 그동안 사회학계를 비롯한 여러 학문분야에서 활발하게 진행되고 있다.

그럼에도 불구하고 인스타그램 빅데이터를 중심으로 도시 공간 향유와 문화 취향의 연관성을 추적하다 보면 문화자본을 구성하는 아비투스와 문화 취향이 여전히 매우 적절한 분석 개념이라는 점에 주목하게 된다. 부르디외는 사회생활이 기본적으로 지위에 대한 지속적인 투쟁이라고 주장하면서 여기에는 경제적 투쟁뿐 아니라 문화자본을 축적하고 독점하기 위한 상징적 투쟁도 포함된다(양종회, 2009: 173)는 논지를 펼치고 있다.

이 과정에서 기존의 사회질서가 재생산되는데 이 과정에서 아비투스와 문화적 취향이 중요한 기능을 수행한다. 이러한 맥락에서 아비투스와 문화적 취향은 테크노 문화풍경 연구에서 핵심적인 분석적 개념으로 등장한다. 아비투스는 경제적 계급 구분과 계급 구성원들의 문화적 상징 및 생활양식 간을 매개하는 구조다. 이런 면에서 아비투스는 실제로는 내면화된 계급구조이며, 그것이 개인의 문화적 능력과 취향에 깊숙이 체화되어 있기 때문에 자연스럽게 보이고 표출된다. 이렇게 볼 때 생활양식을 결정하는 것은 문화적 소비인데, 이때 문화적 소비는 문화적 취향에 의존한다.

서울과 뉴욕같이 문화적 소비가 활발하고 인스타그램 포스팅이 집중적으로 일어나고 있는 장소와 구역에서는 문화적 소비와 문화적 생산이 동시적으로 일어나는, 매우 특이한 현상을 찾아볼 수 있다. 예를 들어 자유로운 문화예술인들이 소상공인으로 카페나 공방 등을 운영하면서 자신들의 취향을 매개로 고객들과 소통하는 현상이 그것이다. 이는 주로 점포 임대료가 상대적으로 저렴한 구 도심의 저평가된 구역에서 활발하게 진행되는데 이러한 문화적 소비의 확장이 활발히 이루어지게 되면 점차 자본경쟁력이 있는 프랜차이즈 커피점이나 패스트푸드점이 이들을 밀어내는 젠트리피케이션 현상이 뒤를 잇게 된다. 이런 점에서 보면 일정한 예술적 매력을 담보하는 문화 취향이나 복고적 취향들이 특정한 장소를 발굴하고 비슷한 집단이 형성되고 확산되면 어느새 자본이 이를 획일화시키면서 밀어내는 경향을 보이는 것을 알 수 있다. 여기에서도 취향들 간의 분화와 격돌이 이루어진다고 볼 수 있다. 이러한 현상은 최근 4, 5년 사이에 강북 도심에서 급격하게 일어나고 있다.

이러한 현상들을 놓고 볼 때 지금의 사회가 부르디외의 이론을 그대로 적용하기에는 사회적인 특성이나 문화 취향의 분화 등이 다변화하고 행위자들의 행위양식이 계급이나 교육 등 산업사회의 문화자본을 측정하는 변수의 적용범위를 훨씬 뛰어넘으면서 구축되고 있기 때문에 부르디외의 이론을 그대로 가져오는 것에는 분명히 한계가 있다. 고급문화와 저급문화의 구분조차도 의미가 희석되고 있으며 취향을 범주화할 수 없을 정도로 개별적이고도 즉각적인 특성을 보이고 있기 때문에 더욱 그러하다. 부르디외의 이론이 문화의 분화가 오래 지속된 유럽과는 달리 미국 같은 사회에서는 그대로 적용되지 않는다는 사실은 한국사회를 이해하는 데 있어서도 시사점을 보여 준다.

특히 정보사회의 문화 취향에 대해서는 찬과 골소프(Chan & Goldthorpe, 2007)의 연구가 시사하는 바가 크다. 이들은 문화적 선호가 다변화하고 있는 후기 산업사회에서 문화적 취향의 구분은 더 이상 계층구조에 기반을 두지 않는다는 점을 강조하고 있다. 이들은 후기 산업사회에서 문화적 취향과 소비를 사회구조와 관련되어 계층화의 문제로 보기보다는 개인적 자기실현의 문제로 인식하며, 이는 특히 포스트모던 문화의 발전과 밀접히 관련된 것으로 해석하고 있다. 이 입장도 크게 두 가지 세부적 이론으로 구분되는데, 하나의 입장은 문화적 취향이 전적으로 개인적 문제가 되어 어떤 위계서열이나 집단으로 층화되지 않는다는 이론이고, 다른 하나는 문화적 취향이 과거처럼 계급구조나 지위구조에 상응하는 방향으로 구조화되지는 않지만 다른 사회인구학적 요인, 즉 성별, 연령 혹은 세대, 종교, 인종 등에 의해 구분되며 이것은 새로운 형태의 정체 형성을 반영하는 것으로 이해된다(양종회, 2009: 176)는 입장이다.

오늘날 디지털 세대들의 자기 정체성 표현에서 가장 중심을 이루는 활동이 디지털 기기, 특히 스마트폰을 사용한 다양한 SNS 활동이라고 한다면 이는 취향의 구분과 표현이 손쉽게 매우 다양한 기준에 의해서 이루어지는 사회를 대변해 준다고 하겠다. 그 핵심에는 문화 취향에 대한 문화자본론적 견해가 이해의 축을 이루고 있는데 이는 더 거슬러 올라가서 베블런의 이론이나 짐멜의 유행에 대한 이론 등도 참조할 만한 논거를 가지고 있다는 것을 의미한다. 문화자본 이론의 맥락에서 볼 때 인스타그램 사용자의 경우 디지털 미디어 리터러시는 중요한 문화자본적 요소이다. 기기를 갖추는 것뿐 아니라 앱 활용 능력 등도 모두 취향 형성의 측면에서 작용하는 문화자본적 요소이며 여기에는 경제자본과 사회자본의 요소들도 함께 작용한다.

이러한 문제의식을 토대로 하여 대도시 공간 향유에 있어서 인스타그램 등으로 이를 표현하는 테크노 산책자의 행위를 이해하기 위해서는 다음과 같은 전제들이 성립 가능하다.

첫째, 테크노 산책자가 행하는 SNS 포스팅의 핵심적인 내면적 계기와 동력은 문화 취향에 기인한다. 또한 디지털 미디어 리터러시는 SNS 사용자의 문화자본의 한 구성요소이므로 문화 취향의 토대로 해석할 수 있다. 이는 SNS 활동을, 문화자본 축적을 바탕으로 이루어지는 사회적 행위로, 그리고 이들 행위자들이 자신의 정체성과 존재감을 드러내는 문화활동으로 규정하기 때문이다. 따라서 이 전제에 따른 문화 취향의 형성과 이에 대한 문화자본 이론의 적용과 해석이 필요하다.

둘째, 인스타그램 사용자의 포스팅을 중심으로 한 데이터 분석에서 문화 취향은 특히 장소성과 연결하여 볼 때 문화 소비뿐 아니라 문화 생산과 연결되는 방식으로 표현될 것이다.

셋째, 문화 취향 발현의 장소와 공간적 실현은 예술과 연동된 경계공간(liminal space)을 중심으로 이루어질 것이다. 특히 젠트리피케이션이 일어나고 있는 구도심에서 다양한 문화 취향의 분화가 동시에 일어나면서 소비와 생산의 연동 작용이 발생하면서 새로운 취향과 유행의 결합이 장소와 공간의 향유 과정 속에서 이루어질 것이다.

넷째, 문화예술인의 대안적 생활양식과 아비투스가 장소와 공간에 반영되면서 문화 취향의 형성과 확산에 상승작용을 할 것이다. 따라서 이런 단계에서는 경제자본보다는 문화자본의 역할이 크게 작용할 것이다. 또한 문화 취향을 형성하는 미시적 차원에서 포착 가능한 감각, 유행, 욕망 등이 주요 탐색 개념으로 취향과 연동하여 살펴볼 필요가 있다.

인스타그램 유저들은 자신의 게시물에 위치정보를 첨부해서 올릴 수 있는데, 그 위치들은 인스타그램 사용자가 포스팅함으로써 기억하고 '친구'들과 '공유'하고자 하는 순간의 위치이므로 결국 어떤 의미가 부여된 '위치(location)'인 것이며 이로써 '장소(place)'가 된다. 이때 중요한 것이 어떤 '장소'이며 '위치'인가 하는 점이다. 포스팅하는 이미지의 내용과 장소를 종합해 볼 때 문화적 취향의 내용과 이를 공유하는 정도, 그리고 이러한 궤적을 그리는 아비투스를 유추할 수 있는데 이것들이 이 연구의 중요한 내용을 이룬다. 이렇게 축적된 취향의 외시된 이미지와 장소에 관련된 데이터는 그 장소의 공적(public), 반공적(semi-public), 사적(private) 성격에 따라 공간 향유양식에 대한 이해로 연결된다.

빅데이터가 지시하는 정보들을 충실하게 문화적 지형도로 시각화하여 기초적인 이해의 토대를 마련했다고 한다면 도시 공간 향유를 파악하는 문화지형도가 좀 더 심층적인 개인의 문화적 정체성과 연결되는 방향으로 심화되어 도시 공간적 논의를 인간의 내면과 연결시킴으로써 사회학의 학문적 외연을 넓혀가는 데 일조할 수 있다. 그동안 한국의 문화 취향에 대한 논의가 특정한 장르나 분야에 한정되면서 여전히 문화자본 이론이 견지했던 계급과의 연계성에서 크게 벗어나지 못하고 있었기 때문에 문화 취향과 관련된 개념과 범주 중심으로 테크노 산책자의 궤적을 연구한다면 한국사회의 문화풍경을 한층 심도 있게 성찰할 수 있는 계기가 될 것이다.

특히 취향을 단순히 소비에 활용하는 기준으로 삼는 것이 아니라 문화 생산에 활용하고 나아가 생활양식의 변화와 함께 작용하는 중요한 삶의 척도로 삼는 젊은 문화예술인들의 현실적인 차원의 사회적 행위 파악을 목적으로 하면서 동시에 디지털 문화 시대의 젊은 세대들이 제시하는 감각 중심의 사회에 대한 조감도가 실천적으로 펼쳐질 것이다. 이로써 호모 센수스가 감각의 일상적 실천의 장에서 취향을 만들어 내고 문화 생산자의 역할을 담당하는 방향을 제시함에 있어 일종의 성찰성을 제안하는 것 또한 문화사회학이 학문으로서 할 수 있는 사회적 책무라고 본다면 이를 통해 포스트휴머니즘을 전망하는 데 있어서 하나의 이정표로서 역할을 할 수 있을 것이다.

참고문헌

국내 문헌

강준만·오두진. 2005. 『고종, 스타벅스에 가다: 커피와 다방의 사회사』. 서울: 인물과 사상사.

게오르그 짐멜(Simmel, Georg). 2005. 『짐멜의 모더니티 읽기』. 김덕영·윤미애 옮김. 서울: 새물결.

권기봉. 2008. 『서울을 거닐며 사라져가는 역사를 만나다』. 서울: (주)알마.

그랜트 맥크래켄(McCracken, Grant). 1996. 『문화와 소비』. 이상률 옮김. 서울: 문예출판사.

기 드보르(Debord, Guy). 1996. 『스펙타클의 사회』. 이경숙 옮김. 서울: 현실문화연구.

김덕영. 2012. 『막스 베버: 통합과학적 인식의 패러다임을 찾아서』. 서울: 도서출판 길.

김문조. 2011. "감각과 사회: 시각과 촉각을 중심으로". 『영상문화』 18: 7-32.

김민규. 2001. "한국 인디문화(indie culture)에 대한 사회학적 연구". 고려대학교 대학원 박사학위 논문.

김연희. 2000. "일제하 경성지역 카페의 도시문화적 특성". 서울시립대학교 대학원 석사학위 청구논문(미간행).

김완석·조옥경. 2009. "미용성형 의도, 신체이미지와 신체가치관의 관계: 여성요가인과 여대생을 중심으로". 『한국심리학회지: 소비자·광고』 10(4): 611-632.

김현경. 2014. "연예인 지망생 및 신인의 성형 경험과 '이미지-상품-주체'의 형성".

『여성학논집』 31(2): 3-32.

김홍규·오세정. 2008. “제3의 공간으로서의 카페: 스페이스 마케팅의 관점”. 『주관성연구』 16: 93-120.

김홍중. 2005. “문화사회학과 풍경의 문제: 풍경 개념의 구성과 그 가능성에 대한 이론적 탐색”. 『사회와이론』 6(1): 129-167.

_____. 2009a. “이론가는 왜 바보여야 하는가?: 발터 벤야민을 중심으로”. 『사회와이론』 15.

_____. 2009b. 『마음의 사회학』. 파주: 문학동네.

_____. 2013. “미디어스케이프와 모바일 성찰성”. 『한국사회의 문화풍경』. 서울: 그린.

김환석. 2011. “행위자-연결망 이론에서 보는 과학기술과 민주주의”. 『동향과전망』 83: 11-46쪽.

_____. 2012. “‘사회적인 것’에 대한 과학기술학의 도전: 비인간 행위성의 문제를 중심으로”. 『사회와이론』 20: 37-66.

_____. 2014. 『생명정치의 사회과학』. 고양: 알렙.

김효진. 2009. 『진이의 카페놀이』. 서울: 도서출판 예문.

김희정. 2009. 『카페놀이: 나만을 위한 달콤한 아지트』. 서울: 위즈덤하우스.

나카무라 유지로. 2003. 『공통감각론』. 서울: 민음사.

남은영. 2007. “한국의 소비문화와 중산층의 생활양식”. 서울대학교 대학원 박사학위 논문.

데이비드 채니(Chaney, David). 2004. 『라이프스타일』. 김정로 옮김. 서울: 일신사.

데이비드 하비(Harvey, David). 1994. 『포스트모더니티의 조건』. 구동회·박영민 옮김. 서울: 한울.

도나 해러웨이(Haraway, Donna). 2002. 『유인원, 사이보그, 그리고 여자』. 민경숙 옮김. 서울: 동문선.

도메니코 쿠아란타(Quaranta, Domenico). 2016. “오를랑의 확장된 몸”. 『오를랑 테크노바디 1966-2016』. 서울: 성곡미술관. 45-53쪽.

디디에 앙지 외. 2008. 『피부자아』. 권정아·안석 옮김. 서울: 인간희극.

러츠키, R. L.(Rutsky, R. L.). 2004. 『하이 테크네: 포스트휴먼 시대의 예술/디자인/테크놀로지』. 김상민·윤원화 옮김. 서울: 시공사.

로지 브라이도티(Braidotti, Rosi). 2015. 『포스트휴먼』. 이경란 옮김. 서울: 아카넷.
론다 쉬빈저(Londa Schiebinger). 2010. 『젠더 분석: 과학과 기술을 바꾼다』. 김혜련 옮김. 서울: 연세대학교 출판문화원.
뤼스 이리가라이(Irigaray, Luce). 2000. 『하나이지 않은 성』. 이은민 옮김. 서울: 동문선.
리처드 슈스터만(Shusterman, Richard). 2010. 『몸의 의식』. 이혜진 옮김. 성남: 북코리아.
리타 펠스키(Felski, Rita). 1998. 『근대성과 페미니즘』. 김영찬·심진경 옮김. 서울: 거름.
마셜 매클루언(McLuhan, Marshall). 2011. 『미디어의 이해』. 김상호 옮김. 서울: 커뮤니케이션북스.
마이크 세베이지·앨런 와드(Savage, Mike., & Warde, Alan). 1996. 『자본주의 도시와 근대성』. 김왕배·박세훈 옮김. 파주: 한울.
마크 스미스(Smith, M. Mark). 2010. 『감각의 역사』. 김상훈 옮김. 서울: 성균관대출판부.
마크 포스터(Poster, Mark). 1998. 『제2의 미디어』. 이미옥·김준기 옮김. 서울: 민음사.
마틴 제이(Jay, Martin). 2009. 『모더니티의 조망 체제』. 이영철 엮음. 백한울 외 옮김. 서울: 시각과언어.
막스 베버(Weber, Max). 2002. 『이해 사회학의 카테고리』. 김진욱 옮김. 서울: 범우사.
모리스 메를로-퐁티(Merleau-Ponty, Maurice). 2008. 『지각의 현상학』. 류의근 옮김. 서울: 문학과지성사.
미셸 칼롱(Callon, Michel). 2010. "번역의 사회학의 몇 가지 요소들: 가리비와 생브리외 만의 어부들 길들이기". 브루노 라투르 외. 『인간·사물·동맹』. 홍성욱 엮음. 서울: 이음. 57-94쪽.
박경환. 2014. "글로벌 시대 인문지리학에 있어서 행위자-네트워크 이론(ANT)의 적용 가능성". 『한국도시지리학회지』 17(1): 57-78.
박문순. 2016. "[오를랑 테크노바디 1966-2016]전을 열며". 『오를랑 테크노바디 1966-2016』. 서울: 성곡미술관.

박성창. 2009. “모더니즘과 도시”. 『구보학보』 5: 129-158.

박철수. 2006. 『아파트의 문화사』. 서울: 살림출판사.

박태원. 2005. 『소설가 구보 씨의 일일』. 서울: 문학과지성사.

발터 벤야민(Benjamin, Walter). 2005. 『아케이드 프로젝트』. 조형준 옮김. 서울: 새물결.

_____. 2007. 『기술복제시대의 예술작품』. 최성만 옮김. 서울: 길.

배동인. 1995. “베버의 합리성 개념의 비판적 검토와 재구성”. 전성우 외. 『막스 베버 사회학의 쟁점들』. 서울: 민음사. 35-71쪽.

백병부·김경근. 2007. “학업성취와 경제자본, 사회자본, 문화자본의 구조적 관계”. 『교육사회학연구』 17(3): 101-129.

브라이언 마수미(Massumi, Brian). 2011. 『가상계: 운동, 정동, 감각의 아쌍블라주』. 조성훈 옮김. 서울: 갈무리.

브루노 라투르(Latour, Bruno). 2009. 『우리는 결코 근대인이었던 적이 없다』. 홍철기 옮김. 서울: 갈무리.

브루노 라투르(Latour, Bruno) 외. 2010. 『인간·사물·동맹』. 홍성욱 엮음. 서울: 이음.

빌렘 플루서(Flusser, Vilém). 2006. 『피상성 예찬』. 김성재 옮김. 서울: 커뮤니케이션북스.

서이종. 2011. “막스 베버의 사회학과 비인간들”. 『사회와 이론』 19: 145-176.

서진영. 2007. “감각 체계를 활용한 여가공간으로서 카페의 속성”. 명지대학교 사회교육대학원 석사학위 논문.

송원섭. 2015. “경관지리학에서 경치지리학으로: 영미권 문화역사지리학 경관연구 패러다임의 전환”. 『대한지리학회지』 50(3): 305-323.

수전 벅-모스(Buck-Morss, Susan). 2004. 『발터 벤야민과 아케이드 프로젝트』. 김정아 옮김. 파주: 문학동네.

신채기. 2002. “오를랑의 ‘카널 아트’: 포스트휴먼 바디 아트로서의 몸”. 『현대미술사연구』 14: 57-84.

신현준·이기웅 엮음. 2016. 『서울, 젠트리피케이션을 말하다』. 파주: 푸른숲.

심승희·한지은. 2006. “압구정동·청담동 지역의 소비문화경관 연구”. 『한국도시지리학』 19(5): 61-79.

심혜련. 2008. “도시 공간과 흔적 그리고 산책자”. 『시대와 철학』 19(3): 103-135.
안영노. 1994. “록카페를 통해서 본 젊은이문화: 공간에 대한 의미 부여와 욕구 충족을 중심으로”. 『연세사회학』 14: 177-227.
애드워드 랠프(Relph, Edward). 2005. 『장소와 장소상실』. 김덕현·김현주·심승희 옮김. 서울: 논형.
앤 발사모(Balsamo, Anne). 2012. 『젠더화된 몸의 기술』. 김경례 옮김. 서울: 아르케.
오자영. 2007. “30대 기혼 여성의 팬덤과 나이의 문화정치학: 동방신기(東方神起) 팬덤을 중심으로”. 이화여자대학교 대학원 석사학위 논문.
유석춘·장미혜. 2002. “사회자본과 한국사회”. 『사회발전연구』. 87-125쪽.
유진상. 2016. “오를랑: 주체적 진화의 서사”. 『오를랑 테크노바디 1966-2016』. 서울: 성곡미술관.
윤미애. 2003. “대도시와 거리 산보자: 짐멜과 벤야민의 도시문화 읽기”. 『독일문학』 85: 389-410쪽.
이광주. 2002. 『동과 서의 茶이야기』. 서울: 한길사.
이동연. 2009. “한국의 문화자본은 어떻게 형성되는가?”. 『문화과학』 59: 95-118.
______. 2010. “아이돌 팝과 연예제작사: 빅4의 생존 방식”. 문화연대 소식지 『상상나누기』 13.
이무용. 2005. 『공간의 문화정치학』. 서울: 논형.
이병혁. 1995. “막스 베버의 <이해>사회학에 대한 기호론적 해석”. 전성우 외. 『막스 베버 사회학의 쟁점들』. 서울: 민음사. 103-136쪽.
이소영. 2001. “인터넷 사이트에 나타나는 새로운 팬 문화 연구: 가수 god 팬페이지 내용 분석을 중심으로”. 서강대학교 언론대학원 석사학위 논문.
이소현. 2009. “‘연상남’ 팬덤에 관한 연구: <소녀시대> 인터넷 커뮤니티를 중심으로”. 서강대학교 언론대학원 석사학위 논문.
이수균. 2016. “기획의 글”. 『오를랑 테크노바디 1966-2016』. 서울: 성곡미술관.
이수안. 2008. “재현으로서의 남성성에 대한 젠더문화론적 분석”. 『사회과학연구』 16(2): 136-236.
______. 2009. “서울 도심의 공간 표상에 대한 젠더문화론적 독해”. 『대한지리학회지』 44(3): 282-300.
______. 2011. “대중문화에서 기호가치로서 몸 이미지의 소비양식”. 『문화와사회』

11: 193-232.

_____. 2012. 『이미지 문화사회학』. 성남: 북코리아.

_____. 2015a. "감각중심 디지털 문화와 포스트휴먼 징후로서 '호모 센수스(homo sensus)'의 출현." 『문화와사회』 18: 127-168.

_____. 2015b. "테크노 휴먼 형상으로서 테크노바디의 존재 양식: 감각과 신체성을 중심으로". 『인문학논총』 39: 427-252.

_____. 2015c. "사이보그와 몸의 물질성: 가상현실 속 체현의 양가적 개념들". 『영미문학페미니즘』 23(2): 119-145.

이수안 외. 2013. 『한국사회의 문화풍경』. 서울: 그린출판사.

이수자. 2004. 『후기 근대의 페미니즘 담론』. 서울: 도서출판 여이연.

이재현. 2004. 『모바일미디어와 모바일사회』. 서울: 커뮤니케이션북스.

이지은. 2004. "팬덤과 섹슈얼리티 관계 연구: '아사노 타다노부' 팬덤 문화 분석을 중심으로". 서강대학교 언론대학원 석사학위 논문.

이지현·윤성준·한희은. 2013. "라이프스타일이 미용성형수술 구매의도에 미치는 영향: 미디어 노출의 매개효과를 중심으로". 『문화산업연구』 13(4): 85-96.

이진경. 2000. 『근대적 주거공간의 탄생』. 서울: 그린비.

이진우. 2013. 『테크노 인문학』. 서울: 책세상.

이현주. 2009. 『카페 서울』. 북웨이.

이호영·장미혜. 2008. "문화자본과 영화선호의 다양성". 『한국사회학』 42(2): 62-95.

이화인문과학원 엮음. 2013. 『인간과 포스트휴머니즘』. 서울: 이화여자대학교 출판부.

일레인 볼드윈(Baldwin, E.) 외. 2008. 『문화코드. 어떻게 읽을 것인가?』. 조애리 외 옮김. 서울: 한울.

임석재. 2006. 『서울, 골목길 풍경』. 서울: 북하우스.

임소연. 2012. "성형수술 실행의 사물, 육체, 그리고 지식 네트워크". 서울대학교 대학원 과학사 및 과학철학 협동과정 박사학위 논문.

장 보드리야르(Baudrillard, Jean). 2012. 『시뮬라시옹』. 하태환 옮김. 서울: 민음사.

장미혜. 2001. "소비 양식에 미치는 문화자본과 경제자본의 상대적 효과". 연세대학교 사회학과 박사학위 논문.

장유정. 2008. 『다방과 카페, 모던보이의 아지트』. 살림출판사.
장정희. 2009. “과학기술시대의 페미니즘과 사이보그론”. 『영미문학페미니즘』 17(3): 269-295.
전보경. 2010. “몸-자아 테크놀로지로서의 미용 성형에 대한 계보학적 담론 연구”. 이화여자대학교 여성학과 석사학위 논문.
정재승. 2009. 『정재승 + 진중권 크로스』. 웅진지식하우스.
정현주. 2008. “이주, 젠더, 스케일: 페미니스트 이주 연구의 새로운 지형과 쟁점”. 『대한지리학회지』 43(6): 894-913.
제바스티안 프리드리히(Friedrich, Sebastian)·안나 뮐러(Müller, Anna). 2016. 『취향의 심리학』. 서은미 옮김. 서울: (주)행성비.
조나단 크래리(Crary, Jonathan). 2001. 『관찰자의 기술』. 임동근·오성훈 외 옮김. 서울: 문화과학사.
조선정. 2014. “포스트페미니즘과 그 불만: 영미권 페미니즘 담론에 나타난 세대론과 역사 쓰기”. 『한국여성학』 30(4): 47-76.
조영복. 1997. 『한국 모더니즘 문학의 근대성과 일상성』. 다운샘.
조윤경. 2011. “포스트휴먼과 포스트바디의 상상력”. 『프랑스문화예술연구』 38: 307-338.
조이담·박태원. 2005. 『구보 씨와 더불어 경성을 가다』. 바람구두.
존 버거(Berger, John). 1990. 『이미지: 시각과 미디어』. 편집부 옮김. 서울: 동문선.
주디 와이즈먼(Wajcman, Judy). 2009. 『테크노 페미니즘』. 박진희·이현숙 옮김. 서울: 궁리.
주은우. 2003. 『시각과 현대성』. 서울: 한나래.
줄리앙 프로인트(Freund, Julien). 1981. 『이해사회학-막스 베버 사회학의 새로운 조명』. 이종수 옮김. 서울: 도서출판 한볏.
진종헌. 2013. “재현 혹은 실천으로서의 경관: ‘보는 방식’으로서의 경관 이론과 그에 대한 비판을 중심으로”. 『대한지리학회지』 48(4): 557-574.
질 들뢰즈. 1995. 『감각의 논리』. 하태환 옮김. 서울: 민음사.
최병두. 2015. “행위자 네트워크이론과 위상학적 공간 개념”. 『공간과 사회』 25(3): 125-172.
최샛별. 2006. “한국사회에 문화자본은 존재하는가?”. 『문화와 사회』 1: 123-158.

최종렬. 2009a. “탈영토화된 공간에서의 베트남 이주여성의 행위전략”. 『한국사회학』 43(4): 107-146.

_____. 2009b. 『사회학의 문화적 전환』. 살림출판사.

최현석. 2009. 『인간의 모든 감각』. 파주: 서해문집.

최혜실. 1988. “소설가 구보 씨의 일일에 나타나는 산책자(flâneur) 연구”. 『관악어문연구』 13: 191-207.

캐서린 헤일즈(Hayles, Katherine). 2013. 『우리는 어떻게 포스트휴먼이 되었는가?』. 허진 옮김. 서울: 플래닛.

크리스토퍼 르페브르(Lefebure, C.). 2008. 『카페를 사랑한 그들: 파리, 카페, 그리고 에스프리』. 이수원 옮김. 효형출판.

크리스티앙 메츠(Metz, Christian). 2011. 『영화의 의미작용에 관한 에세이 1』. 이수진 옮김. 서울: 문학과지성사.

태희원. 2012. “‘즉각적인 몸 변형’ 기술로서의 미용성형과 몸 관리의 정서”. 『젠더와문화』 5(2): 79-110.

톰 벤더빌트(Vanderbilt, Tom). 『취향의 탄생』. 박준형 옮김. 서울: 토네이도.

프리드리히 키틀러(Friedrich Kittler). 2011. 『광학적 미디어: 1999년 베를린 강의 예술 기술 전쟁』. 윤원화 옮김. 서울: 현실문화.

피에르 부르디외(Bourdieu, Pierre). 1995. 『구별 짓기: 문화와 취향의 사회학』. 최종철 옮김. 서울: 새물결.

_____. 1997. 『상징폭력과 문화재생산』. 정일준 옮김. 서울: 새물결.

피치(Fitch, N.). 2008. 『파리 카페』. 문신원 옮김. 문학동네.

한준·한신갑·신동엽·구자숙. 2007. “한국인의 문화적 경계와 문화적 위계구조”. 『문화와사회』 2: 29-53.

현택수·정선기·이상호·홍성민. 1998. 『문화와 권력: 부르디외 사회학의 이해』. 서울: 나남출판.

홍성욱. 2010. “제1장 7가지 테제로 이해하는 ANT”. 『인간·사물·동맹』. 브루노 라투르 외. 홍성욱 엮음. 서울: 이음. 15-36쪽.

황보경. 2006. “카페의 이용 및 선택속성에 관한 연구: 문화적 속성을 중심으로”. 경기대학교 관광전문대학원 석사학위 논문.

국외 문헌

Agamben, Giorgio. 2017. *Taste*. Pennsylvania: Maple Press.

Allenby, B., & Sarewitz, D. 2011. *The techno-human condition*. Cambridge: MIT Press.

Appadurai, Arjun. 1996. *Modernity at Large: Cultural Dimensions of Globalization*. Minneapolis and London: University of Minnesota Press.

Balsamo, Anne. 1996. *Technologies of the Gendered Body: Reading Cyborg Women*. Durham: Duke University Press.

Banerjee, Tridib. 2001. "The Future of Public Space: Beyond Invented Streets and Reinvented Places." *Journal of the American Planning Association*. 67(1): 9-14.

Banet-Weiser, Sarah., & Laura Portwood-Stacer. 2006. "'I just want to be again!': beauty pageants, reality television, and post-feminism." *Feminist Theory*. 7(2): 255-272.

Bateson, Gregory. 1972. *Steps to an Ecology of Mind*. New York: Ballantine.

Belova, Olga. 2006. "The Event of Seeing: A Phenomenological Perspective on Visual Sense-Making." *Culture and Organization*. 12(2): 93-107.

Belsey, Catherine. 1980. *Critical Practice*. London: Methuen.

Benthien, Claudia. 2002. *Skin: on the cultural border between self and the world*. New York: Columbia University Press.

Berman, Marshall. 1983. *All That Is Solid Melts Into Air: The Experience of Modernity*. London: Verso.

Bignell, Jonathan. 2002. *Postmodern Media Culture*. Edinburgh: Edinburgh UP.

Blogne, Jean Claude. 1993. *Histoire des cafe et des cafetiers*. Paris: Larousse.

Blood, Sylvia K. 2005. *Body Work: The Social Construction of Women's Body Image*. New York: Routledge.

Bourdieu, Pierre. 1986. "The Forms of Capital." John G. Richardson. (Ed.). *Handbook of Theory and Research for the Sociology of Education*. Westport: Greenwood Press.

Braidotti, Rosi. 1994. *Nomadic Subjects: Embodiment and Sexual Difference in Contemporary Feminist Theory*. New York: Columbia University Press.

_____. 2013. *The Posthuman*. Cambridge: Polity Press.

Bruzzi, Stella. 1997. *Undressing Cinema: Clothing and Identity in the Movies*. London & New York: Routledge.

Calefato, Patrizia. 2014. *Luxury: Fashion, Lifestyle and Excess*. London: Bloomsbury.

Calistan, Özgür. 2011. "Techno-human: new form of hybrid human; from sciencefiction cinema to the post-modern society." paper presented in *The 17th International Symposium on Electronic Art*. Istanbul. 14-21. September 2011.

Callon, Michel. 1987. "Society in the Making: the Study of Technology as a Tool for Sociological Analysis." 83-106. W. Bijker, T. Hughes., & T. Pinch. (Eds.). *The Social Construction of Technological Systems: New Directions in the Sociology and History of Technology*. Cambridge, Mass: The MIT Press.

Cerulo, Karen. 2009. "Nonhumans in Social Interaction." *Annual Review of Sociology*. 35: 531-552.

Cixous, H., & Clément, C. (Eds.). 1986. *The Newly Born Woman*. University of Minesota Press, Minneapolis.

Clough, Patricia T. 2010. "The Affective Turn." Gregg., & Seigworth. (Eds.). *The Affect Theory Reader*. Durham: Duke UP.

Coleman, James. 1990. *Foundations of Social Theory*. Cambridge: Harvard University Press.

Connell, R. W. 1987. *Gender and Power: the Person and Sexual Politics*. Cambridge: Polity Press.

_____. 1995. *Masculinities*. Cambridge: Polity Press.

_____. 2000. *The Men and the Boys*. Cambridge: Polity Press.

Crossley, Stephen. 2017. *In their Place: The Imagined Geographies of Poverty*. London: Pluto Press.

Davis, Kathy. 1995. *Reshaping the Female Body: The Dilemma of Cosmetic Surgery*. New York: Routledge.

De Graaf, Nan Dirk., Paul M. De Graaf., & Gerbert Kraaykamp. 2000. "Parental

Cultural Capital and Educational Attainment in the Netherlands: A Refinement of the Cultural Capital Perspective." *Sociology of Education*. 73(April): 92-111.

Debord, Guy. 1994. *The Society of the Spectacle*. New York: Zone Books.

Dennett, Daniel. 2014. "Consciousness in Human and Robot Minds." *Philosophy of Technology: The Technological Condition: An Anthology*. Robert C. Sharff., & Dusek Val. (Ed.). pp. 588-596.

DiMaggio P., & T. Mukhtar. 2004. "Arts Participation as Cultural Capital in the United States, 1982-2002: Signs of Decline?" *Poetics*. 32(2): 169-194.

Docker, John. 1994. *Postmodernism and Popular Culture*. Cambridge: Cambridge UP.

Duggan, Maeve., & Joanna Brenner. 2012. "The demographics of social media users." Pew Research Center's Internet & American Life Project. 14.

England, Marcia R. 2018. *Public Privates: Feminist Geographies of Mediated Spaces*. Lincoln and London: University of Nebraska Press.

Fernback, Jan. 1997. "The Individual within the Collective: Virtual Ideology and the Realization of Collective Principles." Steven Jones. (Ed.). *Virtual Culture - Identity & Communication in Cybersociety*. London: Sage. pp. 36-54.

Foucault, Michel. 1998. "Different Spaces." Faubion. James. D. (Ed.). *Michel Foucault: Aesthetics. Method, and Epistemology*. New York: The New Press. pp. 175-185.

Gaggioli, A., Vettorello, M., & Riva, G. 2003. "From cyborg to cyberbodies: the evolution of the concept of techno-body in modern medicine." *PsychNology Journal*. 1(2): 75-86.

Giddens, Anthony. 1991. *Modernity and self-identity: self and society in the late modern age*. California: Stanford University Press.

_____. 1992. *The transformation of intimacy: sexuality, love & eroticism in modern societies*. California: Stanford University Press.

Gillagan, Sarah. 2011. "Performing Postfeminist Identities: Gender, Costume, and Transformation in Teen Cinema." Melanie Waters. (Ed.). *Women on Screen*.

Palgrave MacMillan. pp. 167-181.

_____. 1998. *Creating Beauty to Cure the Soul: Race and Psychology in the Shaping of Aesthetic Surgery*. Durham: Duke University Press.

Goffman, Erving. 1979. *Gender Advertisements*. New York: Harper Colophon Books.

Goggin, Gerard. 2006. *Cell Phone Culture*. London: Routledge.

Gonzalez, J. 2000. *Envisioning cyborg bodies, in the cybercultures reader*. D. Bell., & B. M. Kennedy. (Eds.). New York: Routledge.

Gregg, Melisa., & Gregory J. Seigworth. (Eds.). 2010. *The Affect Theory Reader*. Durham: Duke UP.

Gronow, Jukka. 1997. *The Sociology of Taste*. New York: Routledge.

Grosz, Elizabeth. 1987. "Notes towards a Corporeal Feminism." *Australian Feminist Studies*. 5: 1-16.

_____. 1994. *Volatile Bodies: Toward a Corporeal Feminism*. Bloomington: Indiana University Press.

Halle, David. 1992. "The Audience for Abstract Art: Class, Culture and Power." Michele Lamont., & Marcel Fournier. (Eds.). *Cultivating Difference*. Chicago and London: The University of Chicago Press. pp. 131-151.

Hansen, Mark B. N. 2004. *New Philosophy for New Media*. Cambridge: The MIT Press.

Hanson, Ellis. 2011. *Digital Desire*. Durham: Duke UP.

Haraway, D. 2000. "A cyborg manifesto: science, technology and socialist-feminism in the late twentieth century," in *The cybercultures reader*. D. Bell., & B. M. Kennedy. (Eds.). New York: Routledge. pp. 291-324.

Harvey, David. 1988. *Social Justice and the city*. Oxford: Blackwell.

Hayles, Katherine. 1999. *How We Became Post-human?* Chicago: The University of Chicago Press.

_____. 2010. *How we became posthuman: Virtual bodies in cybernetics, literature, and information*. Chicago: University of Chicago Press.

Hedge, Radha S. 2011. *Circuits of Visibility*. New York: New York UP.

Herbrechter, Stefan. 2009. *Posthumanismus*. Darmstadt: WBG(Wissenschaftliche Buchgesellschaft).

Hollinger, Veronica. 1990. "Cybernetic Deconstructions: Cyberpunk and Post-modernism." *Mosaic*. 23(2): 29-44.

Holmes, M. 2007. *What is Gender? Sociological Approaches*. London: Sage.

Howes, David. 1991. "Sensorial Anthropology." *The Varieties of Sensory Experience A Sourcebook in the Anthropology of the Senses*. Howes, David. (Ed.). Toronto: University of Toronto Press.

Hu, Yuheng., Lydia Manikonda., & Subbarao Kambhampati. 2014. "What We Instagram: A First Analysis of Instagram Photo Content and User Types." 4.

Hughes, James. 2014. "Posthumanism and Transhumanism." *In the Conference Mapping Trans- and Posthumanism as Fields of Discourses*. 2014. 5. 28-29. Seoul: Ewha Womans University.

Hyun-Mi, Kim. 2007. "Gender Roles, Accessibility, and Gendered Spatiality." *Journal of the Korean Geographical Society*. 42(5): 808-834.

International Society of Aesthetic Plastic Surgeons. 2012. "ISAPS International Survey on Aesthetic/Cosmetic Procedures."

Irigaray, L. 1980. *Spekulum*. Spiegel des anderen Geschlechts. Frankfurt am Main: Suhrkamp Verlag.

_____. 1996. "This Sex which is not one." Stevi., & Sue Scott Jackson (Eds.). *Feminism and Sexuality-a Reader*. New York: Columbia University Press.

Jenkins, Henry. 2006. *Convergence Culture*. New York: New York University Press.

Jenks, Chris. (Ed.). 1995. *Visual Culture*. London & New York: Routledge.

Jones, Steven. 1995. "Understanding Community in the Information Age." Steve Jones. (Ed.). *Cybersociety: Computer-mediated communication and community*. Thousand Oaks, CA: London: Sage.

Kennedy, B. 2002. "Part Six Introduction." *The cybercultures reader*. D. Bell., & B. M. Kennedy. (Eds.). New York: Routledge. pp. 471-476.

Lamont, Michele., & Annette Lareau. 1988. "Cultural Capital: Allusions, Gaps and Glissandos in Recent Theoretical Development." *Sociological Theory*. 6: 153-168.

Latour, Bruno. 2005. *Reassembling the Social*. Oxford: Oxford University Press.

Lefebvre, Henri. 2000. *La Production de l'espace*. 4th ed. Paris: Anthropos.

Leslie, D. A. 1997. "Femininity, Post-Fordism and the New Traditionalism." McDowell, L., & Sharp, J. P. (Eds.). *Space, Gender, Knowledge*. Arnold. London. pp. 300-318.

Lin, Nan. 2001. *Social Capital: A Theory of Social Structure and Action*. Cambridge: Cambridge University Press.

Lingis, Alfonso. 1996. *Sensation: Intelligibility in Sensibility*. New York: Humanity Books.

_____. 2005. *Body Transformations*. London & New York: Routledge.

Massey, Doreen. 1994. Space. *Place and Gender*. Cambridge: Polity Press.

_____. 2005. *For Space*. London: Sage.

McLuhan, Marshal. 1962. *The Gutenberg Galaxy*. Toronto: University of Toronto Press.

McRobbie, Angela. 1982. "Settling Accounts with Subcultures: A feminist Critique." *Screen Education*. 34: 37-49.

Milestone, Katie., & Anneke Meyer. 2012. *Gender and Popular Culture*. Cambridge: Polity Press.

Moos, David. 1996. "Memories of Being: Orlan's Theater of the Self." *Art and Text*. 54: 66-73.

Moravec, Hans. 1988. *Mind Children: The Future of Robot and Human Intelligence*. Cambridge: Harvard University Press.

Mulvey, L. 1988. "Visual Pleasure and Narrative Cinema." Penly, Constande. (Ed.). *Feminism and Film Theory*. London & New York: Routledge.

Nayak, A. 2003. *Race, Place and Globalization, Youth Cultures in a Changing World*. Oxford: Berg.

Offenhuber, Dietmar & Schlechtner, Katja. (Eds.). 2012. *Inscribing a Square: Urban Data as Public Space*. Wien: Springer-Verlag.

Oldenburg, Ray. 1989. *The great good place: Cafés, coffee shops, community centers, beauty parlors, general stores, bars, hangouts and how they get you through the day*. New York: Paragon House.

Paterson, Mark. 2007. *The senses of Touch: Haptics, Affects and Technologies*. Oxford: Berg.

_____. 2008. "Review Essay: Charting the return to the senses." *Environment and Planning D*. 26: 563-569.

Paterson, Mark., & Dodge, Martin. (Eds.). 2012. *Touching space, Placing touch*. Farnham: Ashgate.

Peterson, R. A. 1992. "Understanding Audience Segmentation: From Elite and Mass to Omnivore." *Poetics*. 21: 243-258.

Peterson, R. A., & A. Simkus. 1992. "How Musical Tastes Mark Occupational Status Groups." Michele Lamont & M. Fournier. (Eds.). *Cultivating Differences*. Chicago: The Chicago University Press. pp. 152-186.

Peterson, R. A. & R. M. Kern. 1996. "Changing Highbrow Taste: From Snob to Omnivore." *American Sociological Review*. 61(5): 900-907.

Pilcher, J., & Whelehan, I. 2004. *50 Key Concepts in Gender Studies*. London: Sage.

Postrel, Virginia. 2004. *The Substance of Style*. New York: HarperCollins Publishers.

Preez, Amanda du. 2009. *Gendered Body and New Technologies: Rethinking Embodiment in a Cyber-era*. Newcastle upon Tyne: Cambridge Scholars Publishing.

Presner, Todd., David Shepard., & Yoh Kawano. 2014. *HyperCities: Thick Mapping in the Digital Humanities*. Cambridge: Harvard University Press.

Rakow, Lana. 1986. "Feminist approaches to popular culture: Giving patriarchy its due." *Communication*. 9: 19-41.

Sauer, Carl. 1968. *Northern Mists*. Berleley: University of California Press.

Schields, R. 1991. *Places on the Margin*. London: Routledge.

Sedgwick, E. K. 2002. *Touching Feeling: Affect, Pedagogy, Performativity*. Durham:

Duke UP.

Simmel, Georg. 1903. “Die Großstädte und das Geistesleben.” *Jahrbuch der Gehe-Stiftung zu Dresden*. Dresden.

_____. 1983a. “Soziologie des Raumes.” in G. Simmel. *Schriften zur Soziologie*. H. J. Dahme & O. Rammstedt. (Eds.). Frankfurt a. Main.

_____. 1983b. “Das Aventeuer”. *Philosophische Kultur*. Berlin: Wagenbach Verlag. pp. 25-37.

_____. 1989. *Philosophie des Geldes*. v. David., P. Frisby., & Klaus. Ch. Köhnke. (Eds.). Frankfurt a. M.: Suhrkamp.

Sleiman, Susan Rubin. 1985. *The Female Body in Western Culture Contemporary Perspectives*. Cambridge: Harvard University Press.

Soja, Edward W. 1996. *Thirdspace: journeys to Los Angeles and other real-and-imagined places*. Cambridge. Mass: Blackwell.

_____. 2000. *Postmetropolis: Cultural Studies of Cities and Regions*. Oxford: Blackwell.

Sorgner, Stefan. (Ed.). 2014. *Post- and Transhumanism: An Introduction*. New York: Peter Lang.

Spain, D. 1992. *Gendered Spaces*. Chapel Hill and London: The University of North Carolina Press.

Sparrow, Tom. 2007. “Bodies in Transit: The Plastic Subject of Alphonso Lingis.” *Janus Head*. 10(1). Summer/Fall Issue. pp. 99-122.

Stelarc. 2000. “From psycho-body to cyber-systems: images as posthuman entities.” *The cybercultures reader*. D. Bell., & B. M. Kennedy. (Eds.). New York: Routledge. pp. 560-576.

Stoltenberg, John. 2000. *The End of Manhood: Parables on Sex and Selfhood*, London: UCL Press.

Stone, A. Rosanne. 1992. “Will the Real Body Please stand up: Boundary Stories about Virtual Cultures.” Michael Benedikt. (Ed.). *Cyberspace: First Steps*. Cambridge: MIT Press.

_____. 1998. *The War of Desire and Technology at the Close of the Mechanical*

Age. Cambridge: MIT Press.

Storey, John. 2006. *Cultural Theory and Popular Culture*. Athens: The University of Georgia Press.

Tait, Sue. 2007. "Television and The Domestication of Cosmetic Surgery." *Feminist Media Studies*. 7(2): 119-135.

Thompson, Nato. 2016. *Culture as Weapon*. Brooklyn: Melville House.

Turkle, Sherry. 1997. *Life on the Screen: Identity in the Age of the Internet*. New York: Touchstone Book.

Turton, Polly. 2014. "Data, technology and urban design." *Urban Design: Data, technology and urban design*. 132: 20–36(Autumn).

Tyler, Stephen. A. 1984. "The vision quest in the West, or what the mind's eye sees." *Journal of Anthropological Research*. 40(1): 23-39.

Tylim, Isaac. 2012. "The techno-body and the future of psychoanalysis." *Psychoanalytic Inquiry*. 32: 468-479.

Vanderbilt, Tom. 2016. *You may Also Like: Taste in an Age of Endless Choice*. New York: Vintage Books.

Wallis, Cara. 2011. "Performing Gender: A Content Analysis of Gender Display in Music Videos." *Sex Roles*. 64: 160-172.

Weber, Max. 1913. "Über einige Kategorien der verstehenden Soziologie." *Gesammelte Aufsätze zur Wirtschaftslehre*. Tübingen: Mohr.

_____. 1973(1924). *Gesammelte Aufsätze zur Wissenschaftslehre*. Tübingen: Mohr.

_____. 1968. *Methodologische Schriften*. Frankfurt a. M.: Fischer Verlag.

_____. 1976. *Wirtschaft und Gesellschaft*. Besorgt von Johannes Winckelmann. 5. rev. Aufl. Tübingen: J.C.B. Mohr.

_____. 1978. *Gesammelte Aufsätze zur Religionssoziologie I*. Tübingen: Mohr.

Wilson, Elizabeth. 1997. "Into the Labyrinth." McDowell L., & Sharp, J. P. (Eds.). *Space, Gender, Knowledge*. London: Arnold. pp. 277-283.

_____. 2013. *Cultural Passions: Fans, Aexthetics and Tarot Readers*. New York: Palgrave Macmillian.

Zukin, Sharon. 1991. *Landscape of Power from Detroit to Disney Land*. Santa Monica: University of California Press.